사회복지행정론

강용규 · 문영규 · 정주석 · 한재원

청목출판사

머리말

사회복지행정은 사회복지정책을 사회복지서비스로 전환하는 데 있어서 필수불가결한 영역이며, 사회적 변화에 가장 민감한 부문이기도 하다. 현재 사회복지에 대한 관심이 국가와 민간을 구분하지 못할 정도로 지대한 것만은 사실이다. 사회경제적 변화에 따라 사회의 다양한 분야에서 사회복지에 대한 욕구는 날로 증가하고 있으며, 사회복지서비스의 확대를 요구하고 있다.

한정적인 재원으로 다양한 클라이언트집단의 욕구를 충족시켜 주기 위해서는 다양한 기술들을 필요로 하고 있으며, 특히 사회복지행정조직이 어떠한 마인드와 철학을 가지고 있느냐에 따라 서비스의 결과가 달라질 수 있으므로, 인적·물적자원관리, 리더십, 서비스 프로그램의 기획, 재정 운영, 전달체계 등 직접적으로 서비스 실천 활동에 필요한 요소들을 기획하고 관리하는 일은 사회복지행정의 성패를 좌우할 수 있다고 하겠다.

최근 사회복지환경의 변화에 따라 사회복지행정의 중요성이 대두되고 있다. 특히 사회복지기관과 시설의 운영에 있어서 사회복지의 효과성, 효율성, 책임성, 지역사회와의 연계가 크게 강조되고 있기 때문이다. 뿐만 아니라 사회복지서비스 부문에 있어서 민간의 참여 기회가 확대되면서 설치주체의 다양화, 시설에 대한 평가제의 도입은 시설의 설치운영상 개방성과 투명성을 요구하고 있다.

보다 실천적이고 실무적이며 실용적인 사회복지행정의 필요성이 요구되고 있는 시점에서 대학에서 교육되고 있는 사회복지행정의 내용에 대해서도 변화는 필연적인 것으로 보인다. 이러한 사회복지행정 교육의 변화에 따라 새로운 사회복지행정 교재를 개발하고, 현장실무형 행정교육을 시켜야 할 시점에 도달했다.

이와 같은 사회복지행정의 환경변화에 따라 본서를 출간하게 되었다. 물론 기존의 사회복지행정에 관한 저서들도 실무교육을 등한시한 것은 아니나, 학생들이 보다 사회복지행정에 대한 내용을 쉽게 이해하고, 사회복지사로서의 소명의식을 느끼는 등 사회복지행정의 책무성을 감안할 때 본서는 사회복지행정에 인간적 숨결을 불어넣으려고 노력한 결과물이라고 생각한다.

본서는 사회복지학과에서 사회복지행정을 강의하고 있는 전임교수로 구성되었고, 강의하면서 학생들과 부족하다고 공감대를 형성한 부분을 중점적으로 강조하여 저술되었다. 본서는 여러 가지 면에서 계속해서 수정·보완되어야 할 것이며, 시대적 소임을 반영하고자 한다.

끝으로 본서의 출판을 흔쾌히 허락하고 출간해 주신 청목출판사 사장님 이하 관계자 여러분께도 심심한 감사의 말을 전한다.

저자 일동

차 례

제 1 장 사회복지행정의 개념

1. 사회복지행정의 개념

사회복지행정에 대한 개념규정은 여러 학자들에 의해 시도되고 있으나 명확하고 공통된 합의는 이루어지지 않고 있다. 이는 사회복지와 행정이 학문적 속성상 이질적이면서도 공통된 요소를 갖고 있으며 사회적으로 나타나는 예기치 못하는 변화 속에 놓여 있기 때문이다. 인구와 생활의 규모가 증가하고 복잡해지면서 다양한 사회문제가 나타나고 있고, 이를 해결하기 위한 지식과 영역이 급격히 확대되고 있다.

사회구조 자체가 산업사회로 변화하면서 증가하는 각종 사회문제는 개인, 가족, 지역사회, 국가를 부적응, 갈등과 해체, 대립 및 분열로 연결시킬 수 있으므로, 사회복지적 가치와 실천기술에 행정적 체계와 요소를 접목시켜 문제를 예방, 완화 또는 감소시킬 수 있어야 한다. 사회복지는 현대사회에 들어와서 조직적인 활동으로 인식 · 발전하고 있다. 또한 필요한 사회복지서비스에 대한 요구와 이를 충족하고 대처하기 위한 집합적인 노력이 요청되고 있다. 그러므로 이를 위해서는 사회복지와 행정을 결합한 사회복지행정의 중요성과 이에 대한 이해가 강조되고 있다. 그러나 사회복지행정은 이론을 형성하여 특정한 사회적 현상을 관찰하고, 관찰결과를 일반화하여 이를 검증 · 확충해 나가는 방법을 적용하여 목적을 추구하는 실천적 · 조직적 · 체계적 활동이다.

1) 사회복지행정의 정의

사회복지행정의 단순한 정의는 사회복지를 행정 · 관리한다는 것으로, 사회복지의 이념이나 정책적인 목적들을 행정이라는 방법을 통해 실천한다는 의미이다(김영종, 2001 ; 29).

사회복지행정에 대한 학자별 정의를 살펴보면, 하나의 정책전환과정의 특성을 강조하는 경우부터, 사회복지실천의 한 방법으로, 전문적인 개입활동 혹은 실천활동의 특성을 가진 것으로 정리되고 있다.

던햄(A. Dunham)은 사회복지행정은 서비스 기관이 서비스를 직접적으로 제공하는데 필요한 행동을 지원하고 용이하게 하는 과정으로 설명하면서, 목표와 기능의 결정과 인사 및 회계 그리고 리더십, 기록과 보고서의 보관 및 서비스 유지와 같은 일상적 운영에 이르기까지 그 범위를 넓게 규정한다.

스키드모어(R. A. Skidmore)는 사회사업행정을 사회정책을 서비스로 전환시키는데 있어 사회적 과정을 이용하는 사회복지요원의 사회적 활동으로 보았다.

트렉커(H. B. Trecker)는 사회사업행정을 지역사회가 필요로 하는 서비스를 제공하려는 목적에서 이용 가능한 모든 자원을 주민들이 사용할 수 있도록 조직구성원들이 역량을 발휘하고 주민들과 함께 일하는 과정이라고 정의하고 있다.

티트머스(R. M. Titmuss)는 사회복지행정이란 단순히 사회복지기관이나 시설의 행정이 아니라 다양한 사회적 서비스를 관리 · 운영하는 것이라고 규정하면서 사회복지행정에 대한 연구는 사회복지서비스를 대상자에게 전달하는 인적 조직과 기구, 그리고 서비스의 선택 문제를 다루어야 한다고 주장한다.

패티(R. J. Patti)는 사회사업행정과 사회복지행정으로 구분하는 데 사회사업행정은 사회복지조직 관리자의 활동과 관련되어 있으며 목표달성, 프로그램 기획, 자원동원 및 유치, 성과의 평가와 같은 과업활동에 사회사업적 가치, 지식, 기술 등을 의도적으로 적용하고 사회복지조직의 특수한 목적과 특징에 영향을 받으며, 사회복지행정은 사회복지조직에서의 총체적 활동을 가리키는 것으로 목표달성의 책임이 모든 조직구성원들에게 공유된다.

프리드랜더(W. A. Friedlander)는 사회복지행정을 사회복지시설이나 기관을 조직하고 지도하는 과정으로 간주하고, 사회사업의 기본과정에 대한 보호활동으로 본다.

제 학자들의 정의를 중심으로 사회복지행정의 전문성을 상대적으로 강조하는 두 가지 측면을 살펴보면 다음과 같다.

첫째, 사회복지행정은 사회복지실천의 구체적인 방법이다. 즉 사회복지행정을 사회복지실천의 원조기술로 이해하는 것으로, 사회복지실천은 사회복지기관 · 시설에서 클라이언트의 욕구를 충족시켜 주기 위한 조직적인 활동이다.

둘째, 사회복지행정은 사회복지기관 · 시설이 조직의 목표를 달성하기 위한 서비스와 프로그램을 운영함과 동시에 기관이나 시설이 추구하는 목표를 보다 효과적 · 효율적으로 달성하기 위한 활동이자 나타나는 다양한 변수와 조직 내 자원의 동원, 구성원간의 관계 조정을 하는 활동이다.

영국의 경우 사회행정(Social Administration)이란 용어로서 "사회적으로 다양한 서비스의 관리운영"이란 내용을 함축하고 있으며, 이 용어를 사회복지행정 개념과 동일시하여 사용하고 있다. 또한 사회복지의 개념이 잔여적이기보다는 제도적 개념의 입장을 취하는 경향이 강해져 가고 있어 보다 광의적인 맥락에서 사회복지행정이라고 부르고 있다.

정리하면 사회복지행정은 사회복지를 비롯하여 이와 관련된 여러 분야의 행정을 다루고 있으며, 사회사업 및 의료, 보건, 교육, 상담, 심리적 서비스와 관련된 휴먼서비스를 제공하는 전문직이 중심적 위치를 차지하는 활동이다. 또한 사회문제에 직면해 있거나 직면할 가능성이 있는 다양한 계층의 대상자들에게 전문적인 서비스를 제공하여 독립적이고 자립적인 건강한 삶을 영위할 수 있도록 물적 기반을 구축해 주는 실질적인 활동이라고 할 수 있다.

2) 사회복지행정의 필요성

사회복지행정이 왜 필요한가?라는 논의는 사회복지행정의 개념을 이해하기 위한 가장 기본적인 명제라고 할 수 있다. 일반적으로 행정은 '국가행정'이나 '공공행정'을 의미하기 때문이다. 사회복지행정의 필요성은 사회복지와 관련된 다양한 요구의 출현과 욕구를 충족시키기 위한 다양한 활동들이 나타났기 때문이다. 이러한 다양한 활동들이 난립하고 무질서하다면 사회복지의 의미를 반감시킬 것이므로, 다양한 활동들을 조정하고 조직화하여 사회복지에 달성하고자 하는 목적 및 목표에 맞도록 유도하기 위한 의도적인 차원에서 사회복지행정이 필요하다.

(1) 사회의 변화

인간의 복지에 대한 관심은 모든 시대와 국가 또는 사회를 막론하고 공통적인 것이었으나 이러한 복지에 대한 관심이 사회적인 의미를 갖게 된 것은 산업화 이후의 일이다. 과거 전통사회에서 사회문제는 가족, 이웃, 친족, 종교단체, 지역사회 등과 같은 메커니즘을 통하여 자연스럽게 해결할 수 있었다. 그러나 20세기 이후 급속하게 진행된 산업화 및 도시화, 사회관계의 변화는 가족중심의 기본적인 사회구조를 변화시켜, 과거의 수단과 방법으로는 해결할 수 없는 상황을 맞이하게 되었다. 즉 산업화와 도시화는 전통적인 미풍양속이나 가치관의 붕괴 및 가족의 해체, 그리고 사회·경제적 구조변화로 인한 대량실업과 빈곤, 다양한 사회문제의 발생으로 보다 구조적이고 체계적인 조직의 개입을 통하여 합리적인 활동을 수반하는 사회복지행정을 필요로 하게 되었다.

(2) 효과적인 서비스

사회복지조직이 제공하는 서비스가 목표를 달성하기 위해서는 조직의 체계, 리더십, 인적 및 물적 자원, 정보시스템, 홍보 및 마케팅, 지역사회와의 관계 등이 행정과정과 조화를 이룰 때 가능하다. 사회복지서비스와 사회복지행정은 불가분의 관계이며, 사회복지조직이 제공하는 서비스의 질과 효과는 사회복지행정의 질에 크게 좌우된다.

(3) 효율성 제고

사회복지서비스는 투입(input)-과정(throughput)-산출(output)-성과(outcome)라는 일련의 과정을 거치게 되는데, 단순하게 인적·물적 자원의 투입만으로는 수립했던 목표를 달성할 수 없으므로 효율적인 사회복지행정의 과정을 통하여 목표를 이룰 수 있게 된다.

(4) 복잡한 사회문제의 대두

오늘날 다양한 사회문제에 대처하기 위해서는 민간기관의 서비스만으로는 한계가 있으므로 중앙정부 및 지방자치단체 등 공공기관 중심의 사회복지서비스를 필요로 한다. 즉 공공복지행정(Public Welfare Administration)의 중요성이 더해지고 있다. 여기서 공공복지는 국가 또는 공공단체가 행하는 조세(General tax)에 기초한 사회복지 행정 작용을 의미한다.

(5) 사회복지서비스의 조직화

확대된 범주의 사회복지 기능을 실현하기 위해서는 공식적이고 체계적인 사회복지조직들을 통한 실천 활동이 필요하게 된다. 그 결과 조직적 활동을 기획, 실행, 평가, 수정할 수 있는 체계적인 지식에 대한 욕구가 사회복지의 실천에 등장하게 된 것이다. 조직화된 사회복지는 그 과정과 운영에 대한 이해를 필요로 한다. 어떤 사회가 사회복지에 대해 아무리 고상한 목적과 가치를 설정해 놓았다 할지라도 그것을 실천에 옮기는 조직적 과정에 대한 이해가 없이는 적절한 결과를 기대할 수 없다. 현대사회처럼 복잡한 사회에서는 사회적 목적이 설정되고, 그 목표들이 구체화되어 개인들에게 서비스의 형태로 전달되기까지에는 복잡한 과정이 존재한다. 그리고 이러한 과정의 대부분은 조직적 맥락을 통해 수행되기 때문에 조직에 대한 이해는 필연적이다.

3) 개념 규정에 의한 사회복지행정의 유형

(1) 사회복지행정

사회복지행정의 주체나 객체에 관계없이 사회복지기관에서 나타나는 행정현상에 초점을 두고 관리하는 일련의 기술적 과정 내지 협동적 집단 활동으로 파악하는 견해이다. 이러한 견해를 가지고 사회복지행정의 개념을 규정하면 공공 사회복지행정과 민간 사회복지행정을 포괄하는 광범위한 의미의 사회복지행정 개념규정이 된다.

(2) 사회사업기관행정

사회복지행정의 주체를 민간 사회복지기관으로 간주하고, 객체를 클라이언트로 한정시켜 '클라이언트에 대한 사회복지기관의 서비스 제공에 필요한 전문적인 과정'으로 이해하는 개념규정이다.

(3) 공공 사회복지행정

사회복지행정의 주체를 공공 사회복지기관으로 간주하고, 그 객체를 클라이언트를 포함한 전국민으로 파악하며, '사회전체적인 입장에서 문제해결을 하는 과정이나 기술'로 이해하는 개념규정이다. 이러한 개념규정은 사회복지행정을 공공행정기관과 연관시켜 국가 공권력이나 정치권력을 사회복지 분야에 동원할 수 있음을 나타낸다. 예를 들면 행정의 목표와 존재이유로서 전통적 관점에서 중시했던 행정업무의 능률적인 처리와 관리에 더하여 행정서비스의 사회적 형평성 보장을 주장하는 新행정론의 경우 정치적·경제적 불평등을 해소하기 위하여 행정의 역할이 고객중심적인 행정이 되도록 강조한다. 사회적 형평성을 보장하도록 제도적·정책적 노력을 기하고, 관리자의 책임성을 확보할 수 있도록 함으로써 행정의 복지증진 기능을 활성화할 수 있다는 것이다(박차상, 1999: 39).

2. 사회복지행정의 이념과 특성

1) 사회복지행정의 이념

사회복지행정의 이념은 사회복지행정이 추구하는 기본적인 가치(values)와 정신을 의미하는 것으로, 주로 인간의 욕구나 사회문제에 대한 사회복지서비스의 제공에 관심을 두고 있으므로, 그 이념으로 효과성, 효율성, 공평성, 접근성이 특별히 요구된다.

(1) 효과성

효과성(effectiveness)은 사회복지기관이나 조직이 수립한 목표의 달성여부를 의미하는 기능적 개념으로 욕구의 충족 또는 해결에 있어서 어느 정도 유효한가를 의미하는 것이다. 즉 욕구충족을 위해 선택된 서비스 및 프로그램이 어느 정도 적합한가를 판단하는 것이다. 효과성의 측정은 목표의 명확한 설정을 전제로 해서 가능하다.

(2) 효율성

효율성(efficiency)은 투입(input)과 산출(output)의 비율로 표시된다. 즉 최소의 자원으로 최대의 효과를 어떻게 거둘 것인가라는 것이다. 효율적인 자원의 관리에 관한 문제는 모든 사회복지서비스 제공기관의 관심거리이며 항상 대두되는 문제이기도 하다.

(3) 형평성

형평성(equity)은 동등한 자유와 합당한 평등을 합한 개념으로, 자유를 최대한 보장하고 합리적인 평등한 분배를 실현하려는 것이다. 따라서 동일한 욕구를 가진 대상자는 동일한 서비스를 받아야 한다는 것을 의미한다. 사회복지서비스를 사회복지

대상자에게 공급할 때 형평성을 특별히 배려해야 한다.

2) 사회복지행정의 원리

사회복지행정에 있어서 기본적 원리는 사회복지 행정가가 문제의 분석, 목표의 결정, 방법의 선택, 책임의 할당 및 결과의 평가를 위하여 가지는 가장 유용한 도구로써, 트렉커(Trecker)는 다음과 같은 것들을 제시하고 있다(강용규 외, 2007; 26-30).

(1) 사회복지 가치의 원리

사회복지행정에서 전문직의 가치(values)는 모든 서비스가 개발되어 그것을 필요로 하는 모든 사람들에게 유용한 것이 되도록 하는 데 있다. 따라서 서비스를 제공할 책임을 지는 사회복지기관의 장이나 모든 직원들은 이 가치를 받아들여야 하며, 이러한 가치에 입각해서 모든 서비스를 제공해야 한다. 이러한 가치의 중심적인 사상은 모든 인간의 존엄과 가치에 대한 신념이며, 인간들에게 영향을 미치는 일에 대한 결정에 그들이 참여하는 권리를 인정하는 것이다.

(2) 클라이언트와 지역사회 욕구의 원리

개별적인 클라이언트의 결핍된 욕구는 지역사회 내의 갈등을 조장하고 사회통합에 부정적인 영향을 주는 것이므로, 지역사회 내의 불충분한 욕구를 사회복지서비스기관과 기관의 프로그램 및 서비스를 통하여 해소할 수 있도록 한다.

(3) 기관 목적의 원리

사회복지서비스기관의 사회적 목적이 명확히 공식화되고, 진술되며, 이해되고, 활용될 수 있어야 한다. 기관의 직원과 함께 사회복지행정가는 기관의 설정된 목표를 달성할 수 있도록 결정을 내리고 실행에 옮겨야 할 것이다. 사회복지행정가는 조직이 합의에 따라 성립된 목적으로 나아갈 수 있도록 의도적인 지도력을 발휘해야 한다.

(4) 문화적 장(setting)의 원리

지역사회의 문화는 욕구가 표면화되고 서비스가 그것을 필요로 하는 사람들에게 인정되고 지지되며 활용되는 방안에 상당한 영향을 끼치기 때문에 충분히 이해되어야 한다. 사회복지행정가는 그 지역사회의 문화에 대한 지식을 끊임없이 증대시켜야 한다. 모든 사회복지조직은 항상 변화하고 있는 문화적 장(setting) 속에 존재하고 있다. 특정 상황 속에서 살고 있는 사람들의 신념, 가치관, 견해, 편견, 경험, 감정 등은 그들의 행위를 이루는 기반이다. 사회복지 프로그램과 서비스는 특정 장(場)에 있어서 지배적인 문화 유형과 조화로운 것이어야 하며, 긍정적인 면으로 문화적인 변화를 추구하도록 지지해야 한다.

(5) 의도적인 관계의 원리

효과적이며 의도적인 활동관계가 사회복지행정가, 이사회의 이사, 사회복지서비스기관의 직원 및 이용자들 사이에 수립되어야 한다. 기관의 행정가는 서비스의 프로그램에서 공동노력이 이루어질 수 있도록 사람들을 상호 연결시켜야 한다.

(6) 기관의 총체성의 원리

사회복지서비스기관은 전체성과 총체성에서 이해되어야 한다. 기관은 상호 관련되는 부서들로 구성되어 있는 조직으로서 파악되어야 하며, 이러한 부서들은 인간의 통합된 노력을 통하여 일정한 요구를 충족시키고 규정된 서비스를 제공하기 위해 자원배치체계와 에너지 산출체계를 구성한다. 사회복지행정가는 조직이 하나의 일체성을 유지하도록 해야 하며, 그것을 통하여 보다 효과적인 활동을 할 수 있도록 지속성, 안정성, 상호 연관성을 가져야 한다.

(7) 전문적 책임의 원리

사회복지행정가는 주의 깊게 공식화되고 엄격하게 적용되어 온 전문적 실천의 기준에 기반을 둔 고도의 전문적 서비스를 바탕으로 사회복지 서비스대상자에게 전문적인 서비스를 제공하여야 한다.

(8) 참여의 원리

이사, 직원, 클라이언트, 지역사회 주민들의 적절한 공헌은 지속적인 역동적 참여와 과정을 통해 요청되며 활용된다.

(9) 의사소통의 원리

개방된 의사소통의 경로는 사람들의 완전한 기능에 필수적인 것이다. 사회복지행정가는 의사소통의 경로를 조성해야 하며, 이러한 경로가 최대한 개방되고 활용되도록 해야 한다.

(10) 지도력의 원리

사회복지행정가는 목표달성과 전문적인 서비스의 제공 차원에서 사회복지서비스기관의 지도력에 대한 중요한 책임을 수행해야 한다.

(11) 계획의 원리

계속적인 계획의 과정은 의미 있는 서비스의 개발에 기본적인 것이다. 사회복지행정가는 계획과정에서 지도력을 발휘해야 하며, 또한 모든 직원들이 개인으로서, 그리고 기관의 전체 활동과 관련하여 그들이 활동을 계획할 수 있도록 해야 한다.

(12) 조직의 원리

많은 사람들의 활동은 조직된 형태로 조정되어야 하고, 책임과 관계가 명백히 정의되도록 구조화되어야 한다. 사회복지행정가는 사회복지서비스기관의 종류에 가장 적합한 조직형태를 개발할 책임을 진다.

(13) 권한 위임의 원리

사회복지서비스 제공기관의 기관장 한 사람만으로 특정화된 사업들을 수행할 수 없으므로 다른 전문 직원에 대한 책임과 권한을 위임하여 효과성을 이루는 것이 필요하다.

(14) 조정의 원리

많은 사람들에게 위임된 업무는 특정한 기여가 사회복지서비스기관의 중요한 업무에 적용되며, 모든 행정력이 수행할 과업에 올바르게 집중될 수 있도록 조정되어야 한다.

(15) 자원 활용의 원리

시설, 재정, 인력 등의 자원은 기관에 대한 사회적 승인과 신뢰를 바탕으로 주의 깊게 조성, 보존, 활용되어야 한다.

(16) 변화의 원리

변화의 과정은 지역사회 또는 사회복지서비스기관 내에서든 다 같이 지속적인 것으로 사회복지행정가는 변화과정을 유도하고, 사람들에게 민주적으로 결정된 변화를 실천하게 하도록 도와줄 책임이 있다.

(17) 평가의 원리

서비스 과정과 실행된 프로그램에 대한 계속적인 평가는 기관의 목적달성을 위하여 필수적인 것이다. 사회복지행정가는 타인의 활동은 물론 자신의 활동도 평가해야 한다. 이를 위해서는 개방적이고 비판적이며 또한 미래지향적인 평가의 분위기가 형성되어야 한다.

(18) 성장의 원리

모든 참여자의 성장과 발전은 적극적인 작업의 할당, 사려 깊은 지도·감독 및 개인과 집단의 학습을 위한 기회를 제공하는 사회복지행정가에 의해 촉진된다. 사회복지행정가는 인간의 성장욕구를 충족시킬 수 있어야 하고, 또한 충족시켜야 한다.

3) 사회복지행정의 활용기술

사회복지서비스기관은 정상적 기능을 가진 사람들과 정상적 기능을 수행하지 못하는 사람들을 여러 가지 형태로 유별해서 유지 또는 변화시킨다. 기관이 제공하는 각종 서비스는 세 가지 변화기술을 사용한다.

다음은 인간유별·배치기술, 인간유지기술, 인간변화기술이다(성규탁, 1993; 5).

(1) 인간유별·배치기술

클라이언트의 개인적 속성을 바꾸지 않고 사회집단들이 수렴하는 레벨과 지위를 부여하여 클라이언트의 변화를 시도하는 기술이다. 예를 들어 정신지체장애인, 독거노인, 소년소녀가장세대 등과 같이 클라이언트를 식별, 분류, 배치하는 기술이다.

(2) 인간유지기술

클라이언트의 안녕과 복지의 퇴보를 예방하고 현 상태로 유지하며 완화시키는 기술이다. 클라이언트의 개인적 속성을 직접 바꾸려고 시도하지 않는다. 기능상의 제한을 경험하는 장애인에 대한 사회적 보호, 거동이 불편한 재가노인에게 가정봉사원을 파견하여 일상생활을 지원하는 사업, 실업상태의 근로자에게 재취업을 유도할 수 있는 직업능력개발사업 등이 이 기술의 예라고 할 수 있다.

(3) 인간변화기술

클라이언트의 복지를 증진시키기 위하여 직접적으로 클라이언트의 개인적 속성에 변화를 주는 데 목적이 있다. 예컨대 심리치료, 교육, 의학적 치료 등이다.

3. 사회복지행정가의 역할

사회복지행정의 독립변수 역할을 하는 사회복지행정가의 기능은 곧 클라이언트에 대한 서비스의 질과 직결되기 때문에 매우 중요한 의미를 갖는다. 따라서 사회복지행정가의 기술과 특성에 대한 NASW(미국사회사업가협회)의 결론을 보면 아래와 같은 요소를 지적하고 있다(박차상, 1999; 61-69).

① 미래에 대한 현실적인 사고와 계획

② 특정한 계획을 실현가능하게 접근하는 것

③ 실천에 있어서 몇 가지 대안을 고려할 수 있는 능력
④ 결정에 따른 효과를 예견하고 평가할 수 있는 능력
⑤ 우선순위의 결정
⑥ 의사결정력
⑦ 여러 가지 역할과 과업을 복합적·동시적으로 할 수 있는 능력
⑧ 개인적인 균형상태의 유지
⑨ 관료제 및 조직이론을 잘 알고 있을 뿐만 아니라 이것을 복지행정조직의 목표 성취에 활용하는 것
⑩ 개인과 집단의 능력을 활용하고, 때로는 그들의 한계를 설정함으로써 여러 사람들이 생산적이고 효과적으로 업무수행을 가능하게 하는 능력
⑪ 권위와 권한을 구조에 맞게 활용하고 위임하는 것
⑫ 다른 사람들과 효과적으로 의사소통하는 능력
⑬ 단호하게 행동을 취하는 것 등이다.

우리나라의 사회복지행정조직은 미국이나 복지선진국가의 행정조직과는 달리 전문적인 행정조직체계를 운영하지 못하고 있는 실정이므로, 위에서 언급된 사항들을 그대로 수용하여 적용하기에는 무리가 따를 수 있다. 그러나 우리의 현실에 맞게 이를 적용할 수 있는 능력을 요구받고 있는 것이 사실이다.

현재 사회복지행정조직은 정책수립 역할을 담당하는 보건복지부가 행정안전부의 지방조직인 시·도, 시·군·구를 연계하여 이용하고 있는 실정이므로 사회복지적 마인드가 실천현장에서 목적과 맞게 적용되기보다는 관료제적 효과성을 중시한 결과 '목적전치현상'을 가져오는 경향이 있다. 앞으로 사회복지적 수요가 급증할 것이 분명하므로 사회복지행정조직 역시 계속 발전시켜, 대상자별, 욕구별 기능에 맞춰 조직을 세분화하여 클라이언트의 욕구를 실현시켜야 한다.

공공 및 민간의 영역에서 사회복지행정가는 다양한 역할을 수행하고 있다. 그러므로 사회복지행정가가 자신에게 부여된 역할과 기능을 충분하게 발휘한다면 사회복지서비스의 효과성과 효율성이 높아져 클라이언트의 욕구충족이 훨씬 향상될 것이고, 행정의 성과가 나타날 것이다. 따라서 사회복지행정가가 수행해야 할 역할과

실천해야 될 관리지침을 요약하여 서술하면 다음과 같다.

1) 조직의 구성원을 수용해야 한다.

사회복지행정가는 자신과 함께 일하는 지역사회 내의 다른 전문 직원 및 일반직원과 기관장뿐만 아니라 클라이언트들이 처해 있는 상황과 현실을 직시하고 이를 받아들여야 한다. 사회복지행정가는 클라이언트 개개인을 장점과 약점을 동시에 지닌 독특한 개인으로서 존중하고 수용해야 한다. 사회복지행정가는 목표와 기준 및 직원들을 위한 지침을 설정하는 것을 도와야 한다.

뿐만 아니라 다양한 인간관계와 독특한 개성(personality)에서 나타나는 개인적 차이를 격려하고 조직의 틀 안에서 발달과정상의 통합적인 자아정체감을 가진 존재가 될 수 있도록 유도한다.

2) 조직의 구성원들에게 관심과 보호(caring)의 감정을 가지고 대한다.

사회복지행정가는 온화한 마음을 가지고 직원들에게 소속감을 가지고 업무에 전념할 수 있도록 해야 한다. 직원들에 대하여 관심을 갖고 행동으로써 관심을 표현하는 것이 중요하기 때문이다. 기관장의 직원에 대한 관심표현과 직원들이 사회복지서비스 제공을 통해서 스스로 발전하고 성취할 수 있도록 돕기 위하여 가능한 모든 행정수단을 동원해야 한다. 이와 더불어 직원과의 관계에 있어서 인식과 감정을 공유하는 것이 필요하다.

또한 사회복지행정가는 직원들의 복리와 관련된 부분에서는 자신의 지위를 부차적인 것으로 낮추는 겸손함이 필요하다. 또한 직원들을 존중하고, 신뢰해야 하며 이러한 결과는 업무의 능률 및 직무만족도의 향상과 서비스 질의 향상을 가져올 수 있다. 그리고 직원들의 능력 차이와 실수를 과감하게 이해하고 수용하는 자세를 가져야 한다.

3) 사회복지행정가는 창의성(creating)을 발휘해야 한다.

사회복지행정가는 창의적이 되어야 하고, 조직의 서비스를 개선하는 혁신적인 정책과 방법 그리고 절차와 직원관계를 개발하고 개선하는 것을 선호하는 사람이 되어야 한다. 그러한 태도를 가질 때 조직 내에서 좋은 변화를 가져올 수 있으며, 자신의 태도를 변화시키는데 주저하지 않는다. 현실적으로 사회복지행정가는 융통성이 있어야 하고, 새롭고 효과적인 방법과 절차를 모색하기 위해 노력하면서 다른 사람들과 함께 시간을 보내기도 하고 때로는 혼자서 시간을 두고 고민을 하기도 한다.

사회복지행정가는 과거의 경험을 통해서 무엇인가를 배우려고 해야 한다. 다른 한편으로는 현재와 미래도 더욱 중요하다는 것을 항상 강조할 필요가 있다. 또한 새로운 개혁방안이 조직이나 지역사회의 복지향상을 위해서 필요한 것이라면 그 방안을 채택해야 한다.

4) 사회복지행정가는 구성원의 참여를 유도하는 민주성(democratizing)을 발휘하여야 한다.

사회복지행정가는 민주적인 과정의 옹호자이기도 하다. 사회복지행정가는 직원과 더불어 다른 사람의 참여를 통해서 조직이 현재의 상황보다 매우 좋아질 수 있다는 것을 인식하면서 그들의 의견과 가치를 존중하도록 한다. 사회복지행정가는 전체 직원들에게 진실한 마음을 가지고 개입하려고 노력해야 한다. 사회복지행정가는 기회만 주어진다면 모든 직원들이 조직의 복지에 기여할 수 있다는 것을 제일 먼저 인식할 수 있어야 하며, 조직 내에서 독단과 전횡을 일삼는 독재자가 아니라 직원들의 생각과 의견에 귀를 기울이며 그들의 의견과 생각에 감사하는 마음을 가져야 한다. 그리고 집단과정을 존중하고 협력이 문제의 해결과 해결방안을 결정하고 욕구충족을 시킬 수 있는 최선의 대안임을 인식하도록 한다.

5) 사회복지행정가는 직원들을 신뢰(trusting)하여야 한다.

사회복지행정가는 항상 직원들을 신임하는 모습을 보여야 한다. 직원들의 관점 및 의견, 그리고 직원들이 제시하는 자료는 비록 차이가 있을지라도 존중하는 모습을 보이는 것이 필요하다. 사회복지행정가는 직원을 공식적으로 비난하는 것보다 그들을 신뢰한다는 것을 보임으로써 직원들의 마음 속에 사회복지행정가에 대한 신뢰감이 생기도록 해야 한다.

깁(J. R. Gibb)은 신뢰는 믿음 이상의 가치를 내포한다고 했다. 즉 신뢰는 무엇인가에 대하여 본능적으로 의심 없이 믿고 의지하는 것을 의미한다. 신뢰는 사전에 계획하는 것이 아니라 자연스럽게 주어지는 것이다. 신뢰는 사랑과 같은 것으로, 신뢰감의 유무는 우리 생활에 매우 큰 차이를 가져온다.

6) 사회복지행정가는 직원 혹은 클라이언트들을 기회가 있을 때마다 인정해 주어 사기 진작을 도모하여야 한다.

사회복지행정가는 직원 혹은 클라이언트가 칭찬과 인정받기를 매우 갈망하고 있다는 것을 이해해야 한다. 사회심리학자 토마스(W. I. Thomas)는 인정받기를 원하는 욕구는 모든 사람들이 갖고 있는 4가지 기본욕구 가운데 하나라고 결론을 내리고 있다. 그러면 사회복지행정가는 이와 같은 견해를 이해하는 것이 필요하다. 또한 기회가 있을 때마다 자주 직원 혹은 클라이언트를 칭찬하도록 한다. 이는 말로써 혹은 문서로 이루어져야 한다.

사회복지행정가는 적절한 인정(approving)을 통해서 직원들의 사기를 진작시키는 것은 직원뿐만 아니라 조직 전체에도 이익이 된다는 것을 이해해야 한다. 칭찬의 경우는 칭찬받는 사람뿐만 아니라 칭찬하는 사람에게도 이득이 된다. 주의할 것은 진정으로 칭찬받을 만한 가치가 없는 칭찬은 하지 않는 것이 오히려 좋다.

7) 사회복지행정가는 개인적인 사생활과 복지업무의 실천과의 관계에서 균형과 조화를 유지하도록 해야 한다.

사회복지행정가는 업무와 휴식, 종교생활 등을 포함하는 원만한 생활을 누리려고 노력해야 한다. 왜냐하면 신체적인 건강뿐만 아니라 정신건강에도 주의를 기울여야 하고, 가능한 충분한 휴식을 통해서 업무에 집중할 수 있기 때문이다. 사회복지행정가는 어려운 문제를 해결하는 과정에서 경험하게 되는 좌절감이 직원들에게 영향을 미치지 않도록 노력해야 하며, 근면하고 노동의 가치를 인정하는 한편 심신의 휴식을 취하고 활기를 불어넣는 것에도 시간을 투자해야 한다. 또한 에너지의 재충전뿐만 아니라 휴식과 오락을 위해서 레크리에이션에도 참여해야 한다.

8) 사회복지행정가는 기획(planning)을 하는 능력을 갖춰야 한다.

사회복지행정가는 기획을 할 수 있는 능력을 가지고 있어야 한다. 왜냐하면 기획을 하지 않고 실천을 한다면 조직의 효과성과 능률성이 저하되기 때문이다. 사회복지행정가는 경험을 통해서 좋은 기획이 바람직한 결과를 가져올 수 있고, 반면에 기획의 결함으로 인해서 조직을 약화시키거나 서비스의 질을 저하시킬 수 있음을 알아야 한다.

사회복지행정가는 기획이 조직의 목표를 달성하거나 구체적인 세부목표를 성취하는데 도움이 되도록 기획을 활용해야 한다. 사회복지행정가는 직원들이 자신들의 개인적 목표, 부서의 목표, 그리고 조직전체의 목표를 설정하여 효과적으로 달성하기 위한 방안을 마련하도록 격려하는 것이 필요하다.

9) 기획에 따른 수단의 조직화(organizing)가 필요하다.

기획 수립 후에는 효과적인 수단의 조직화가 이루어져야 한다. 조직화가 이루어지지 않는다면 사회복지서비스 조직은 비효율적인 결과를 가져오게 된다. 유능한 사회복지행정가는 자신이 소속한 조직을 효율적으로 조직화할 수 있는 능력을 가지고 있어야 한다. 이러한 조직화는 이사회, 직원, 그리고 클라이언트의 도움을 받아가며 이루어지는 것이 바람직하다.

10) 우선순위(priority)를 결정하는 것이 중요하다.

유능한 사회복지행정가는 조직이 달성해야 할 여러 가지 목표 가운데 어느 목표가 중요하며 우선적으로 달성해야 할 것인가를 선택하는 과정이 중요하다는 것을 인식하고 있다. 사회복지행정가는 제시되는 각각의 목표와 운영의 중요성을 비교하여 어느 것에 비중을 두어야 하는가를 알아야 하고, 보다 중요한 것에 우선적인 결정을 해야 할 것이다.

사회복지행정가는 여러 가지 대안 가운데 사회복지조직의 가치를 실현할 수 있는 프로그램을 선택할 수 있어야 한다. 또한 어떤 목표는 단기적인가 혹은 장기적인가를 이해하고 결정할 때에 목표 간에 우선순위가 있음을 염두에 두고 결정해야 한다.

11) 사회복지행정가는 책임과 권한을 위임(delegating)할 수 있어야 한다.

사회복지행정가는 사회복지조직의 책임이 분담되어 운영되어야 효율적임을 인식하고 다른 직원들에게 기꺼이 책임과 권한을 위임할 수 있어야 한다. 책임이 위임될 때에는 책임을 수행할 수 있는 권한도 위임되어야 한다.

12) 사회복지행정가는 지역사회와 다른 전문직과의 우호적인 관계를 유지하는 것이 필요하다.

사회복지행정가는 불특정 다수인 지역사회 주민들과의 관계에서 우호적인 관계를 유지하는 것이 중요하다. 뿐만 아니라 자신이 몸담고 있는 사회복지조직에 호의적인 태도와 반응을 유지하기 위해서 지역사회에 사회복지조직의 기구와 서비스를 설명하고 널리 알리는 것이 중요하다. 사회복지조직의 직원들은 자신들이 행동하고 말하는 것이 홍보활동에 있어서 큰 역할을 하고 있음을 알도록 해야 한다.

사회복지행정가는 정신의학, 심리학, 간호학, 의학, 법률 등 관련되는 유사 전문직업인들과 효율적인 업무관계를 유지해야 한다. 또한 사회복지조직의 관리에 관하여 전문직업인들이 사회복지의 역할과 서비스를 이해하도록 도와야 한다.

13) 사회복지행정가는 의사결정(decision making)을 해야 하는 경우 충분한 의사소통을 통하여 업무를 추진하는 것이 바람직하다.

사회복지행정가는 자신이 소속한 사회복지조직과 지역사회에 이익을 가져다 줄 의사결정을 하기 위해서 취해야 할 전반적인 과정과 개별적인 조치를 이해하고 있어야 한다. 사회복지행정가는 정보를 수집하고, 이를 분석하여 대안을 모색하여야 하며, 각 대안을 평가하여 최선의 선택을 해야 한다. 또한 시행착오가 발생할 수 있다는 것을 예상하여 신중하게 의사결정을 하여야 하며, 실수의 최소화를 위하여 관련 직원과 원활한 의사소통을 하여야 한다.

14) 직원들의 행동을 적극적으로 유도하고, 활성화(facilitating)시켜야 한다.

사회복지행정가는 직원들의 능력을 마음껏 발휘할 수 있도록 하고, 나아갈 필요가 있는 방향으로 나아갈 수 있도록 개방적인 자세로 모든 일에 적극적이어야 한다. 사회복지행정가는 직원들의 개별적인 계획에 능동적으로 반응을 보여야 하고, 그들이 발전하는 것을 돕기 위해서 가능한 모든 것을 지원해 주도록 한다. 뿐만 아니라 직원들의 행동을 지시하려고 하기보다는 지지하는 수준에서 행동하는 것이 바람직하다.

15) 원활한 의사전달(communicating)이 이루어지도록 해야 한다.

사회복지행정가의 행동 가운데 중요한 것으로 의사전달을 들 수 있는데 이는 언어와 생각 그리고 감정을 주고받는 모든 행위가 포함된다. 사회복지행정가는 가능한 듣는 것이 중요하며, 듣는 것은 귀 뿐만 아니라 눈을 가지고 들을 수 있어야 한다는 것을 인식하고, 비언어적인 의사전달이 언어보다 오히려 중요한 의미를 지니고 있음을 이해하여야 한다. 따라서 사회복지행정가는 신중하게 얼굴의 표정과 자세, 몸의 움직임과 걸음걸이, 기타의 감정표현을 관찰할 필요가 있다.

16) 사회복지행정가는 직원들이 능력을 발전시키도록 지지한다(building others up).

사회복지행정가는 직원들간의 관계에서 다양한 차이를 나타내는데, 어떤 이는 직원들에게 상처를 주기도 하고, 가끔 심리적으로 괴롭히기도 한다. 또 다른 이는 직원들을 질투하여 억누르거나 무시하기도 한다. 그러나 효과적인 사회복지행정가는 직원들에게 좋은 성과에 대하여 보상을 주고, 성취한 것에 대하여 인정을 해준다. 뿐만 아니라 직원들의 성취를 통하여 대리만족을 얻을 수 있다.

17) 직원들에게 동기부여(motivating)를 하여야 한다.

효과적인 사회복지행정가는 직원들이 자신의 능력을 발휘하고, 사회복지조직의 기능을 수행하는 데 있어서 직원들에게 동기를 부여하여 그들의 마음을 변화시킬 수 있는 능력을 갖추도록 해야 한다. 사회복지행정가는 직원들의 욕구를 이해하고, 직원들이 조직의 서비스를 제공하는데 그들의 능력을 최대한 발휘하도록 장려하기 위해 모든 수단을 동원하여야 한다. 사회복지행정가는 자신의 행동에 따라서 조직의 성과에 많은 차이가 있다는 점을 인식해야 한다. 직원들의 사기가 높으면 높을수록 직원의 감정은 긍정적이 되고, 서비스 제공이 향상되기 때문이다.

참고문헌

강용규 외, 『사회복지행정론』, 공동체, 2007.
김영종, 『사회복지행정론』, 학지사, 2001.
박차상, 『한국사회복지행정론』, 대학출판사, 1999.
성규탁, 『사회족지행정론』, 법문사, 1993.

제 2 장 사회복지행정의 역사

우리가 사회복지행정의 역사를 이해해야 하는 이유는 사회복지행정 현상의 현재와 미래가 항상 과거와 관련성을 맺고 있기 때문이다. 현재와 미래에 존재하는 사회복지행정의 가치나 실천 방법들은 과거로부터의 경험에 대한 작용이나 혹은 반작용의 결과이다.

사회복지행정은 일반 사회적 환경과 밀접히 연관되어 있다. 사회복지의 역사가 일반사회라는 거시적 흐름과의 관련 속에서 이루어지듯이 사회복지행정의 역사도 그로부터 벗어날 수 없다. 또한 사회복지행정의 역사는 특수성과 보편성을 지니고 있고, 모든 국가에서 동일하게 전개되고 있는 보편적인 특성뿐만 아니라 각국의 시대적 상황에서 나타나는 특수성을 보이므로 보편성과 특수성에 관하여 이해할 필요가 있다.

1. 미국의 사회복지행정

미국에서는 오랫동안 사회복지행정에 대한 인식이나 관심이 그다지 높지 않았었다. 미국의 경우 1970~1980년대를 거치면서 비로소 사회복지행정에 대한 관심이 본격적으로 높아지게 된다(김영종, 2006; 56). 이렇게 사회복지행정의 발달이 지체된 원인은 미국사회를 대변하는 보수적인 정치 성향과 초기의 미국 사회복지가 사회사업전문직에 의해서 주도되었다는 점에 기인한다.

미국사회의 사회복지행정 발달 과정을 Patti(1983; 1-23)는 인식기(19세기 말엽부터 1930년대 초반까지), 기초 정립기(1930년대 중반부터 후반까지), 정체기(1960년대), 발달기(1970년대부터 1980년대 중반까지), 그리고 새로운 도전과 응전기(1980년대 후반부터 현재까지)로 각각 구분하고 있다(강용규 외, 2007; 37-46 재인용).

1) 인식기: 전문직의 발달(19세기 말엽~1930년대 초반)

미국사회에 근대적 의미의 사회복지가 등장한 것은 19세기 중반 이후의 일이다. 남북전쟁 이후 가속화된 공업화로 인한 인구의 도시 집중, 유럽으로부터의 이민, 경제환경의 변화 등과 같은 사회구조적 요인들은 다양한 사회문제들을 발생시켰다. 빈민과 실업자들의 대량 발생, 도시의 슬럼화와 열악한 공중위생, 범죄의 증가, 정신질환의 급증 등과 같은 사회문제들은 전통적인 안전망으로서의 가족이나 지역사회가 해결하기 어려운 것들이었다.

이러한 시기에 각종 사회서비스 기관들이 민간의 자발적인 노력에 의해 탄생하게 된다. 그 대표적인 것이 헐 하우스(Hull House)와 같은 인보관 운동이다. 주정부들에 의해 운영되는 각종 수용시설들도 이 시기에 본격적으로 등장하는데 오늘날처럼 재활과 보호가 목적이라기보다는 사회적 일탈자들에 대한 통제의 목적이 보다 강한 것들이었다(김영종, 2006; 57).

미국사회에서 사회사업의 전문화는 20세기 초에 들어서야 본격적으로 진행된다. 20세기 초반에 들어서면서 전문화가 시작되었는데 병원, 법원, 학교, 정신과 등에 사회사업이 도입되게 된다. 사회사업방법론의 전문적 기초를 제공한 리치몬드(M. Richmond)의 저서 『*Social Diagnosis*』(1917)는 이러한 노력들이 결집되어 나타난 결과로 볼 수 있다.

이 시기에 미국의 사회사업에 대한 인식은 의료 및 정신치료 분야에서 활동했던 서비스 실천가들의 영향에 의해서 전문직 수준으로까지 인정받게 된다. 한편 이러한 전문직으로의 발전에 영향을 받아, 초기 미국의 사회복지계를 지배하는 가치와 방법론들이 대개는 대인적 인과론과 직접서비스에 치우치게 되었던 것도 사실이다. 이것이 이후에 구조와 시스템의 개입을 통한 사회복지의 실천이라는 행정적 접근 방법들에 대해서는 지속적으로 장애요인이 되어 왔다.

이 시기의 사회복지행정은 지속적으로 실천지식과 기술을 발전시키지는 못했다고 볼 수 있으며, 행정의 전문적 규범과 가치와 원리를 정립하지도 못했던 것으로 보인다.

2) 기초정립기: 사회복지의 팽창(1930년대 중반부터 1950년대 후반까지)

1930년대를 전후해서 미국의 공공 사회복지는 대규모의 변화를 겪게 된다. 1935년에 제정된 사회보장법(Social Security Act)은 공공 부문에서 사회복지행정의 기반을 마련하였다. 사회보장법으로 말미암아, 주정부와 지방정부들은 빈민이나 노인, 장애인 등에 대한 공공부조 관련 프로그램들을 집행하기 위해 공공복지조직과 기관들이 급증하기 시작했다. 또한 사회보장법으로 인해 빈민에 대한 구호·구제 역할을 공공기관이 주로 담당하게 되면서, 민간 기관들은 이와 관련되었던 활동들을 점차 축소하게 되었다. 그 결과 빈민구호 사업보다는 보다 전문화된 서비스 모델들에 집중하게 되는 계기가 되기도 했다. 즉, 사회서비스의 제공에 있어서 민간과 공공기관의 역할들이 분리될 수 있었던 것이다.

1935년을 전후해서 급격히 창출된 공공 프로그램들은 사회서비스 분야에 엄청난 인력을 요구하게 된다. 사회사업가들은 연방정부의 자금 지원에 의해 창출되는 공공부조 프로그램들의 기획·전달·감독 등을 위해서, 공공 부문 활동들에 대한 준비를 시작하였다. 이전까지 사회사업가들은 주로 직접서비스를 민간 부문에서 수행하였으나 공공복지 분야의 급팽창으로 인해 공공행정에 대한 관심과 준비의 필요성이 생긴 것이다.

전통적인 케이스워크(casework) 방법론에 기반을 두지 않은 사회복지행정 실천에 대한 관심도 이 시기에 나타나기 시작하였다. 그러나 전반적으로는 전문직 내에서 사회복지행정에 대한 관심은 극히 미약했던 것으로 보인다. 2차 세계대전 이후

에야 사회복지행정을 사회사업의 가치와 규범에 맞추는 작업이 진행되게 된다. 2차 세계대전 이후 10년간은 행정을 실무방법으로써 이론적이고도 체계적으로 발전했던 시기였다. 이 시기에는 ① 사회복지행정과 일반행정을 구별하려는 노력, ② 사회복지행정을 케이스워크, 그룹워크 및 지역사회조직 등과 마찬가지로 사회복지방법론으로 정립하려는 노력, ③ 사회복지행정이 일반행정에 비해 그 과정에 있어 민주적이고 참여적인 경향을 가진다는 점을 강조하려는 노력 등이 이루어졌다(신복기 외, 2002; 27-28).

하지만 이러한 환경적인 요구와 그에 따르는 몇몇 노력들에도 불구하고, 행정에 대한 관심을 전문교육 과정이나 전문직 내에 고취시키는 데는 성공적이지 못했던 것으로 보인다.

3) 정체기: 1960년대

1960년대 초반에는 사회사업이 행정 지도력을 위해 사회사업가를 양성할 준비를 하였다. 그렇다고 해서 사회사업이 행정실무에 대해 더욱 열성적으로 관심을 둔 것은 아니지만, 사회사업에서 행정의 이론과 실무가 더욱 발전되어야 한다는 생각들이 대두되기 시작했다.

이 시기에는 공동모금 기구가 전국적으로 확장되고, 서비스요금 징수 등의 방법을 통해서 서비스 기관들의 수가 늘어나고 규모도 커지게 되었다. 그에 따라 기관 관리자들의 역할과 책임들이 더욱 복잡해지게 된다. 1960년대에는 또한 연방정부에 의해 선포된 '빈곤과의 전쟁(War on Poverty)'과 관련해서 각종 시범 프로젝트들이 지원되었으며, 주정부나 지방정부 후원으로 도시 중심에 설립된 지역사회행동(community action) 기관들과 같이 비전통적이고 대안적인 서비스 기관들이 나타나게 되었다. 이들 지역사회에 기반을 둔 기관들은 관료제적인 구조를 최소화하기 위해 노력했고, 기관의 의사결정에 서비스 이용자들을 대폭 참여시키는 것을 전제로 하고 있었다. 이러한 프로그램 특성으로 인해, 사회사업의 배경을 가진 기관 관리자들이 많이 참여하게 되는 계기가 되었다(김영종, 2006; 60).

1960년대는 미국의 사회복지계에 있어서 행정 이론과 실천의 발전에 좋은 토양을 제공했지만, 그럼에도 불구하고 행정에 대한 관심은 여전히 낮게 나타나고 있었다. 이러한 사실로 인해 1960년대의 사회복지행정은 하나의 정체기로 볼 수 있다. 그러한 정체의 원인으로는 빈곤과의 전쟁(War on Poverty) 정책 수행에 따른 사회복지기관들의 부적절한 대처에 대한 국민들의 불신과 사회복지행정을 대신하는 지역사회조직사업의 급격한 발달 등을 들 수 있다.

4) 발달기: 사회복지행정의 본격적 등장(1970년대~1980년대)

1960년대에는 사회복지행정의 정체가 있었지만 이 시기에는 미국에서 사회사업 전문직이 겪게 되는 위기 상황과 함께 사회복지행정에 대한 관심이 본격적으로 등장하게 된다. 뉴딜(New Deal)정책에 기반을 둔 정부가 다양한 사회프로그램들을 증대시켜 온 결과, 사회프로그램들의 폭발적인 신장과 이러한 서비스의 팽창이 이루어졌는데 이에 대한 반작용으로써 사회적 우려도 커지게 되는 결과를 초래했다. 이러한 이유들로 인해서 사회복지 프로그램들의 팽창 억제를 위한 시도들이 1960년대 말부터 서서히 나타나기 시작했으며, 사회복지 자원의 절대 부족 현상까지 예측되기 시작했다(김영종, 2006: 62).

1970년대에 들어서는 증대된 사회복지 프로그램들에 대한 공공의 관심 증대로 말미암아, 이들 프로그램의 효과성과 효율성에 대한 사회적 책임성이 강하게 대두되기 시작했으며, 사회복지조직들은 이에 적극적으로 대처해야 할 필요성을 갖게 되었다. 그 결과 효과적이고 효율적인 사회서비스를 계획 · 유지 · 관리 · 평가하기 위한 새로운 관리기법(PPBS, PERT 등) 등이 사회복지행정 영역에 속속 도입되었다.

한편, 이러한 새로운 사회적 요구들에 대처할 수 있는 역량이 사회사업 전문직에서 급작스럽게 형성되기는 어려웠다. 전문직이 오랫동안 행정적 지식을 갖추기를 외면해 온 결과였다. 따라서 일반 행정직들이 사회사업 행정가들을 대치하게 되는 현상이 나타났으며, 이러한 현상은 사회사업전문직이 오랫동안 행정을 등한시한 결과로 볼 수 있다.

사회복지행정 발전에 대한 사회적 요청에 부응하기 위한 노력의 일환으로 1976

년에는 『*Administration in Social Work*』라는 교과서가 출판되고, 각종 대학 및 전문직 협회 등에서 사회복지행정에 대한 관심이 증대되는 현상이 나타났다(Patti, 1983: 1-23; 김영종, 2006: 63 재인용).

1980년대에 들어서는 레이건 행정부에 의해서 중앙정부의 사회복지 역할 축소에 대한 시도가 가속화되고, 그로 인해 사회복지행정에 중대한 변화를 초래하게 된다. 이 시기에 사회복지서비스 전달체계에서 '민영화'의 시도가 본격화되는데, 민영화(privatization)란 공무원의 수를 늘리지 않으면서 서비스의 다양성과 범위를 확대하기 위한 것으로, 세금 자원으로 공공조직을 운영하지 않고 대신에 프로그램 보조금(grants)이나 서비스구입(purchase-of-service) 등의 방법으로 민간 부문의 서비스 역량을 활용하려는 것이다.

많은 민간 기관들이 보조금과 서비스구입 계약으로 재정적 자원을 확보하게 되었고 다양한 재정 자원들을 찾아 나설 수 있게 됨에 따라, 이러한 민간 기관들에서는 행정적 전문지식을 갖춘 관리자들의 능력이 더욱 필요하게 되었다. 이러한 변화들로 인해 사회사업가들이 행정관리자로서 활동할 수 있는 기회와 폭을 넓히게 되었다.

이러한 사회 환경적 요인과 사회사업전문직의 상황들로 말미암아, 이전과는 다른 사회복지행정에 대한 실질적인 관심이 나타나게 되었다. 행정은 사회사업의 방법으로서 중요한 위치를 차지하게 되었고, 교육 및 실천에서 행정의 사회사업에의 접목 노력들이 가속화되었다.

5) 도전과 응전기: 1990년대 ~ 현재

1990년대에 들어서도 미국에서는 보수적인 성향이 지속됨으로써 대형 공공부조 관련 사회프로그램들의 감축이 진행되었다. 또한 1990년대에는 사회사업가들의 영역 이동이 특징적인 현상으로 나타난다. 영리 목적의 건강보호관리(managed health care) 조직들의 출현으로, 사회사업가들이 일반 혹은 정신 건강보호 부문으로 이동하는 현상과 지방이나 연방정부에서 사회사업행정 관리자들이 사회복지 관련 고위 관리직에 임명되기 시작했다는 것도 중요한 특징이다(김영종, 2006: 64-65).

서비스 전달체계에 있어서는 공공과 민간 조직이라는 전통적인 구분을 파괴하는 복합적인 조직들이 등장하기 시작하면서 변화를 보인다. 1990년대 초기에 나타나기 시작한 새로운 형태의 조직들은 전통적인 민간 서비스기관, 공립민영 기관, 공공 기관 등의 구분을 점차 희미하게 만든다. 전통적인 중앙집중식 공공 관료조직들은 점차로 기능적 혹은 지리적으로 탈집중화되고 느슨하게 연결되는 공공서비스 조직들에 의해 대체되기 시작한다.

1990년대의 미국의 사회복지행정과 관련한 사회복지 환경은 첫째, 기획에서 서비스 전달까지를 직접 담당했던 거대 공공 관료조직들이 퇴조하고 있고, 둘째, 계약이나 서비스구입 등의 방법이 활성화됨에 따라 직접 서비스 전달 부분에서 민간의 역할이 증대되고 있으며, 셋째, 공공과 민간 조직들 간에 엄격한 조직적 구분이 퇴조하고, 넷째, 느슨하게 연결되어 있는 다양한 서비스 조직들을 연계하기 위해 서비스 전달체계의 통합이 필요하다는 인식과 네트워크의 방법이 확산되고 있으며, 다섯째, 사회복지서비스의 책임성을 구체화할 수 있는 행정 실천 노력을 강화하는 것 등을 나타난다. 이러한 환경 변화는 사회복지행정의 중요성을 한층 강화하는 역할을 하게 된다.

이와 같이 미국 사회복지 행정이 급변하는 사회복지환경과 더불어 많은 문제와 도전에 직면하고 있기는 하지만 최근 커다란 발전이 이루어지고 있으며 앞으로의 전망도 밝을 것으로 보인다.

2. 한국의 사회복지행정

한국 사회복지행정의 역사는 그다지 길지 않다. 사회복지의 일천한 역사에 기인하는 탓도 있지만, 사회복지서비스의 절대적인 공급 부족으로 인해 행정적인 개입의 필요성이 크지 않았다는 것이 주된 이유가 된다. 전문적인 행정 개입을 요청할 만큼 사회복지서비스의 팽창이 시작되었던 시점을 1980년대 중·후반부로 보고, 그 시점을 전후로 해서 한국 사회복지행정의 발달 과정을 구분해 설명하기도 한다(김영종, 2006: 67-72). 또한 한국 사회복지행정의 역사를 사회복지행정의 미인식단계(1950년대 및 이전), 명목상 인정단계(1960~1970년대), 그리고 실질적 중요성 인식

단계(1980~1990년대) 등 세 가지 단계로 나누어 설명하기도 한다(최성재 · 남기민, 2003; 53-63). 그렇지만 이러한 단계구분에 대한 논리적 근거에 모든 사람들이 동의하기는 어려우므로 본 절에서는 각 공화국별로 사회복지행정의 역사를 개관하고자 한다. 왜냐하면 첫째로 사회복지행정의 발전은 각종 사회복지관련 법령의 제정과 불가분의 관계가 있으며, 둘째로 한국의 사회복지법령은 연대별 또는 중요 사건별로 뚜렷한 특성을 가지기보다는 정치적 동기가 매우 강하고, 셋째로 사회적 요구의 수렴보다는 정치체제의 변동에 따라 각 법령이 그 성격을 달리하여 사회복지행정의 역사를 파악하기가 용이하기 때문이다(신복기 외, 2002; 36-37, 강용규 외, 2007; 47-54).

1) 일제강점기와 미군정하의 사회복지행정

일제강점기와 미군정하의 사회복지행정은 일종의 구호행정이다. 이러한 구호행정도 이 시기 이후의 우리나라 사회복지행정의 발전에 많은 영향을 미치고, 근대 사회복지행정 역사의 시발점이 된다는 점에서 중요하다.

1910년 일제강점으로 인해 재래의 구제사업은 거의 자취를 감추고, 1921년 조선총독부 내무국에서 신설된 사회과는 우리나라 사회복지사업의 지도 · 통제를 전담하게 되었다. 이것이 한국에 사회복지행정을 실천할 수 있는 장의 효시로 볼 수 있으나 광복되기까지 공공 조직의 사회복지활동은 시혜적인 활동에 국한되어 공적인 사회복지조직이라고 보기는 어렵다(최성재 · 남기민, 2003; 53).

그 후 1944년 3월 전문 33조로 된 조선구호령이 공포, 시행되었다. 조선구호령에는 조선총독부, 즉 국가가 국민의 빈곤, 불구, 폐질 등에 대하여 생활을 구호할 의무를 가지는 것으로 규정하고 있어 이들에 대한 공공구호행정을 전개할 수 있었다. 그렇지만 이 법령은 조선총독부가 국민들을 회유하고 종속시키기 위한 정치적 맥락에서 시행한 법령상의 명문규정이고, 이 법령에 근거한 구호행정도 형식적이며 명목적인 것에 불과하였다. 동 법령은 생활보호법(1961. 12. 30. 법률 제913호)이 제정되기 전까지 우리나라 공공 구호행정의 법적 근거가 되었다는 데 그 의의를 가지고 있다.

광복은 우리 국민에게 새로운 국가건설과 국민적 합의를 위한 기회를 제공하였다. 그러나 남한에서는 미군의 진주에 의해 독자적인 정부를 수립하지 못하고 약 3년간의 미군정이 실시되었다. 미군정은 1945년 10월 27일 군정법령 제18호로 보건후생국을 설립하였으며 보건후생국은 1946년 3월 2일 보건후생부로 승격하게 되었다. 이 당시 미군정의 구호정책은 요구호자에 대한 구호의 필요성에 대응한 것이 아니라 그들에 의해 야기되는 정치적 불안에 대응하여 전개되었고, 구호의 범위와 수준이 열악하고 구호행정이 배제적 · 일방적인 성격을 가지고 있었다(최항순, 1994; 121).

미군정 시기에는 사회사업실천의 장이 없었기 때문에 사회복지교육에 대한 필요성과 욕구도 전혀 없었다. 그럼에도 불구하고 1947년 이화여자대학교에 기독교사회사업학과가 설치되어 시작된 전문사회사업교육도 기독교의 교육이념을 수용하기 위한 것(신복기 외, 2002; 39)에 불과했다.

요컨대, 이 시기 사회복지행정은 구호행정으로 혼란한 과도기에 대처하기 위해 기아방지, 최저생계 유지 및 의료보호 등에 중점을 둔 응급적인 임시방편적인 대응책이라고 볼 수 있다. 따라서 이 시기의 사회복지행정은 근대적 사회복지개념에 입각한 행정이라고 보기는 힘들다.

2) 제1 · 2공화국 시대의 사회복지행정

1948년 8월 15일에 자유민주주의에 입각하여 대한민국 정부가 수립되고 정치 · 경제 · 사회가 매우 불안정한 상태에서 1950년 한국전쟁이 발발하였다. 특히 휴전 이후 미국에 의해 제공된 원조는 심각한 식량난을 극복하는 데 어느 정도 도움이 되었지만, 우리 사회에 권리보다는 자선이나 구제라는 전근대적인 사회복지 개념을 인식시키게 되었다.

제1 · 2공화국의 사회복지행정은 당시 사회복지행정직제의 개편내용을 통해 살펴볼 수 있다. 제1공화국은 미군정 당시에 설치한 보건후생부(1946. 3. 2)와 노동부를 통합하여 사회부로 개칭하고, 보건, 위생, 노동 및 부녀 행정을 관장하게 하였다. 그 후 1949년 3월 사회부에 소속되었던 보건행정을 분리하여 보건부를 신설하였다.

1955년 2월 다시 보건부와 사회부를 통합해 설치된 보건사회부는 우리나라의 사회, 복지, 보건 및 부녀행정을 총괄하는 중심부서로 자리잡게 되었다.

한편 한국전쟁 이후 들어온 많은 외국의 원조기관들은 현대적인 민간 사회복지기관들을 설립하고, 사회복지행정을 실천하였다. 그러나 이러한 외원기관들의 활동은 전쟁피해자인 고아, 미망인, 무의탁 노인 및 빈민들에 대한 긴급구조를 위주로 하였기 때문에 조직적인 원조활동과 전문적 사회복지활동을 수행할 수 없는 상태였다(최성재 · 남기민, 2003; 53). 따라서 민간 사회복지행정도 단순한 기관의 운영 외에는 체계적으로 시행되지 못하였다.

제1공화국 중반부터 말엽까지 사회복지현장에서는 사회복지교육의 필요성은 강조되지 않았지만 몇 개 대학에서 사회사업학과가 설치되었고, 1956년에는 사회복지 전문인력을 양성하기 위한 국립 중앙사회사업종사자 훈련소가 창설되었다. 그리고 1953년에는 현 강남대학교의 전신인 중앙신학교, 1958년에는 이화여자대학교(기존의 기독교사회사업학과를 개칭), 서울대학교 대학원, 다음해 서울대학교 학부에 사회사업학과가 각각 설치되었다. 이 당시 사회사업학과 교과과정에 사회사업(복지)행정이 필수 또는 선택과목으로 개설되어 있었는지는 알 수가 없다. 다만, 서울대학교는 사회사업학과의 개설 이래 사회사업(복지)행정을 교과목으로 개설해 오고 있다. 이러한 사실을 감안한다면 제1 · 2공화국 시기의 사회복지행정에서는 전시대에 비해 별다른 진전이 없었다고 볼 수 있다. 다만, 사회사업교육의 측면에서 사회복지행정은 단순히 교과과정에 포함되어 있었다는 사실 이외에 그것의 중요성이나 필요성에 대해 달리 언급할 만한 사항은 없었다.

3) 제3 · 4공화국의 사회복지행정

5 · 16 군사정부는 쿠데타의 명분과 민심안정을 위하여 '시급한 민생고의 해결'이라는 정치적 공약을 내세우고 그것을 실천하기 위하여 국가종합개발정책으로 제1차 경제개발 5개년계획을 수립 · 추진하였다. 이러한 경제개발정책의 추진은 전통적인 가치와 서구적 가치간의 갈등을 초래하였다. 이러한 정책의 수립 · 추진에서 복지국가의 이념이라든지 권리로써의 사회보장에 대한 일반 국민의 이해나 주장은 거의

전무하였다.

군사정부는 생활보호법(1961.12.30. 법률 제913호)을 제정함으로써 저소득층 중심의 공공부조를 시행하였지만, 정부재정의 부족으로 인해 민간 외원단체가 시급한 사회복지 문제나 욕구를 해결하는 실정이었다. 그리고 동법 역시도 일제시대의 조선구호령을 크게 벗어나지 못했고, 그 법에 의한 사회복지행정마저도 질적으로 개선되지 못하였다.

주무부서인 보건사회부도 전반적으로 생활보호 위주의 정책을 수행하였고, 123개 외원기관의 대부분도 저소득층에 대한 원조를 시행하였다. 이러한 상황에서 공공 사회복지 행정조직은 단순한 정책적 계획과 비전문적 활동에 그쳐, 사회복지서비스의 효과성과 효율성을 고려할 수 없었다. 그리고 공공부조행정과 관련된 군사원호보상법과 재해구호법은 사회질서유지 차원에서 제정되어 사회복지행정과는 괴리가 있었다. 그리고 이 시기에 제정된 고아입양특례법, 아동복리법 및 고아의 후견직무에 관한 법률 등은 아동복지행정에 관한 법적 근거가 되었지만, 이러한 법률들에서조차도 사회사업행정이라는 용어가 포함되어 있지 않았다. 또한 이 시기에 일부 민간 외원기관이 미국적인 사회사업의 방법론을 적용하려고 시도하였지만, 그것이 사회복지행정의 발전으로 이어지지는 못했다(강용규 외, 2007 ; 50-51).

그리고 1970년에 사회복지사업법이 제정됨으로써 민간 사회복지사업의 체계를 확립했을 뿐만 아니라 국가와 지방자치단체에 의한 사회복지법인에 대한 보조와 지도 · 감독이 가능하게 되어 민간 사회복지행정과 공공 사회복지행정을 위한 토대를 마련하였다.

이 시기에는 10개 대학에서 사회사업학과를 설치하여, 사회사업교육을 실시하였다. 각 학과의 교과과정에 사회사업행정이 포함되어 있었다는 사실을 미루어 보아 적어도 사회복지학계 또는 교육계는 사회복지행정의 필요성을 인식하였던 것으로 보인다. 하지만 사회복지학자들도 사회사업(복지)행정을 전공분야로 하거나 그것에 관한 논문을 발표한 적이 거의 없었으며 사회사업(복지)행정을 전공분야로 하는 학생들도 거의 없었다.

이상과 같은 측면에서 볼 때 군사정부시대와 제3공화국에서는 공공부조제도의 수립으로 공공 사회복지행정의 토대가 마련되었다고 할 수 있다. 이러한 긍정적인 평가와 더불어 사회복지행정의 중요한 가치인 효율성과 합리성이 결여되어 있으며 행정의 역할과 시설의 보호수준이 이전의 구호활동과 거의 차이가 없었다는 부정적인 평가가 제기되었다(신복기 외, 2002; 42).

4) 제5공화국과 사회복지행정

제5공화국은 제4공화국 이래 계속되어 온 '선경제개발 후분배주의' 정책에 따른 소득분배상의 불균형 문제, 소득격차, 상대적 빈곤, 지역간의 격차, 지속적인 산업화, 도시화에 따른 각종 새로운 사회문제, 가치관의 분열 등 많은 부담을 안고 출범하였다. 제5공화국은 복지사회의 구현을 국정지표로 설정하고 정치·사회의 안정과 사회복지관련 문제의 해결을 위해 각종 대책을 수립하였다.

하지만 1980년대 초까지도 한국사회에서는 사회복지에 대한 전체사회의 재정투자 규모가 극히 제한적이었으며, 사회복지서비스 조직들의 수와 규모면에서도 영세성을 면치 못하고 있었던 것으로 보인다. 사회복지 실천에 있어서 행정적인 지식을 필요로 할 만큼의 경영이나 관리와 관련한 이슈들이 본격적으로 나타나지 않고 있었다. 사회복지의 절대적인 자원 확보가 여전히 주된 문제로 남아 있는 상태에서, 사회복지의 효율적 관리에 대한 책임성의 압력과 전문직 내부의 행정 인력 수급 문제 등의 이슈가 당시의 한국사회에 적용될 수 있는 상황은 아니었다(김영종, 2006; 69).

한국의 사회복지 환경은 1980년대에 들어 급격히 변화하기 시작한다. 경제성장 우선정책에 밀려 정체되어 있던 사회복지에 대한 욕구들이 급속히 분출되기 시작하고, 이에 따라 경제개발 위주의 정책들이 사회개발을 동시에 강조하는 정책들로 옮겨가게 된다. 이것은 사회복지에 투자되는 자원들에 대한 우선순위(priority)를 높이게 되었고, 절대적인 자원량을 크게 증가시키는 결과로 나타났다.

제5공화국은 헌법에서 '국가는 사회보장·사회복지의 증진에 노력할 의무를 진다'고 하여 제3·4공화국에 비해 사회복지에 대한 국가의 책임을 분명히 하였다. 이러한 국가책임의 원리에 입각하여 정부는 사회보장정책과 함께 당시 심각한 국민 욕구로 표출되었던 아동, 노인 및 장애인 등에 대한 사회복지서비스 정책을 중시하고,

이를 위해 국가와 지방자치단체의 책임을 강화하는 조치를 시행함으로써 사회복지 행정의 범위를 보다 확장시켰다. 또한 생활보호 급여에 교육보호와 자활보호를 추가함으로써 공공부조행정의 범위도 종래 생계보호중심의 행정뿐만 아니라 자활중심의 행정으로까지 확대되었다.

이와 같이 제5공화국의 사회복지행정은 국민들의 인간다운 생활을 보장하고 국민생활의 불안정과 계층간의 갈등을 해소·융화하려고 하였으나, 사회적 합의가 부족하다는 한계를 가지고 있었다. 그러나 사회복지행정의 범위를 사회복지서비스 행정까지 확대시켰다는 점에서 긍정적으로 평가할 수 있다.

5) 제6공화국 이후의 사회복지행정

제6공화국의 각 정부는 나름대로 국정철학에 의거하여 사회복지에 대한 정책 이념과 비전을 제시하였다. 노태우 정부는 그 동안 미루어 왔던 고도성장의 열매를 공정하게 분배하여 모든 국민이 질 높은 문화생활을 누릴 수 있도록 하며, 소외받고 있는 저소득층의 복지증진을 위해 저소득층 밀집지역 동사무소에 사회복지전문요원(현 사회복지전담공무원) 배치를 약속하고 실현하였다.

김영삼 정부는 신경제5개년계획과 21세기에 대비한 사회복지정책의 발전전략에 입각하여 보건사회부를 보건복지부로 개칭하고, 국민복지기획단을 구성함으로써 사회복지에 대한 노력을 계속하였다. 그러나 김영삼 정부의 사회복지정책에는 정부의 역할과 책임보다는 민간부문의 역할과 책임을 강조하는 선진국의 신보수주의적 경향이 내재하고 있었다.

김대중 정부는 노인이나 장애인들도 일할 능력이 있는 사람에게는 일을 하게 하는 소위 생산적 복지(workfare)를 강조하였다. 특히 IMF시대 이후에는 심각한 실업난을 해결하기 위한 대책으로 '공공근로사업'을 위시한 근로연계복지시책이 강력히 시행되었고, 민간부문을 활용하는 이른바 신보수주의 정책이 더욱 강화되었다. 아울러 근로능력이 없어 복지의 사각지대에 놓여 있는 사람들을 위한 사회안전망 구축에 역점을 두어 국민기초생활보장제도가 도입·시행되었다.

그리고 사회복지전문요원(현 사회복지전담공무원)은 1987년부터 연차적으로 저소득층 밀집지역을 중심으로 일부 읍·면·동 단위에 배치하기 시작하여 제6공화국 초기에 전국에 걸쳐 배치되었다. 이로써 전문직에 의한 공공사회복지행정의 토대가 마련되었다.

사회복지 욕구와 문제에 대처하기 위하여 다양한 사회복지정책 및 프로그램 개발을 지원하기 위한 공공부문에서의 조직이 확대·분화되었다. 정부의 지원을 받는 국내 사회복지법인들이 사회복지관을 위시한 많은 민간 사회복지기관을 설립함으로써 민간 사회복지행정의 중요성이 강조되었다.

이러한 사회복지 환경의 변화에 따라 중앙정부차원에서의 직제개편이 이루어졌다. 특히 1990년에는 사회복지를 담당하는 중앙정부의 부서인 기존 사회국과 가정복지국을 통합하여 사회복지정책실로 개편함으로써 종합적인 복지행정이 가능하게 되었다(강용규 외, 2007; 53-54).

특히 1990년대 초반의 중요한 정치질서의 변화로써 지방자치의 전면적 실시는 사회복지서비스 전달이 보다 체계적으로 관리되어야 할 필요성을 높였다. 사회복지서비스의 기획·전달·평가에 이르는 제반 과정이 과거 중앙집중식의 획일적인 구조에서부터 다양한 정부 차원에로의 다원화된 구조로 전환되었다. 또한 전통적인 공공부문과 민간부문의 구분도 점차 약해지고 있는 실정이다. 보조금과 계약에 의해서 일정 기간 동안 운영권을 행사하는 민간 사회복지기관들을 민간이나 공공으로 확연히 구분 짓는 것은 쉽지 않다. 이러한 민간과 공공 복합 형태의 프로그램과 조직들의 등장은 지방자치제 실시로 인한 다원화된 공공 체계의 변화와 함께 사회복지서비스 전달체계의 관리에 보다 고도의 지식과 기술들이 필요함을 예고하고 있다(김영종, 2006; 71). 또한 지방자치제의 실시는 중앙과 지방의 사회복지에 대한 역할 분담에 대한 논의를 가속화하였다(신복기 외, 2002; 45).

1997년 8월 사회복지사업법 전면 개정과 뒤이은 IMF 구제금융체제의 진입으로 사회복지환경은 급변하였고 이에 따라 사회복지행정의 중요성은 크게 확산되었다. 시설설치의 신고제, 설치주체의 다양화 및 평가제 도입으로 인해 민간 사회복지서비스의 참여기회가 확대되고 아울러 시설의 설치 및 운영상의 개방성과 투명성을 제고하기 위한 제도적 장치가 강화되게 되었다.

이러한 변화에 대응하기 위해서 사회복지조직들은 조직운영에 따른 책임성 이행을 위한 기술과 절차를 갖추게 되었다. 그리고 국민기초생활보장제도의 도입에 따른 수급권자의 공정한 관리와 자활지원계획과 연계한 적절한 서비스의 제공 등은 체계적인 사회복지행정의 발전이라는 과제를 제시하고 있다고 하겠다.

3. 2000년대 한국 사회복지행정의 변화

사회복지서비스에 대한 수요는 앞으로도 꾸준히 증가할 것이고, 그에 따라 이를 담당하는 인력과 서비스 조직들의 규모와 수도 증가할 것이다. 이에 비례해서 이들 서비스 조직들을 적절히 관리하여 전체사회의 사회복지적 목적 달성에 기여하기 위한 사회복지행정의 역할도 확대될 것이다. 이러한 전망을 정리하기 위해, 먼저 2000년대 한국 사회복지의 거시적 환경과 사회복지서비스 운영체계의 변화들을 설명하고 그에 따른 사회복지행정의 과제를 제시해 보고자 한다.

2000년대를 전후하여 나타난 사회복지행정의 변화내용을 살펴보면 다음과 같이 요약할 수 있다.

첫째, '한국사회복지행정학회'의 창립이다. 사회복지행정을 전공하는 학자들이 1999년 3월 한국사회복지행정학회를 창립하고 학술지인 『한국사회복지행정학』을 발간하고 학술대회를 개최하는 등 학자들과 실천분야에 종사하는 행정가들의 연구발표와 토론의 장을 제공하였다(신복기 외, 2002; 46).

둘째, 국민기초생활보장제도의 시행이다. 1999년 9월에 제정된 국민기초생활보장법은 기존의 생활보호법을 대체한 것으로, 이 법의 제정 취지는 국가에 의한 공공부조의 성격을 '보호'에서부터 '보장'으로 강화했다는 점이다. 사회복지서비스와 관련하여 이 법이 갖는 의미는 매우 큰데, 이전의 생활보호법에서는 결여되어 있던 수급자에 대한 직접서비스가 포함되어 있기 때문이다. 급여의 내용이 단순히 현금·현물에만 국한된 것이 아니라, 자활서비스라는 직접적인 대인적 사회서비스를 급여에 포함시켰다는 점이다. 국가(보장기관)가 수급자들의 자활에 강한 책무를 갖도록 하고 있으며, 자활에 이르는 과정에 대한 상세한 규정들을 제시하고 있다. 이것은 서구 국가들에서 강조되고 있는 이른바 '단순 복지(welfare)에서부터 생산적 복지(workfare)'로의 경향이 연장선상에 있는 것이라고 볼 수 있다. 이에 따라 '자활후견기관'과 '자활후견협회' 등의 개념이 기존의 사회복지서비스 유형에 추가되는 성과와 기존의 생활보호대상자들을 수용했던 생활시설들은 이 법에 의해 '보장시설'로 전환되는 결과를 가져왔다(김영종, 2006; 75).

셋째, 한국사회복지사협회의 자율적인 시험관리와 자격증 교부업무의 위탁관리이다. 사회복지분야를 담당할 인력의 전문성을 보다 강화하기 위하여 사회복지사 자격제도를 개선하였다. 즉, 기존의 정규대학 사회복지(사업)학과를 졸업하고 신청하면 무시험검정에 의거하여 1급 자격증을 교부받을 수 있었으나, 2003년부터는 2급 자격을 교부하고 "사회복지사 1급은 국가시험에 합격하여야 한다"는 규정에 따라 국가시험에 합격한 자에 한하여 1급 자격증을 교부하도록 하였다. 그리고 보건복지부장관은 이러한 국가시험에 관한 업무를 사회복지법인 한국사회복지사협회에 위탁함으로써 전문직단체에 의한 자율적인 시험관리와 교부업무가 이루어질 수 있도록 하였다. 이러한 업무의 위탁은 사회복지사협회가 의사·약사 등 타 전문직의 협회와 동등하게 하나의 전문직으로서 자율적이고 독자적인 행정 및 자격관리를 하도록 인정한 것으로 평가된다.

넷째, 시설에 대한 평가제도의 시행이다. 1997년 8월에 개정된 사회복지사업법 제43조(시설의 평가) 제1항에는 "보건복지부 장관 및 시·도지사는 보건복지부령이 정하는 바에 따라 시설을 정기적으로 평가할 수 있으며, 이를 시설의 감독 또는 지원 등에 반영할 수 있다"고 명시하였다. 이러한 조항들을 근거로 하여 사회복지서비스 조직들에 대한 평가지표들이 개발되었으며, 2000년 8월 중에 실시된 사회복지관 평가를 비롯해서 제반 생활시설들에 이르기까지 전면적인 평가가 실시되었다(김영종, 2006; 75-76). 평가의 실시는 지역사회복지서비스 시설들이 기존의 시설중심적인 가치에서 벗어나, 객관적인 기준에 의거하여 자신들의 활동을 검증해 볼 수 있는 계기가 되었다. 조직의 폐쇄성을 완화하고, 시설의 개방과 투명한 운영으로 지역공동체의 연대적 가치를 시설운영에 반영하는데 효과적인 결과를 가져올 것으로 기대된다.

참고문헌

강용규 외, 『사회복지행정론』, 공동체, 2007.
김영종, 『사회복지행정』, 학지사, 2006.
문인숙 · 김미혜 역, 『사회복지기관행정론』, 도서출판 동인, 1993.
성규탁, 『사회복지행정론(2판)』, 법문사, 1996.
신복기 · 박경일 · 장중탁 · 이명현, 『사회복지행정론』, 양서원, 2002.
최성재 · 남기민, 『사회복지행정론』, 나남출판, 2003.
최항순, 『복지행정론』, 신원문화사, 1994.
Austin, David, "Management overview," *Encyclopedia of Social Work(19th ed.)*, Vol 2. 1995.
Patti, Rino J., *Social Welfare Administration: Managing Social Programs in a Developmental Context.* Englewood Cliffs, NJ : Prentice-Hall, 1983.
Sarri, Rosemary, 'Administration in Social Welfare,' *Encyclopedia of Social Work(18th).* Vol. 1. 1987.

제 3 장 사회복지행정의 이론

사회복지행정은 조직을 통하여 사회적 재화나 서비스를 전달하기 위한 총체적 행동이라고 할 수 있다. 사회복지행정의 이론들을 이해하려면 우선 클라이언트들이 가지고 있는 욕구나 문제를 효율적으로 해결하기 위한 조직관리 방안들에 관한 이론들이 어떻게 전개되어 왔는가를 살펴볼 필요가 있다. 시대구분이나 연구경향 변천과정의 단계구분은 분류하는 학자에 따라 다르므로 분류하기가 쉽지 않다. J. G. March와 H. A. Simon은 전통적 이론, 인간관계론, 의사결정론으로 구분하였고, D. Waldo는 고전적 이론, 신고전적 이론, 현대적 이론으로 구분하였으며, A. Etzioni는 전통적 조직이론, 인간관계론, 구조론으로 구분하고 있다. 이와 같이 조직이론의 변천에 관하여는 학자의 관점에 따라 여러 가지로 분류하고 있으나, 고전적 이론, 신고전적 이론, 현대적 이론으로 분류하는 것이 일반적 견해이다. 그러나 이러한 분류에서도 그 이론적 단절이 명확한 것은 아니다. 학문의 발전과정은 연속적인 것이기 때문에 새로운 이론과 과거의 이론은 항상 서로 교차되어 있기 마련이다.

1. 고전적 이론: 과학적 관리론, 행정관리론, 관료제론

고전적 이론은 공식적 조직구조와 과정을 중시하며 폐쇄체계적 관점과 합리적 · 경제적 인간모형에 입각하여 단일가치기준으로서의 능률주의관을 가진 것이 공통된 특징이라고 할 수 있다. 이러한 고전적 이론에는 과학적 관리론, 행정관리론, 관료제론 등이 해당된다.

1) 과학적 관리론

과학적 관리운동은 주로 미국에서 발전되어 온, 산업사회의 경영합리화를 위하여 추진된 일련의 운동이다. 과학적 관리론은 최대의 생산효과를 확보할 수 있는 단일한 '최선의 방법과 최선의 용구'(one best way and best implement)를 발견하기 위하여 생산공정을 최소단위로 요소 분해하여 이를 능률적으로 배열하는 방법을 연구하는 것이다.

테일러(F. W. Taylor, 1856~1925)는 작업을 가장 간단한 요소동작에 이르기까지 분해하고 각 요소·동작의 형태·순서 및 소요시간을 '동작연구'(motion study)와 '시간연구'(time study)에 의하여 표준화하고 나아가서 불가피한 유예시간도 정밀하게 연구함으로써 일류 작업자에게 충분한 일일 작업량, 즉 한 사람의 작업자가 적정하게 작업하고도 건전하게 생활할 수 있는 최선의 일일과업(task)을 책정하였으며 이러한 과업을 기준으로 하는 관리의 과학화를 제창하였다(Taylor, F. W. 1967; 25-26).

테일러는 1903년에 『공장관리법』(*Shop Management*)을, 1911년에는 『과학적 관리의 제원리』(*The Principles of Scientific Management*)를 발표하여 과학적 관리법의 기초를 확립하였다. 그는 과학적 관리의 4대 기본원리로서 i) 과학적 방법에 의한 작업의 기본요소 발견, ii) 기획기능을 통한 작업방법의 결정, iii) 과학적 방법에 의한 노동자의 선발·훈련 및 협동적 노력의 강조, iv) 관리자와 노동자간의 업무구분 및 임무의 최적배분을 제시하였다.

또한 노동자는 높은 임금을, 고용자는 낮은 인건비를 추구할 수 있기 위해서는 다음과 같은 다섯 가지 원리의 적용이 필요하다고 보았다.

① 모든 노동자에게 명확하고 일정한 충분한 과업을 주어야 한다.

② 노동자가 과업을 확실히 수행할 수 있도록 표준적 조건을 부여하여야 한다.

③ 과업완수의 경우 성공에 대한 높은 보상을 하여야 한다.

④ 노동자가 과업달성을 못한 경우 손실을 받아들어야 한다.

⑤ 과업은 일류의 노동자만이 달성할 수 있을 만큼 충분한 것이어야 한다.

또한 테일러는 '과학적 관리의 철학'으로 종래의 개인적인 판단이나 의견 대신에 정확한 과학적 조사와 지식을 관리자 및 노동자 쌍방이 지녀야 한다고 주장하였으며, 이러한 정신적 혁명이 없이는 과학적 관리는 존재하지 않는다고 하였다.

과학적 관리론은 사회복지 영역에서보다는 일반기업 경영에 보다 많은 영향을 미쳤다. 이는 일반기업과 달리 사회복지조직들은 인간을 복잡성과 다양성을 가진 존재로 인식하고 보다 중요하게는 사회복지기관들이 인간(client)이라는 대상을 원료로 다루며 그들의 다양한 사회복지기관들로부터 제공되는 프로그램 또는 서비스들이 위에서 언급한 과학적 관리론의 가정과는 상이하기 때문이다. 따라서 사회복지행정이라는 분야에는 이 이론이 적합하지 않다고 여겨진다. 하지만 과학적 관리론은 ⅰ) 조직의 수행능력을 증진시키는데 보상이 효과적일 수 있다는 점, ⅱ) 분업화된 역할로써 관리의 개념을 중요시하였다는 점, ⅲ) 업무를 위한 준비와 훈련이 중요하다는 점을 인식하게 한 측면에서 유용하다고 할 수 있다.

2) 행정관리론

과학적 관리론이 생산 및 운영적 수준에서의 최적관리를 위해 공학적·기법적·분석적 방법을 채택하였다면 행정관리론은 조직계층의 중·상층에 적용할 수 있는 광범위한 조직 원리들을 다루고 있다. 이러한 범주에 속하는 학자들로서는 화욜(H. Fayol), 무우니(J. D. Mooney), 귤릭(L. Gulick), 어윅(L. Urwick), 디목(M. E. Dimock) 등이 있다.

특히 프랑스의 화욜(Henry Fayol, 1841~1925)은 관리자의 기능에 관한 실제적인 접근방법과 관리원칙의 보편성을 시사하였다. 그는 관리론에 관한 논리적인 이론체계나 관리철학을 수립하였다기보다는 관리자의 경험과 관찰에서 얻은 사실들을 원리화한 것이다. 그가 제시한 원리의 일반원칙과 요소는 오늘날도 조직관리론에서 중요한 것으로 간주되고 있다.

화욜은 다음과 같은 14가지 원칙을 따른다면 좀더 조직은 좋은 관리 또는 경영을 할 수 있다고 강조하였다. 그가 제시한 관리의 원리는 ① 노동의 분업, ② 권한과 책임, ③ 규율, ④ 명령의 통일, ⑤ 지휘의 통일, ⑥ 개인적 이익의 조직전체적 이익에의 종속, ⑦ 보수 또는 급여, ⑧ 집중화, ⑨ 계층의 연쇄, ⑩ 질서, ⑪ 형평성, ⑫ 직원의 신분보장, ⑬ 솔선, ⑭ 단결심 등 14가지의 요소이다.

화욜은 관리의 보편성을 탐구하기 위하여 많은 연구와 실험을 거듭한 결과 관리기능에 있어서 필요한 기본적인 요소로서 기획 · 조직화 · 명령 · 조정 · 통제 등을 들었다. 이러한 화욜의 연구결과는 오늘날에도 타당한 것으로 간주되고 있다.

그리고 귤릭(L. Gulick)은 어윅(L. Urwick)과 같이 편찬한 논문집에서 최고관리층의 기능을 'POSDCoRB'로 제시하였는데 이는 조직관리 및 행정의 과정이나 내용을 나타낸 것으로도 이해할 수 있다. 즉 Planning(기획), Organizing(조직), Staffing(인사), Directing(지휘), Coordinating(조정), Reporting(보고), Budgeting(예산)의 7가지 머리글자를 따서 만든 것이다. POSDCoRB는 관리자의 기능을 표시할 뿐만 아니라 조직관리 및 행정학의 연구범위와 대상을 지칭하는 것으로 간주되고 있다.

귤릭은 또한 부처편성의 기준으로서 ① 목적 및 기능, ② 과정 또는 절차, ③ 수익자 및 취급물, ④ 장소 또는 지역의 4가지를 제시하였다.

이와 같이 행정관리론자들은 주로 원리 또는 원칙을 제창하여 조직의 관리자가 따라야 할 기본방침을 제시한 점에서 의의를 찾아볼 수 있다. 즉, Fayol이 지적했던 5개의 관리기능(계획화, 조직화, 명령, 조정, 통제)은 현재도 사회복지행정 또는 다른 일반경영분야에서도 사용되고 있으며, 관리가 배워질 수 있다는 것은 행정관리이론의 가장 큰 기여로 볼 수 있다. 인간은 변화할 수 있다는 사회복지의 가치에 관련이 있기 때문이다.

3) 관료제론

생산성에 기초한 관료주의의 속성들을 강조하는 관료제론은 아직도 많은 조직에서 적용되고 있는 관리 또는 경영원리로서 고전적 이론에 속한다. 관료제론은 독일의 사회학자 베버(Max Weber, 1864~1920)에 의해서 개념화되었으며 미국에는 2차 세계대전 이후 소개되었다고 한다. 베버의 관료제이론의 특색은 이념형(ideal type)이라는 점이다.

베버의 관료제이론을 이념형이라고 하는 것은 베버이론이 현존하는 관료제의 속성을 경험에서 추출한 것이 아니라 사유작용에 의해서 관료제의 가장 특징적인 면만을 관료제이론으로 정립하였기 때문이다. 그러므로 이념형은 반드시 실제의 관료제와 동일한 것은 아니다. 다만, 실제의 관료제가 어느 정도로 이 이념형에 접근하고 있는가를 판단하는 기준이 될 수 있는 것이다.

베버는 이념형의 입장에서 권위의 정당성을 기준으로 하여 지배유형을 i) 전통적 지배, ii) 카리스마적 지배, iii) 합법적 지배로 분류하였다.

이념형으로서의 합법적 또는 합리적 관료제의 구조적 특징은 ① 명확한 관청적 권한, ② 계층제, ③ 문서주의, ④ 공·사의 구분, ⑤ 전문지식·기술, ⑥ 직업의 전념화, ⑦ 법규에 의한 행정 등에서 찾아볼 수 있다.

1930년대 이후 미국의 사회학자들은 베버가 간과하였던 관료제의 비공식적인 측면, 비합리적 측면, 역기능적 측면, 환경과의 상호작용의 측면을 강조하면서 베버이론을 수정·보완하였다. 또한 1960년대 이후의 발전론자들은 베버의 이론을 전면적으로 비판·수정하기에 이르렀다. 그 근본적인 이유는 베버의 이론이 관료제의 기능을 법질서의 유지와 부여된 임무의 기능적인 집행에 중점을 두고 있는데 반하여, 발전론자들은 이들을 2차적인 것으로 생각하고 보다 중요한 것은 관료제 자체가 사회의 발전·쇄신에 있어서 주도적인 기능을 수행하고 있다고 본다는 점이다.

관료제 이론은 잘 숙련된 관리 또는 경영을 강조한다. 따라서 사회복지행정에 있어서도 숙련된 관리자로서의 역할이 강조된다. 또한 관료제 이론은 책임성을 강조하는 측면, 업무를 정의하고 규정하여 서열체계로 업무를 위치시켰다는 측면, 그리고 경쟁력을 강조하고 업무를 위해 준비작업이 필요함을 지적했다는 측면 등에서 사회복지행정에 의의를 지닌다. 관료제 이론이 대부분의 조직관리에 많은 영향을 미친 점은 부인할 수 없으나, 동조과잉, 서면주의 · 형식주의, 전문화로 인한 무능, 무사안일주의, 행정의 독선화, 귀속주의에 입각한 자생집단, 인간성의 상실, 변동에 대한 저항 등과 같은 관료제의 병리현상과 같은 문제점이 지적되기도 한다.

2. 신고전적 이론 : 인간관계론

능률성, 생산성, 합리성 그리고 조직구조에 주로 관심을 두었던 고전적 이론 혹은 기계적 조직이론은 인간을 마치 기계의 부속품처럼 취급함으로써, 즉 인간적 관점에서 비판을 받을 수밖에 없었다. 인간관계론자들은 경제적 · 수단적 능률보다는 사회적 능률을 더 강조하였으며, 조직구성원의 감정적 · 정서적 측면을 중요시하고 공식적인 관계보다는 비공식적인 관계에 관심을 집중하였다.

인간관계론은 메이요(Elton Mayo, 1880~1949)의 주도하에 실시된 호오손 실험(Hawthorne Experiment)을 통하여 성립되었다. 호오손 실험은 당초에 고전이론의 테두리 속에서 물리적 및 육체적 작업조건의 변화가 노동생산성에 미치는 영향을 분석하려고 입안된 것이었다. 그러나 연구의 과정에서 물리적 또는 육체적 작업조건보다는 다른 요인, 즉 비공식집단의 세력 등의 사회적 요인이 작업능률에 더 많은 영향을 미친다는 것을 발견하였으며 따라서 고전적 이론의 가설들을 뒤엎게 되었다(오석홍, 1990; 38).

이러한 호오손공장의 실험을 통하여 발견된 여러 사실들을 기초로 하여 인간관계론이 성립되었는데, 호오손 실험의 결론을 요약하면 다음과 같다.

(1) 생산능률은 종업원의 태도 또는 감정에 크게 의존하고 있다는 사실을 발견하여 인간적 요인의 중요성을 인식하였다. 생산능률은 경제적 · 생리적 · 물리적 작업조건보다도 종업원이 자기의 직무 · 동료 · 상사 또는 회사 자체 등에 대하여 갖는 태도나 감정에 의해서 크게 좌우된다는 것이다. 다시 말해서 생산량에 영향을 미치는 근무의욕은 물적 요인보다는 인적 요인인 종업원들의 참여의식과 가치있는 업무

를 수행하고 있다는 존재가치에 대한 인식 등의 사회 · 심리적 태도에 크게 의존하고 있다는 사실이다.

(2) 공식적 조직 내에 있어서 자생적 조직의 발견과 그 기능의 파악을 들 수 있다. 즉 종업원은 하나의 조직에 있어서 다만 기술적 과정에 의해서 상호관계를 갖고 있다는 것뿐만 아니라, 이와 동시에 집단 스스로의 상호작용에 의한 인간적 결합이 있다는 것을 발견하였다. 이러한 자생적 조직은 그들 특유의 집단감정 또는 심리체계를 가지고 있는 것이므로 관리자들이 다만 비용의 논리나 능률의 논리만으로 합리화 방안을 일방적으로 추진하고자 할 때에는 그들의 반발을 유발한다는 것이다.

그러나 인간관계론은 인간의 정서적 측면과 조직에서 인간관계인 사회적 측면을 지나치게 강조한 나머지 조직의 효과성을 결정하는 목표, 자원, 기술, 구조적인 특성 등을 소홀히 다루는 경향이 있기 때문에 비판의 여지가 있다. 사실상 조직은 엄연히 공동으로 추구해야 할 공식적인 조직목표가 있고 이를 달성하기 위해서는 적절한 지도와 통제가 필요하다. 또한 인간관계론은 조직구성원인 인간을 너무 단순화한다는 점이 문제로 나타난다. 조직 내에서의 인간관계는 협동과 참여가 일어나기도 하지만 갈등과 지배의 본질을 간과할 수는 없다. 그리고 인간행동의 동인(動因)으로 작용하는 경제적 보상이 전혀 고려되지 않았다는 점이다. 따라서 인간관계론은 조직 내 인간의 심리 · 사회적 요인을 지나치게 강조한 나머지 조직 내에서 인간의 정치경제적 과정을 경시하고 있다는 비판에서 자유로울 수 없다.

하지만 인간관계론이 사회복지행정에 미친 영향으로 ⅰ) 조직 내의 하위문화와 문화의 중요성에 관한 인식을 할 수 있게 하였다는 점, ⅱ) 개인적 수행에 있어 집단의 영향력에 대한 중요성을 인식할 수 있게 하였다는 점, ⅲ) 화폐를 통한 경제적 보상 이외에 비경제적 보상도 조직구성원들의 행동에 영향을 미친다는 점 등을 간과할 수 없다.

3. 현대적 이론

1) 체계이론

체계이론(system theory)은 공식적 · 체계적으로 구성된 인간의 복합체인 조직을 하나의 물리적 · 생물학적 체계와 유사한 특성을 갖는 체계(system)로서 인식하는 접근법이다. 체계란 공동목적 달성을 위하여 둘 이상의 부분들이 상호작용하는 전체라고 정의할 수 있다. 하나의 체계는 보다 큰 체계의 한 부분이며 따라서 하위체계이기도 하다. 모든 체계는 많은 부분요소들로 구성되어 있으며 이들 부분요소들은 서로 관련을 가지고 상호작용하며, 또한 외부환경의 다른 체계와도 끊임없이 상호 영향을 주고받는다. 체계에 대한 환경이란 그 체계에 영향을 미치고 그 체계로부터 영향을 받는 모든 외부의 사물들을 말한다.

1950년대를 거쳐 1960년대 중반에 이르러서는 조직의 보다 포괄적인 접근방법으로 체계론이 크게 발전하였다. 조직을 폐쇄적인 것이 아니라 개방된 체계로서 인식하기 시작한 것은 구조기능주의와 일반 체계론이 조직에 적용되기 시작하면서부터이다. 체계론은 조직 내의 갈등이나 분파적인 요소보다는 조직의 통합과 상호의존성을 강조한다. 또한 조직은 내 · 외부적으로 조직을 구성하거나 영향을 주는 요소들간의 균형과 평형을 이루어야 한다는 것을 전제로 하고 있다.

체계는 일반적으로 다음과 같은 특징을 갖는다.

(1) 체계는 일정한 경계(boundary)를 가지고 있는데, 이 경계에 의하여 상위체계와 구별되며, 관련된 요소간에 어느 정도의 독자적인 영역을 갖는다.

(2) 체계는 보다 작은 하위체계(sub-system)로 구성된다.

(3) 체계의 여러 구성부분 사이에는 상호작용의 관계가 있어 서로 영향을 주고받는다.

(4) 체계는 투입(input), 전환(throughput or conversion), 산출(output), 환류(feedback)의 구조를 갖는다.

- 투입(input, 에너지의 중요성): 모든 사회구조는 생존하기 위해 환경으로부터 재료와 자원을 필요로 한다. 이 에너지는 투입으로서 기능한다. 사회복지조직에서 투입은 서비스를 받을 클라이언트와 그들에게 서비스 할 자원이라고 볼 수 있다.
- 전환(throughput): 열린 체계는 투여 받은 재료를 다시 조직화하고 또는 전환시키기 위해 필요한 에너지를 사용한다. 사회복지조직에서 원료는 클라이언트이며 문제가 있는 클라이언트(개인 또는 가족)는 문제가 경감되고 해결된다.
- 산출(output): 열린 체계는 환경 속으로 생산물을 내보낸다. 사회복지조직에서는 모든 클라이언트에게 제공한 서비스를 산출로 볼 수 있다.
- 환류(feedback): 환경으로부터 에너지와 자원을 얻는 것에 덧붙여서 열린 체계는 또한 정보를 받는다. 이 정보 중 일부는 부정적 피드백의 형태로 오며 이 부정적 피드백이 체계가 경로에서 일탈한 것을 수정하도록 한다. 따라서 부정적 피드백이 체계를 안정적인 상태로 유지하도록 돕는다고 할 수 있다.

자원이나 원료의 투입이 처리과정을 거쳐 산출을 낳고 이 산출이 다시 이 과정을 수정하고 조직을 안전하게 유지하는 데 역할을 담당하게 된다. 체계이론은 사회복지조직을 이해하는데 그리고 어떻게 사회복지조직이 특정 환경 하에서 행동하는지를 이해하는데 도움을 준다. 특히 다음과 같은 두 가지 측면에서 체계이론은 사회복지행정에 영향을 미쳤다고 할 수 있다.

첫째, 사회복지조직에 투입(input)-전환(throughput)-산출(output) 체계를 적용할 수 있게 하였다. 체계이론은 특히 조직의 효율성과 효과성을 이해하는데 많은 도움을 준다. 대부분의 사회복지조직들은 한정된 자원을 투입하고 그 한정된 자원의 투입으로 가장 최상의 효과와 효율적인 산출을 얻기 위해 노력한다. 그리고 투입과 전환, 산출의 측면에서 사회복지조직이 제공하는 서비스와 프로그램이 설명되고, 실행되고, 검토되며 평가된다. 만약 이러한 분석적 방법이 소개되지 않았다면 사회복지조직은 책임성에 대한 기대를 해결하기가 어려웠을 것이다.

둘째, 체계이론은 사회복지조직과 환경과의 관계의 중요성에도 영향을 미쳤다. 조직은 생존과 번영을 보장하기 위해 조직 환경의 요소들과 능동적이고 계속적인 관계를 필요로 한다.

체계이론은 사회복지 관리자에게 복잡한 조직현상을 포괄적으로 거시적 관점에서 파악하는 데는 효과적이지만 이론의 추상화 수준이 지나치게 높아 구체적인 연구방향의 제시가 어렵고, 고려해야 하는 변수가 너무 많이 관련되어 있다는 점에서 한계점을 내포하고 있다.

2) 상황이론

상황이론은 조직화와 관리에 있어서 '최선의 유일한 방법'은 없으며, 조직화와 관리는 상황조건에 따라서 결정되어야 한다고 본다. 즉, 상황이론은 모든 상황에서 작업과 관련된 정확한 결정이나 최상의 결정은 없다고 주장한다. 이 이론은 상이한 상황은 상이한 결정과 경영적 행동을 요구한다고 본다. 상황이론은 관리자들이 의사결정에 있어 어떤 기술을 가지고 있고 상황의 욕구에 필요한 유용한 평가를 할 민감성을 가지고 있다면 관리자들은 좋은 수용할 만한 결정을 할 수 있다고 강조한다.

상황이론의 기본적인 사고방식 혹은 틀은 상황과 조직구조 및 관리체제의 적합여부가 조직의 효과성을 결정하며, 보다 바람직한 효과성을 추구하는 조직은 의식적 또는 무의식적으로 상황에 적합한 조직구조와 관리체제를 조성한다는 것이다. 요컨대 상황이론은 상황과 조직구조 및 관리체제의 적합이 조직의 효과성을 결정한다는 것을 기초로 상황과 조직구조나 관리체제간의 적합적 관계를 경험적 조작적으로 특정화하려고 하는 이론이라고 할 수 있다.

상황이론의 특징을 살펴보면 다음과 같다.

(1) 조직을 하나의 개방체계(open system)로 본다는 것이다. 즉, 조직이란 그것을 둘러싸고 있는 상황 혹은 환경과 상호의존하고 상호작용하는 실제로서 보는 것이다. 따라서 조직의 구조와 관리체제는 환경의 성격에 적합하고 조화되어야 한다는 것이다.

(2) 최선 유일의 보편적 이론보다는 상대적 · 조건적 이론의 구성을 강조한다는 점에서 다른 이론들과 다르다. 따라서 현실의 조직관리에 상황이론을 적용하는 경

우 신축성을 가질 수 있게 된다.

(3) 조직현상을 여러 가지 측면에서 분석할 수 있는 전략변수를 많이 개발할 뿐만 아니라 실제로 경험적인 연구 성과를 크게 거둘 수 있다.

(4) 상황이론은 일반체계이론의 거시적 관점을 실용화하려는 중범위이론을 구성한다.

상황이론은 사회복지조직의 내부적 특성을 잘 설명하고 상황과 환경의 중요성을 강조한다는 점에서 시사하는 바가 크다. 실제로 사회복지조직은 클라이언트 집단에 따라 그 조직의 특성이 매우 다르다. 따라서 제각기 다른 특성을 충분히 이해하고 조직화와 관리방법 및 형태를 결정해야 한다는 점은 매우 유의하여 받아들일 필요가 있다. 또한 상황이론에서 환경적 변수의 중요성을 강조한 측면은 사회복지조직에 적용가능성을 더욱 크게 하고 있다. 실제로 사회복지조직은 환경적 변화에 크게 좌우되기 때문에 그에 따른 조직구조와 관리형태의 적용이 절실히 요구되는 것이다.

그러나 상황이론은 어떠한 상황이나 환경에 어떤 조직이 효과적이라는 일정한 원칙과 지침을 제공해 주는 데는 실패했기 때문에 실제로 이 이론을 과학적으로 검증하거나 현실에 적용하는 데는 많은 경험적 연구가 필요하다. 또한 부분적인 상황요인만 중시하고 전반적인 사회 · 정치적 · 문화적 변수는 배제한다거나, 조직구조 형성의 주체인 의사결정, 가치관, 의도, 목적을 간과하고 있다는 비판이 제기되고 있는 실정이다.

3) 행태론

행태론은 조직의 연구에 있어서 인간행태(human behavior)를 다루는 과학적 접근법의 원용을 강조하고 있다. 즉 인간이 현실적으로 여러 환경 속에서, 그리고 여러 가지 영향 아래서 대내적 · 대외적으로 어떻게 행동하는가를 분석한다. 따라서 행태론의 연구에 있어서는 인간적 요인을 크게 강조한다. 고전적 이론들이 주로 구조와 직무에 역점을 두는데 반하여, 행태론자들은 현실조직 내에서 움직이는 인간에 관심을 기울인다. 이러한 점에서 행태론적 조직이론은 과학적 관리론의 기계론적 인간관에 대항하여 나타난 인간관계론을 이어받아 더욱 발전시킨 조직이론이라고 할 수 있다.

행태론적 연구방법은 버나드(C. I. Barnard)의 『관리자의 기능』(*The Functions of the Executive*)에서 그 경향을 찾아볼 수 있으나, 본격적인 연구는 사이몬(H. A. Simon)의 『행정행태론』(*Administrative Behavior*, 1947)에서 비롯된다.

사이몬은 의사결정과정을 핵심으로 하는 인간의 행태를 사회심리학적으로 연구하였으며 논리적 실증주의(logical positivism)에 입각하여 가치와 사실을 구별하고 행정의 과학화를 위해서는 사실에 국한하여 연구해야 한다고 주장하였다. 행태론은 자연과학의 영역을 원용하여 실험하고 관찰하여, 법칙을 정립하는 과학적 접근방법을 강조한다.

행태론이 조직이론의 연구에 기여한 바는 다음과 같이 요약할 수 있다.

① 개념적 측면: 추상적 개념구성과 조직 내 인간행태에 대한 해명

② 방법론적 측면: 개념에 대한 경험적 검증

③ 활동적 측면: 개념과 인간행태에 관한 연구에 기초한 관리정책 및 의사결정의 형성

이들 중에서 가장 두드러진 점은 방법론적인 측면에서 찾아볼 수 있다. 즉 행태론자들은 조직연구에 있어서 고도의 경험적 입장을 강조하고, 통제 상황 속에서 실험과 관찰을 통한 자료에 힘을 기울였다. 또한 행태론은 타학문의 개념 · 이론 · 접근방법을 수용함에 있어서 개방적이며 인접과학과의 협동연구에 기여하였다.

한편 행태론의 한계로 지적할 수 있는 것은 첫째, 종래 화욜(Fayol) 등의 관리론자가 제시하는 것과 같은 조직관리 전반에 관한 완전한 구도(complete picture)를 갖고 있지는 못하다는 것이다. 즉 유능한 관리자에게 있어서 행태론에서 강조하고 있는 인간행태에 관한 지식을 갖추는 것은 필요조건이지 충분조건은 아니라는 것이다. 인간행태에 관한 지식 외에도 다른 하위체계의 구조, 관리기법 및 기타 조직관리에 관한 폭넓은 지식이 요청된다 하겠다. 둘째, 행정은 의사결정이며 의사결정에는 대립적인 가치체계간의 선택이 요구되므로 의사결정자는 가설적인 과학의 세계보다 여러 상황 하에서 여러 대안이 가져올 가능성 있는 결과에 대한 판단을 내리지 않으면 안 되는 것이다. 그렇기 때문에 유용성이 많지만 행태론은 한계를 가지

게 된다.

4) 관리과학론

제2차 세계대전의 산물이라고 할 수 있는 관리과학(management science)은 계량적 도구를 이용하여 계획 · 통제 · 의사결정 등의 효율화를 기할 것을 강조한다. 테일러의 과학적 관리가 생산과업 및 인간과 기계의 능률에 주로 관심을 갖는다고 한다면 관리과학은 조직을 일차적으로 경제기술적 체계(economic-technical system)로 간주하고 그의 분석을 위하여 경제학 · 공학 · 수학 및 통계학 등의 도움을 받는다. 이러한 면에서 과학적 관리와 관리과학은 구별된다.

관리과학은 운용연구(OR: operations research), 공정관리(PERT: performance evaluation and review technique), 전자정보처리시스템(EDPS: Electronic data processing system) 등을 포함한다. 관리과학과 운용연구는 흔히 혼용되며, 운용연구에는 확률론(probability theory), 게임이론(game theory), 대기행렬이론(queuing theory), 선형계획(linear programming), 모의실험(simulation) 등의 기법이 사용된다.

5) 현상학적 조직이론

조직이나 집단현상을 포함한 사회현상에 대한 접근방법으로서 근래에 관심의 대상이 되고 있는 것 중의 하나로서 현상학적(phenomenological) 조직이론을 들 수 있다. 이것은 지금까지 사회과학 연구의 주류를 이루어 온 행태주의 · 객관주의 및 논리실증주의와는 다른 측면에서 문제를 접근하고, 종래의 연구방법론의 한계를 보완하는데 새로운 면을 제시하고 있다(윤재풍, 1990; 76-77).

현상학(phenomenology)은 훗설(E. Husserl)이 기초를 놓은 이래 실존현상학, 현상학적 심리학, 현상학적 인류학 등 그 명칭도 다양하게 전개되었으며, 쉘러(M. Scheler), 슈츠(A. Schutz), 나탄손(M. Natanson), 폰티(M. Ponty) 등의 수많은 학자들에 의해 주장되었다.

현상학적 입장에서 보는 현상(phenomenon)이란 인간의 의식(consciousness)작용을 통해서 어떤 의미가 부여된 모든 것을 말하는데, 현상학이란 사회적 행위의 해석에 있어서 의식을 중요시하는 학문을 말한다. 따라서 현상학은 사회적 세계 속의 인간의 행위 즉, 의식적 지향성을 함축하는 행위를 연구하는 방법과 관련된다.

현상학은 사회과학에 있어서 주관주의적 접근방법에 해당하는 것이며, 객관주의적 접근방법과 커다란 대조를 이룬다. 현상학적 조직이론의 특색을 객관주의적 접근방법과 비교하여 살펴보면 다음과 같다(윤재풍, 1990: 78).

(1) 존재론(ontology)적 측면: 객관주의는 객관적 실재론(realism)을 강조하나 주관주의는 유명론(nominalism), 즉 객관적 실재와는 별개의 명분에 초점을 둠으로써 객관적 실체가 있거나 없거나 인간의 의식과 믿음을 중요시한다.

(2) 인식론(epistemology)적 측면: 객관주의는 실증주의(positivism)를 옹호하나, 주관주의는 반실증주의(antipositivism)적 입장을 지지한다.

(3) 인성(human nature)적 측면: 객관주의는 인간의 성격에 대하여 결정론(determinism)적 입장, 즉 인간성이란 외부환경의 자극과 그에 대한 유기체의 반응의 형식으로 결정되는 수동적 · 비자발적인 것으로 보나, 주관주의는 자발론(voluntarism)적 견해를 지지한다. 즉, 인간을 볼 때 자유의지(free will)를 가진 적극적 · 자율적 존재로 본다.

(4) 방법론(methodology)적 측면: 객관주의는 일반법칙적(nomothetic) 방법의 추구를 강조하나, 주관주의는 개개의 사례나 문제중심(ideographic)적 방법의 추구에 초점을 둔다.

이상과 같은 특징을 지닌 현상학적 조직이론의 유용성은 다음과 같다. 첫째, 객관주의나 논리실증주의적 입장에서 적절히 다루지 못하여 온 인간의 주관적 개념, 의식 및 동기 등의 의미를 보다 더 적절하게 다루고 이해할 가능성을 제시한다. 둘째, 사회현상 및 조직의 문제를 보는 데 있어서 폭넓은 철학적 사고방식과 준거의 틀을 제공한다. 현상학적 접근방법은 정책을 구상하고 선택하며 그것을 행할 책임이 있는 사람들이 획일적인 방식으로 지각할 수 있는 단순하고 정돈된 환경에서보다는 복잡한 현실의 맥락 속에서 유용성이 클 것으로 기대된다.

한편 현상학적 조직이론은 통제 불가능한 직관과 형이상학적인 계시에 근거를 둔 반과학적이라는 점에서 문제점을 내포하고 있다. 또한 사회적 현실을 인간행위의 주관적 의미의 산물로서 보는 것은 전적으로 부정하기 어렵지만, 사회과학의 연구가 인간행위의 주관적인 면에만 완전히 몰두하려고 하는 것은 비현실적이라고 할 수 있다.

참고문헌

박연호 · 오세덕, 『현대조직관리론』, 법문사, 1998.

오석홍, 『조직이론』, 박영사, 1990.

윤재풍, 『조직학원론』, 박영사, 1990.

지은구, 『사회복지행정론』, 청목출판사, 2005.

최창호, 『새행정학』, 삼영사, 2005.

Etzioni, Amitai, *Modern Organizations.* Englewood Cliffs, N.J.: Prentice-Hall, 1964.

Gulick, Luther & Lyndall Urwick(ed.), *Papers on the Science of Administration.* New York: Institute of Public Administration, Columbia University, 1937.

March, James G. and Herbert A. Simon, *Organizations.* New York: Wiley, 1958.

Taylor, Frederick W., *The Principles of Scientific Management.* New York: Norton, 1967.

Wadlo, Dwight, "Theory of Organization: Status and Problems," in Amitai Etzioni, *Readings on Modern Organizations*. Englewood Cliffs, N.J.: Prentice-Hall, Inc. 1969.

제 4 장 사회복지행정의 특징

1. 사회복지행정의 이념과 가치

1) 사회복지행정의 이념

이념이란 "조직이 추구하는 미래의 궁극적 최고 가치로서 이상적인 미래상 또는 철학, 지도정신, 그리고 지침이나 방향"을 의미한다. 조직에 이념이 필요한 이유는 ① 조직이 추구하는 가치를 명확하게 하여 조직의 존재가치를 파악하도록 하며 ② 조직 구성원들에게 부여된 임무와 문제에 대하여 해결을 위한 기준을 제시하며 ③ 집행한 활동결과를 분석, 평가하고 발전을 모색할 수 있는 기준을 제시하며 ④ 조직의 생존과 발전을 위한 변화대응능력의 기반을 구축하기 때문이다.

사회복지행정의 이념은 사회복지행정이 지향하고자 하는 최고의 가치와 정신을 의미한다. 이는 사회복지정책을 사회복지서비스로 전환하는 행정과정의 기준이 되고 목표가 되며 실천적 방향을 제시해 준다. 사회복지서비스의 욕구를 명확히 하고 그 욕구의 충족을 어떻게 행할 것이며, 활동 결과에 대한 평가기준은 어떻게 정할 것인가에 대한 기초점이 된다. 사회복지행정이 추구하는 이념은 시대 상황과 사회적 환경이 요구하는 시점에 따라 강조되는 요소들이 다르지만, 일반적으로 효과성,

효율성, 공평성, 접근성, 책임성 등이 있다(장인협 · 이정호, 1993; 10-11).

(1) 효과성

효과성(effectiveness)은 욕구의 충족 또는 해결에 있어서 어느 정도 유효한가를 의미하거나 또는 의도하거나 기대한 것과 같은 소망스런 상태가 나타나는 정도를 의미한다. 따라서 욕구충족을 위해 선택된 서비스가 어느 정도 적합한가의 관점에서 판단된다. 즉 주어진 예산을 지침에 따라 필요로 하는 사람들을 위해 사용했다는 사실보다는 주어진 행정서비스를 받고 어느 수준 정도로 행정이 추구하는 근본적인 목적을 달성했는가 하는 측면을 고려한다.

(2) 효율성

효율성(efficiency)은 최소의 자원으로서 최대의 효과를 어떻게 거둘 것인가 하는 것에 초점을 두며, 보다 적은 비용으로 행정서비스를 제공하는 의미를 가지고 있는 가치 개념이 포함된 개념이다. 외부자원에 의존비중이 높은 사회복지행정은 서비스의 공급을 위해서 효율성이 적용되어야 하는데, 특히 자원이 제한될 수밖에 없는 현실이 효율성을 중시하도록 요구하고 있다. 그러나 사회복지 특성상 상대적으로 사회적 형평성을 제고하면서도 효율성을 고려해야 하는 이면적인 특성을 지니고 있기도 하다.

(3) 공평성

공평성(equity)이란 동일한 욕구를 가진 대상자는 동일한 혜택(service)을 받아야 한다는 개념이다. 사회복지서비스의 공급에 있어서는 공평성이 특별히 배려되어야 하는데, 이때 공급받는 서비스에는 서비스를 받는 기회와 내용뿐 아니라 그 비용을 포함하여야 한다. 종종 사회복지서비스의 공급은 필요한 서비스 또는 시책, 시설 등에서 불충분한 준비로 인하여 서비스의 수익자와 비수익자 간에 공평성을 저해하는 현상이 나타나기도 한다.

(4) 접근성

편익성(convenience) 또는 접근성(accessibility)은 사회복지 욕구 중 특히 비화폐적 욕구충족의 경우에 문제가 된다. 즉 클라이언트가 복지서비스를 쉽게 이용할 수 있도록 되어야 하는데, 비화폐적 욕구충족을 위한 수단은 금전급부와는 달리 현물 또는 상담서비스로 되기 때문에 이용자가 쉽게 이용하도록 하는 것이 핵심요소이다. 어떤 종류의 욕구충족에 있어서 시설서비스가 필요로 할 때 시설(institution)이 충분한 설비 · 기능을 갖추고 있어도 그 설비가 이용자에게 지리적으로 멀리 떨어져 있거나 또는 그 시설의 운영관리가 지나치게 관료적이면 그 서비스는 욕구충족의 기능을 다하지 못하게 되며 접근성을 저하시키게 된다.

(5) 책임성

책임성(responsibility)은 사회복지행정의 목적달성에 충실하게 임했으며, 집행 과정에서 법규를 준수했는지의 여부를 묻는 이념이다. 책임성을 제고하기 위해서는 정보가 공개될 뿐만 아니라 투명하게 집행되어야 한다. 사회복지행정에서 책임성이 제고되면 합목적성과 합법성을 향상시킬 수 있다. 또한 자격 있는 복지수혜자가 혜택을 받도록 함으로써 복지의존성(welfare dependency) 문제 및 복지남용(welfare abuse) 문제를 어느 정도 해결할 수 있게 된다.

2) 사회복지행정과 윤리

사회복지행정은 인간을 대상으로 하며, 클라이언트가 투입물이자 성과물이 되는 특성을 지니고 있기 때문에 가치 중심적 특성이 강하게 자리 잡고 있는 영역이다. 따라서 사회복지를 수행하는 입장에서는 크게 두 가지 요소의 시각이 충돌할 가능성이 있다. 우선, 인간의 존엄성을 극대화하고 극히 개인중심적인 서비스를 제공하여 클라이언트의 변화를 이끌어내는 사회적 가치 중심의 패러다임을 지니고 있다. 반면에 조직의 목적 달성을 위해 효과적이며 효율적인 해결방식을 채택하는 과정에서 경제적 가치와 수단이 강조되는 패러다임을 지니고 있다. 이들 두 요소의 상반적 가치 대립은 조직 활동이나 패러다임 형성, 부여된 역할에 대한 기준 정립 등을 고려하는 과정에서 딜레마의 요소로 작용한다. 따라서 이들 딜레마를 극복하는 데는 윤리적 개념이 도입되어야 하며, 윤리적 활동을 통해 사회복지행정이 추구하는 이념을 충실히 수행해야 한다.

(1) 윤리적 가치가 중요하게 다루어지는 이유

사회복지행정에서 윤리적 요소가 중요하게 다루어지는 배경은 크게 두 개의 관점이다(지은구, 2005; 186-187). 하나는 사회복지조직은 인간을 다루고 가치지향적인 영역이기에 윤리성과 도덕성에 대한 정당성의 획득여부가 클라이언트나 시민 또는 외부환경으로부터 조직의 존재가치를 인정받는 요소가 된다. 다른 하나는 사회복지조직이 사용하는 자원의 대부분을 공공부문에 의존하고 있는 현실을 감안할 때 투명성을 요구하고 가치 있게 자원을 활용해야 하는 입장이므로 윤리성이 강조되고 있다.

윤리적 요소는 사회복지행정의 영역에서도 적용되고 있다. 미시적 영역의 경우, 클라이언트에게 직접적으로 서비스를 제공하는 사회복지사가 윤리적 의식을 얼마만큼 지니고 있는가의 여부에 따라 클라이언트의 역량변화를 기대할 수 있기 때문에 개인적인 윤리적 가치가 중요하게 다루어지는 것이다. 거시적 영역의 경우, 사회문제를 다루는 관련 주체들이 상호교류 과정에서 윤리적으로 활동하는가의 여부가 중요하게 다루어진다. 즉 사회복지사와 사회복지조직의 관계, 사회복지조직과 클라이언트의 관계, 사회복지조직과 정부와의 관계 등 다양하게 설정되고 있는 관계 속에서 윤리적 가치를 중시하고 존중하며 이를 확보하려는 의지가 어느 정도 있는가의 여부는 조직 활동의 정당성에 중요한 평가기준이 된다. 따라서 사회복지조직이 사회문제 해결을 위해 클라이언트에게 서비스를 제공하는 과정에서 목표나 임무, 그리고 운영원칙과 기준 등에서 윤리적 요소들을 충실하게 포함하여 운영한다면 가치지향적(value oriented) 조직 활동이 가능하게 될 것이다.

(2) 사회복지행정과 윤리적 기준

사회복지행정은 사회복지정책을 사회복지서비스로 전환시키는 과정의 협력적 활동이며 운영체계이다. 따라서 현실적으로 사회복지사들이 사회복지정책을 사회복지서비스 프로그램화하기 위해서는 관련 요건들을 기획하거나 조직화하여 클라이언트에게 제공하는 업무 과정에 참여하거나, 또는 특정 기술을 지니고 개입하여 효과적인 사회복지서비스의 전달을 위해 활동을 하게 된다. 즉 복지활동과 연계된 조직

활동의 모든 분야와 단계에서 사회복지사들은 그 지위에 맞는 수준에서의 행정적 개입을 하게 된다. 사회복지사나 또는 사회복지조직의 활동이 사회에 미치는 영향력의 정도를 감안한다면 행정적 개입을 하거나 또는 업무를 추진하는 과정에서 나름대로의 윤리적 기준을 지녀야만 한다.

우리나라의 경우에도 사회복지사나 사회복지조직의 경우 윤리강령을 제시하고 있는데, 특히 사회복지사들 스스로의 기본적 윤리기준과 자신이 소속해 있는 기관에 대하여 가져야 하는 윤리적 기준이 중요하게 다루어지고 있다(지은구, 2005; 189). ① 사회복지사는 기관의 정책과 사회목표의 달성, 서비스 효율성과 효과성의 증진을 위해 노력함으로써 클라이언트에게 이익이 되도록 해야 한다. ② 사회복지사는 기관의 부당한 정책이나 요구에 대하여 전문직의 가치와 지식을 근거로 이에 대응하여 즉시 사회복지윤리위원회에 보고해야 한다. ③ 사회복지사는 소속기관 활동에 적극 참여함으로써 기관의 성장발전에 노력해야 한다고 보고 있다.

그리고 미국의 경우도 사회복지윤리강령의 윤리기준에서 실천기관(practice settings)으로서의 윤리적 책임을 강조하며 기준을 제시하였다(지은구, 2005; 191). ① 사회복지행정가는 클라이언트의 욕구에 대처할 수 있는 적절한 자원을 확보하기 위하여 기관의 밖에서나 안에서나 그들의 기관을 지지해야 한다. ② 사회복지사는 정당하고 공개적인 자원할당 절차를 지지해야 한다. 모든 클라이언트의 욕구에 대처할 수 없을 때 할당절차는 비차별적이어야 하며 적절하고 계속적으로 적용되었던 원칙에 기초하여야 한다. ③ 사회복지행정가는 기관이나 조직차원에서 적절한 비전을 제공하기 위해 합리적 단계를 취해야 한다. ④ 사회복지행정가는 실천윤리강령에 대한 협력을 고취하기 위하여 윤리강령에 일치하는 작업환경을 보장하는 합리적 단계를 거쳐야 한다.

이와 같이 사회복지행정에서 윤리적 기준이 강조되고 기준이 명확하게 규정되도록 요구되는 이유는 무엇인가? 근본적 원인은 규정만으로는 사회문제를 이해하고 이를 해결하기 위해 정책화하여 프로그램으로 제공하는 과정에서 모호하거나 인식하지 못하는 특정상황의 발생, 논쟁의 유도 또는 상황판단을 혼란스럽게 만드는 여러 유형의 문제에 대하여 해결대안을 제시하기가 불가능하기 때문이다.

특히 사회복지사 개인의 활동과 관련된 상황에서 윤리적 갈등을 보이는 경우, 클라이언트와 조직의 이익이 동시에 나타나 선택적 의사결정을 해야 하는 경우, 조직이 경제적 이익을 지향하거나 이에 준하는 가치적 갈등을 지니게 되는 경우 등에서는 윤리적 기준의 필요성이 강조된다. 예를 들어 개인적인 경우에는 업무집행상의 지위를 이용하여 우월적 행동이나 인상을 주거나 또는 권력적 작용을 무리하게 집행하는 경우이며, 클라이언트와의 경우에는 사회적 약자임을 고려하지 않고 일방적으로 서비스를 제공하거나 또는 묵시적인 압력을 가하는 행위 등이 있으며, 조직의 경우에는 정보를 제공하면 클라이언트에게 이익이 발생하지만, 조직 이미지나 이익 등을 고려해서 의도적으로 정보를 누락하거나 또는 제공하지 않는 경우 등이 해당된다.

모호하고 판단이 불가능하거나 명확하지 않은 사례나 상황의 경우 윤리적 기준과 판단에 의한 활동만이 해결책의 기준이며 출발점이 된다. 사회복지행정에서 윤리적 요소와 그 기준은 조직이나 개인 모두에게 딜레마에 빠지거나 또는 선택적 결정을 요구하는 상황에서 원칙을 중시하고 일관성 있는 행동을 유도하여 궁극적으로는 사회복지행정이 추구하고자 하는 목적을 달성하도록 지원하는데 기여한다고 하겠다.

3) 사회복지행정과 사회정의

사회복지행정이 사회에 대하여 가지는 역할과 그 가치는 무엇인가?라는 질문을 던진다면 해답의 함축적 단어는 "사회적 정의"라고 표현한다. 사회복지행정은 사회에 대하여 다음 두 가지의 영향력을 지니고 있다(지은구, 2005; 202-204).

우선, 모든 사람들이 정당한 사회 경제적 혜택을 받을 수 있는 복지증진에 대한 영향력을 지니고 있다. 사회복지행정은 인간으로서의 존엄성과 모든 인간은 공평한 대우를 받아야 한다는 보편적 원칙에 의거하여 개인이 속한 사회 안에서 동등한 권리를 향유할 수 있다는 주장을 확보해 주어야 한다는 것이다.

첫째, 보편적 인간으로서의 권리와 지위를 박탈당하거나 그러한 권리로부터 사회적으로 배제되어 있는 사회소외계층을 위해 차별적 분배를 위한 영향력을 지니고 있다. 이는 능력상의 차별과 기회 제공의 차별을 해소하기 위한 목적을 사회복지행정이 해결해야 한다는 것이다. 우선 능력상의 차별인 경우에는 개개인이 지닌 능력이나 주어진 속성이 대등한 경쟁을 유도하지 못하는 경우 이를 해결해야 한다. 예를 들면 노약자나 유아, 정신적 미숙아들과 일반 정상인이 동일한 대우를 적용받거나 또는 동일한 기회를 부여하는 등의 프로그램이 운영된다면 이는 사회적 정의에 위배되는 것이다.

둘째, 기회제공의 경우에는 사회적 약자와 정상적인 사람과 동등한 입장에서 경쟁을 하는 경우 불평등적 결과를 이미 예고하고 있는 것이므로 사회적 정의를 확보하기 위하여 다양한 정책이나 프로그램을 통해 이를 해결해야 하는 역할을 수행한다.

따라서 사회복지행정은 사회적 정의를 실현하기 위하여 공평한 분배와 차별적 분배를 유도해야 한다. 즉 모든 사람은 동등한 대우를 받아야 하는 공평한 분배가 준수되어야 하고, 개개인의 특성을 고려한 차별적 분배가 확보되어야 한다. 차별성에 기초하여 공평한 분배적 정의를 실현하는 방향으로 사회복지서비스를 클라이언트에게 전달해야 하는 사회복지행정의 역할은 개개인과 사회전체를 고려하는 양면적 관점의 확보가 중요하다.

4) 사회복지행정가의 역할

Patti는 사회복지행정조직이나 관계자, 조직구성원이 의도하는 조직적 성과를 생산하기 위해서 반드시 수행해야 하는 역할에 대해서 지적하였는데, 이 중에서 외부환경과 교류과정에서 반드시 실천해야 하는 사항들을 살펴보면 다음과 같다.

첫째, 사회복지행정가 또는 관리자는 도덕적 딜레마에 직면해 있지만 행정적 결정은 사회적 가치에 입각해서 이루어져야 하며 그 가치는 사회정의, 상호신뢰, 공평성 등이 될 수 있어야 한다.

둘째, 사회복지조직의 관리는 외부구성원들의 기대와 선호도에 영향을 주고 그들과 화합하고 갈등이 있을 때에는 해결을 위한 노력을 필요로 한다.

셋째, 사회복지행정가나 조직구성원은 사회적으로 차별적인 대접을 받는 집단들을 보호하고 이들을 위해 사회로부터 자원과 감정적 지지를 이끌어내야 한다.

넷째, 사회복지행정가는 클라이언트의 문제를 해결하기 위한 자원을 확보하고 동원하기 위해 다른 조직과 협력하여야 한다.

다섯째, 사회복지행정가와 구성원들은 지지자, 후원자, 직원들의 도덕적 사명감을 격려하고 고취하기 위해서 조직이나 프로그램이 추구하는 목적과 가치를 명확히 하여야 한다.

2. 사회복지행정과 타 영역의 비교

1) 일반 행정과 비교

사회복지행정은 사회복지와 행정의 두 개념이 결합된 의미를 지니고 있다. 이 의미는 단순히 해석할 경우 사회복지의 목적을 행정적 수단을 통해 추구한다는 것이다. 그러나 사회복지행정의 사전적 의미는 종종 가치와 지식을 사회복지의 목적에 둘 것인가, 아니면 행정의 방법 원리에 둘 것인가에 따라 논쟁의 여지가 있다(김영종, 2007: 87).

논쟁의 중요쟁점은 사회복지조직이 지닌 특성이 비영리조직 또는 영리조직을 지향하는가의 여부와 휴먼서비스와 관련 서비스가 사회복지행정의 실천적 가치와 지식에 어떤 영향을 주는가가 초점이 되고 있다. 이들 논쟁의 초점은 사회복지행정의 수단이 되는 휴먼서비스에 대한 해석 때문이다. 즉 한편으로는 휴먼서비스를 제공하는 조직의 운영원칙은 일반 행정조직의 운영원칙과 별 다른 특성이 존재하지 않는다는 시각이 있으며, 반대의 경우에는 휴먼서비스 조직이 추구하는 목적과 수단은 일반 행정의 원리와 가치, 지식과 분리되어져 다루어야 한다는 시각이 있다.

우선, 조직운영에 큰 차이가 없고 유사성이 높다는 주장의 경우를 보면, 조직의 목표나 구조, 기술, 대상 등은 차이가 있을 수 있지만, 조직운영의 기술과 방법에서는 유사성을 지니고 있다는 것이다. 조직을 운영하기 위해 고려해야 하는 효율성이나 능률성은 어느 조직에서나 공통적인 것이며 이와 관련된 세부지침이나 관련 규정은 어디에서나 적용된다는 논리이다. 그러나 사회복지행정이 휴먼서비스를 다루는 영역임을 강조하는 입장에서는 일반 행정조직은 조직이 추구하는 성과나 결과를 중요시하지만 사회복지행정은 과정과 절차를 중요시하기 때문에 본질적인 가치추구에서 차이가 있다는 점을 강조한다. 즉 사회복지조직은 서비스의 가치와 목표가 일반 행정조직과 다르게 운영된다는 것이다.

일반적으로 사회복지서비스는 기업이나 공공서비스와 다르게 운영되고 있으며, 사회복지가 추구하는 대상, 목표, 서비스 전달과정 등은 일반 행정이 추구하는 방식과는 다르게 적용되어야만 하는 특수성을 지니고 있기 때문에 구별되어야 한다는 것이 일반적 지론이다(김영종, 2007: 87-89). 그 근거로서 클라이언트의 인간적, 질적 측면이 조직의 투입요소이며 산출물이라는 점, 조직을 운영하는 과정에서 비영리적으로 추구하는 목적에 대해 가치나 가격을 설정하는데 어려움이 있다는 점, 대인적 서비스 전달과정상 통제의 어려움이 있다는 점, 조직이 기대하는 생산자원의 상당부분이 외부에 존재하고 의존도가 높다는 점, 다양한 집단의 개입이 있어 통제가 쉽지 않다는 점, 인간변화를 추구하는 기술이 명확하지 않다는 점 등을 제시하고 있다.

한편, 사회복지조직도 하나의 조직체이므로 다른 관료제 조직과 유사한 속성을 가지고 있지만, 추구하는 가치나 채택하는 패러다임에 따라 구별할 경우 일반 행정과 사회복지조직이 추구하는 방식이 다르다는 주장도 있다(강용규 외, 2007: 16).

① 사회복지업무에서는 일반 행정에서 고려되는 능률성이나 경제성이라는 행정이념보다 형평성, 사회정의, 서비스의 효과성을 우선적으로 고려한다.

② 일반 행정의 경우 대상이 사람과 제도일 수 있으나, 사회복지행정의 경우 오직 사람만을 대상으로 하며, 인간을 이해할 수 있는 실천기술이 매우 중요한 부분을 차지한다. 즉, 인간관계적 기법을 기본원리로 하고 있다.

③ 사회복지행정의 대상이 되는 문제는 주로 사회문제라고 인식되며, 도움을 필요로 하는 클라이언트의 욕구가 다양하기 때문에 사회복지행정이 추구하는 목표는 다양할 수밖에 없다. 그러나 일반 행정의 경우에는 추구하는 전략에 따라 목표를 단일화할 수 있어 의도적인 변화가 가능하다.

④ 사회복지행정은 이윤추구나 권력을 목적으로 하는 것이 아니라 욕구충족의 우선순위와 제한된 자원을 보다 효율적으로 배분하는 일련의 과정으로서 클라이언트, 지역사회 주민의 권리, 공공의 책임, 전문 인력의 관리 등 포괄적인 영역을 포함한다. 그러나 일반 행정은 법규나 정책 기준 등에 영향을 받기 때문에 권력이나 정치

적 작용에 큰 영향을 받는다.

2) 사회복지행정과 사회행정의 비교

일반적으로 사회복지행정과 사회행정은 둘 다 사회적 서비스의 전달을 다룬다는 점에서 같은 맥락으로 간주된다. 그러나 사회행정(social administration)을 사회복지행정과 동일하게 바라보는 시각이 있지만, 반면에 사회복지행정을 사회행정이라는 큰 범위에 포함되는 개념으로 바라보는 시각도 존재한다. 굳이 두 입장을 구분하면 사회복지행정이 사회행정에 포함된다는 관점은 사회복지행정의 미시적 입장이고 사회복지행정을 사회행정과 동일시하는 입장은 거시적 입장이라고 볼 수 있다. 이러한 입장의 차이는 사회행정이 광범위한 의미에서 사회적 서비스의 전달과 관련된 행동을 다룬다는 것이고 사회복지행정은 좀 더 구체적으로 사회복지서비스의 전달에 초점을 맞추고 있다는 차이점에 근거한다. 따라서 엄밀한 의미에서 본다면 사회행정과 사회복지행정은 사회적 서비스를 제공한다는 측면에서 동일한 의미를 갖는다고 볼 수 있다.

3) 사회복지행정과 관리의 비교

최근에는 행정에 효율성(efficiency)과 효과성(effectiveness)을 강조하면서 기업경영의 패러다임에서 자주 사용되는 관리(management)의 의미가 추가되었다. 일반적으로 관리는 효과적인 서비스 전달을 어렵게 만드는 조건을 최소화하고 제거하기 위한 그리고 좋은 서비스의 전달을 위한 지원체계를 확립하기 위한 목적 아래 다양한 방법들을 사용한다. 관리는 생산성을 증가시키며, 관리는 조직의 기능을 더욱 효율적으로 만들기 위해 사용되며 그리고 이익을 최대화시키는 가능성을 증대시키기 위해서 사용된다.

따라서 사회복지행정과 일반관리는 분명한 차이점이 존재한다. 즉 사회복지행정이 조직 안에서 행정이나 관리의 공통 요소들을 제공할 뿐만 아니라 서비스, 가치, 사회문제에 대한 지식을 강조하지만, 일반기업경영에서는 사회문제에 대한 해결이나 사회적 가치 등을 강조하지 않으며 그들은 일반적으로 상품의 질과 이윤 그리고 생산성 등을 향상시키기 위해 효과적인 경영 또는 관리를 강조한다. 그리고 영리를 추구하는 기업이나 행정과 다르게 재화와 서비스 생산의 목적이 영리를 추구하지 않는 사회적 서비스를 지닌 사회복지행정의 경우와는 차이가 있다(지은구, 2005; 31-32).

3. 사회복지행정의 영역과 특징

1) 휴먼서비스와 사회복지행정

사회복지행정은 수립된 사회복지정책을 보다 효과적으로 기획 · 실천 · 평가하도록 지원해 주는 사회복지의 중요한 방법 가운데 하나이며, 궁극적으로 사람들의 사회적 기능을 강화하는데 목적을 두고 있다. 이때 사용하는 사회적 기능이란 주로 사회복지행정의 중요 요소인 휴먼서비스(human service)의 개념과 유사한 의미로 사용되고 있으며, 사회복지 및 의료 · 보건 · 교육 · 심리적 서비스와 연관된 중심적 위치를 차지하고 있다(성규탁, 1993; 1-3).

휴먼서비스에 포함된 서비스의 공통적 기능은 "개인의 행동이나 속성, 사회적 지위를 규정하거나 변화시킴으로써 그 개인의 안녕을 유지하거나 증진시키는 것"이라고 볼 수 있다. 따라서 휴먼서비스를 제공하는 운영방식은 다른 조직의 서비스 운영방식과 다르게 독특함을 지니고 있어 독자적인 가치와 실천방법이 필요하다. 휴먼서비스의 특성에 대하여 다양한 연구가 있지만, 대표적으로 Austin과 Hasenfeld는 인간과 조직, 그리고 환경을 통해서 휴먼서비스의 가치를 구체화하였다(김영종, 2007; 90-103).

(1) 휴먼서비스와 인간의 도덕성

휴먼서비스의 요체는 인간이다. 휴먼서비스는 서비스의 대상이 물질, 제품이 아니라 사람을 대상으로 하고 있으며, 직 · 간접적으로 그들에게 영향력을 미치는 서비스를 전달하고 있으며 클라이언트가 서비스를 직접적으로 수급한다는 점에서 타 조직의 서비스와 구별된다.

휴먼서비스에 있어서 사람은 성과물을 만들어내기 위한 원재료(raw data)이자 결과물(output)이다. 일반적으로 사회복지행정을 담당하는 기관들은 휴먼서비스를 통해 서비스 대상이 되는 사람을 직접적으로 변화시키기 위해 사회로부터 위임받고 실행한다. 즉 사회의 안녕을 위한 목적을 달성하기 위하여 사회적으로 통용되는 기준에 따라 사람을 분류하고 유지하며 변화시키기 위해 노력한다. 이때 사용되는 기술로는 인간분류기술, 인간유지기술, 인간변화기술 등이 있다(Hasenfeld, 성규탁 역, 1985; 12-16).

그러나 사회복지행정에서 추구하는 휴먼서비스는 단순히 성과물을 만들어내기 위한 기술로서의 서비스이기보다는 인간이 지닌 도덕적 본질을 중요시하는 가치로서의 서비스이다. 인간은 기본적으로 고귀함과 존엄한 존재로서 인정받고 그 가치를 인정하는 도덕적 요소를 절대적으로 중요시한다. 따라서 사회복지서비스를 제공하는 조직이나 기관은 도덕적 본질을 존중해야 하며 이는 휴먼서비스 행정기술의 공통적 가치이다. 사회복지행정은 인간의 존재가치를 다루는 영역을 지니고 있으므로 단순히 물질이나 제품을 생산하기 위해 사용하는 기술과는 분명 구별되어야 한다.

이러한 점을 고려할 때 휴먼서비스를 제공하는 사회복지조직의 구성원들은 어떤 인간관과 시각을 지녀야 하는 것일까? 우선 이 질문이 강조되는 이유는 구성원들이 어떤 인간관을 지니고 기술을 제공하는가의 여부에 따라 제공되는 기술과 결과물이 다르게 나타나기 때문이다. 예를 들어 상담치료를 하는 상담사의 경우 수익성만을 고려한다면 클라이언트를 대하는 방식에 있어 능률만을 강조할 것이며 이때 상담사가 바라보는 인간관은 경제적 관점에서 사람을 바라보았을 것이다. 반면에 클라이언트를 인간지향적이며 성숙한 존재로서 이해하고 관련서비스를 제공하는 상담사라면 그는 수익성보다는 클라이언트의 발전 가능성이나 변화에 초점을 두고 바라볼 것이다. 이처럼 서비스를 제공하는 구성원이 클라이언트에 대한 인식과 시각을 어떻게 형성하는가의 여부에 따라 제공되는 서비스에 차이를 가져온다. 따라서 가능한 휴먼서비스를 제공하는 사회복지행정의 경우에는 통합화되거나 융합적 관점을 가지는 인간관의 통일화가 필요하다. 물론 인간이기 때문에 스스로 인지하고 지각하는 부분에 따라 판단의 차이가 있을 수 있지만 통합화된 관점이 없을 때 발생되는 다양한 서비스의 차이가 오히려 서비스 제공에 혼선을 줄 수 있으므로 가능한 통합화된 인간관의 확립이 필요하다. 그리고 그 기초에는 인간의 존엄성을 인정하고 도덕적 가치를 강조하는 인간관이 전제되어야 할 것이다.

(2) 휴먼서비스와 조직

휴먼서비스를 클라이언트에게 제공하기 위해서는 조직의 지원이 필요하다. 서비스 생산은 조직활동 과정에서 생산되는 것이고 이들 서비스는 관련 담당자와 클라이언트의 상호작용 과정에서 전달된다. 휴먼서비스의 제공은 대면적(face to face) 상호작용을 통해 진행되는데, 이때 상호작용은 서비스 전달과정의 핵심이 되며 서비스 조직화의 대상이 되고 사회정책과 관련 프로그램이 실행되는 접점(moment)의 장(field)이 된다. 그러나 이 접점의 장에서는 인간적 욕구에 대한 통합적 해결과 서비스 제공에 따른 조직 내 부문들 간의 협력과 조율이 필요하다. 특히 휴먼서비스는 사람을 대상으로 하는 기술을 제공하기 때문에 개인의 다양한 욕구를 수용해야 하지만 아울러 이와 관련된 장애요인이 사회복지행정 영역에서는 크게 고려되어야 한다.

무엇보다도 클라이언트의 욕구들을 유형화하고, 개별화된 서비스를 제공하기 위하여 관련 조직 부서의 전문화 등이 동반되어야 하므로 개인별 욕구에 대한 유형화와 서비스를 제공하는 조직의 연계성 확보 및 통합화가 필요하다.

① 개인욕구의 유형화와 관리의 어려움

휴먼서비스는 개인의 욕구문제 해결을 중시한다. 문제의 출발은 항상 인간이 직면한 문제에서 출발한다. 인간이 개별적으로 지닌 문제는 개인의 주어진 상황에 따라 다르게 나타나기 때문에 완벽한 서비스로 문제를 해결하는 데에는 한계가 있다. 즉 서비스 전달과정에서 클라이언트가 지닌 문제는 인간의 속성에 기반을 두기 때문에 종종 가변적 성향을 지니고 있어 대응에 한계가 있다.

특히 서비스 전달의 상당부분은 서비스를 제공하는 조직구성원과 클라이언트의 개인적 만남에서 진행된다. 이때 클라이언트가 지닌 문제해결을 위해 제공하는 기술이나 서비스가 일반화되고 유형화 될수록 대응이 쉽지만, 반대로 개별적이고 비유형적으로 나타나는 경우에는 관리의 한계가 존재하기 마련이다. 아울러 휴먼서비스의 상당부분은 단순히 제공하는 입장의 노력만으로 성과가 나타나는 것이 아니라 서비스를 수여받는 클라이언트의 노력과 의지가 결합되어야 가능한 것이어서 관리의 어려움이 있다.

② 휴먼서비스와 융합화

보다 효과적으로 개인의 욕구를 해결하기 위해서는 개별화된 개인의 문제를 조직의 힘으로 해결해야 한다. 조직이 지닌 기능의 융합과 통합을 통해 문제를 해결해야 하며, 이를 위해서는 조직 부서간의 상호연계성을 높이는 방안이 필요하다. 즉 전문성이 전제된 휴먼서비스를 바탕으로 독자적인 기능을 발휘하는 개별조직의 집합이 아니라 상호보완적인 기능이 연계되고 의존적인 조직망을 지니는 방식이 필요하다. Weiner는 이를 “초조직적이고도 상호교류적인 분야에서의 체계 확보”라고 정의하고 있다. 개인문제와 같이 개별적이고 비유형화된 문제를 해결하기 위해서는 조직적 대응이 긴밀하고 상호연계적인 방식으로 진행되어야만 가능하다는 의미이다. 따라서 전통적인 방식에 기초하여 부서간 영역을 분명히 하고 부서의 독자적인 영역을 인정하며 분업과 개별적 경쟁을 통해 조직목표를 달성하는 기존의 조직운영체계는 휴먼서비스를 제공하는 사회복지조직에 적용하는데 한계가 있다.

따라서 휴먼서비스의 생산성을 높이기 위해서는 전문성과 기능의 융합을 통해 조직의 시너지를 확보하는 체제의 확립이 필요하다. 아울러 조직 외부환경에 대한 이해와 조직 내 각 요소들의 작용에 미치는 영향력 등을 평가하고 이를 연계하는 기반이 필요하다. 휴먼서비스는 어떤 한 영역의 전문성을 통해 문제를 해결하는 접근이 아니라 다양한 전문적 영역의 통합을 통해 한 개인의 문제를 해결하는 방식을 지니고 있기 때문에 사회복지행정의 특성으로 자리 잡는 것이다.

(3) 휴먼서비스와 환경

모든 조직은 환경과 연계되어 있다. 개발체계를 지닐수록 환경과의 상호작용을 통해 조직의 목적을 달성하는 것은 필수적인 활동이다. 휴먼서비스의 경우에도 일반 행정조직과 다르게 독특한 특성을 지니고 있다. 무엇보다도 서비스를 제공받는 클라이언트가 불완전한 속성을 지니고 있다는 점과 문제해결을 위해 사용하는 기술이 불확실성을 내포하고 있으며, 조직운영을 위해 필요한 자원이 안정적인 조건을 지니고 있지 못하다는 점이다. 정리하면 휴먼서비스를 둘러싼 환경은 크게 두 가지로 나눠진다. 하나는 외부환경의 의존성이며, 다른 하나는 역동성이다.

① 외부환경의 의존성

사회복지조직의 클라이언트는 경제적 측면에서 자발적으로 자신의 문제를 해결하는데 한계를 지닌 경우가 많다. 특히 자신이 서비스를 받게 되면 이에 대한 경제적 지불을 할 수 있는 가능성이 낮다. 따라서 외부환경으로부터 지원과 관심을 확보하지 못하면 사회복지조직이 필요로 하는 서비스 자원을 획득하는데 실패할 확률이 다른 조직보다 높다. 특히 클라이언트가 선택적 능력을 지니지 못하고 서비스 제공자의 선택에 의해 자신의 문제가 해결되는 필수적 클라이언트의 경우가 많을수록 외부환경 의존도는 높아진다.

외부환경을 구성하는 요소들은 크게 두 가지로 나뉜다.

㉠ 일반 환경

일반 환경은 조직에 영향을 미치는 조건 중에서도 간접적이며 거시적 성격을 지니고 있으며, 사회변동에 거대한 변화를 이끌거나 방향을 변화시키는 힘을 지니고 있다. 경제적 조건, 사회 인구학적 성격, 문화적 조건, 정치적 · 법적 조건, 기술적 조건 등이 이에 해당된다.

㉡ 업무 환경

업무 환경은 조직에 직접적이며 미시적 성격을 지닌 특성이 있다. 일반 환경에 영향을 받으면서 조직업무에 즉각적인 영향을 미치는 매우 유동적인 성향을 지니고 있다. 재정자원의 공급자, 클라이언트, 클라이언트의 후원자, 경쟁자 등이 이에 해당된다.

② 역동적인 환경

환경이 지닌 속성은 매우 유동적이라는 것이다. 조직을 둘러싼 환경들은 단순히 그 자체로서 조직에 영향을 미치는 것이 아니라 상호간에 영향을 미치면서 자신의 영역을 확보하고 유지하기 위해 지속적으로 변화하는 것이다. 예를 들어 경제적인 불황이 오면 그에 따라 재정적 지원에 한계가 나타나고 급격하게 클라이언트의 활동이 위축되며 시장의 분위기가 급격하게 냉각되는 현상이 순차적으로 나타난다.

즉 환경은 순차적이면서도 일시적이고 자극에 예민하게 반응하는 격동적이며 격렬한 속성을 지니고 있다. 특히 사회복지조직의 경우에는 외부환경에 대한 의존성이 높기 때문에 환경변화는 곧 조직에 대한 압력으로 나타난다. 타 조직이나 일반 행정조직의 경우에는 환경변화에 대하여 자생적으로 대응하거나 통제할 능력을 일시적으로 보유 또는 관리가 되지만, 사회복지조직은 외부환경에 대한 의존성이 높기 때문에 상대적으로 취약하며 그에 따라 환경의 역동성을 직접적으로 받아들여야 하는 위치에 있게 된다.

(4) 가치적 갈등

휴먼서비스는 개인의 욕구와 직면한 문제를 해결하는 것이기 때문에 개인적 가치가 작용한다. 아울러 클라이언트를 후원하는 이해집단(interest group)들은 각자 자신이 처한 위치와 욕구에 따라 목표와 이해하는 입장이 다를 수 있다. 예를 들어 차상위계층을 지원하는 프로그램을 운영하는 경우 당사자들에게는 좋은 정책이지만, 반대로 중산층이나 상위계층의 경우에는 이들 프로그램이 자신의 의욕을 반감시키는 효과로 나타날 수 있다. 어떤 프로그램이 이해집단의 각기 다른 상이한 목표를 설정하고 추구한다면 동일한 서비스 결과를 두고서 각기 다른 관점에서 평가하기 때문이다.

사회복지행정은 사회적으로 존재하는 가치적 요소들을 존중하고 해결하며 상반되는 경우에는 이를 조정해야 하는 역할을 지니고 있다. 아울러 이를 조율하고 통합하여 통합된 사회적 가치로 만들어야 하는 가능성을 지니고 있다. 따라서 통합적 가치를 만들어야 하는 과정들은 타 조직에서는 고려되지 않거나 일시적으로 고려되는 현상이지만 사회복지행정은 이를 필수적인 요소로 받아들여야 하는 입장이기 때문에 특수한 역할을 지니고 있다고 하겠다.

4. 사회복지행정의 원리와 과제

1) 사회복지행정의 원리

사회복지행정은 사회정책을 사회적 서비스로 전환시키는데 필요한 사회복지조직 활동을 수행해야 한다. Skidmore(1995)는 사회복지행정은 사회정책을 사회적 서비스로 전환시키는 데에 있어서 나름대로의 원리가 필요하다고 주장하면서 사회복지 조직에 필요한 원리로서 수용과 민주성, 그리고 열린 대화를 강조하였다(지은구, 2005; 35-37).

① 수용의 원리이다. 조직구성원들이 상호간의 경우는 물론이고 클라이언트와의 관계에서 나타나는 상호교류과정에서 상대를 존중하고 상대의 의견을 수용하는 것이 필요하다. 이는 사회복지조직이 인간을 대상으로 하고 인간의 역량이 변화하는 과정에 따라 다양한 상황이 발생되기 때문에 인간중심의 원리를 필요로 하기 때문이다. 인간중심의 관계를 구성하고 인간의 가치를 중시하는 가치지향적 특성을 확보하기 위해서는 반드시 수용의 정신을 받아들이는 것이 효과적이다.

② 민주적 방식을 통한 운영의 원리이다. 조직이 정책을 기획하고 형성하는 과정에서 조직구성원의 참여가 이루어진다면 보다 효과적인 업무 수행이 가능하다. 민주적 방식은 어느 조직에서나 필요한 요소이지만 사회복지서비스를 제공하는 기관에서 유독 중요한 이유는 서비스를 창출하고 제공하는 상당부분이 사회복지사를 포함한 조직 내 구성원의 개인적 기술이나 의지, 능력에 의해 성패가 좌우되기 때문이다. 따라서 정책을 입안하고 형성하여 집행하는 일련의 정책운영 과정에 구성원의 참여를 가능하게 하고 이들의 의견을 존중하는 민주적 방식의 도입과 운영은 사회복지행정의 필수불가결한 운영원리 중 하나이다.

③ 열린 조직운영이다. 즉 의사소통이 자유로워야 한다는 의미이다. 의사소통을 활성화하여 구성원 모두가 언제든지 다른 직원들과의 감정 및 생각을 공유할 수 있고 그리고 신뢰를 바탕으로 활동할 때 효과적인 조직운영이 가능하다. 쌍방간에 교

류가 자유로워질수록 업무절차나 정책의 효율성과 효과성의 발전을 위한 설득력 있는 방식이 창출될 수 있으며 이는 사회복지행정 운영의 에너지원이 될 것이다.

2) 사회복지행정의 과제

사회복지행정이 독자적인 영역으로 인정받기 위해서는 환경과의 관계를 포함하여 사회복지행정만이 지닌 특성을 충분히 인식될 수 있도록 노력해야 한다. 즉 사회복지행정 서비스가 휴먼서비스에 기반을 두고 있으며, 그 기반에 기초하여 서비스를 전달하는 조직운영체계에 대한 연구가 선행되어야 한다. 서술하면 ① 사회복지서비스의 독특함을 고려하고, ② 자생적이든 또는 외부적이든 변화되는 상황을 사회복지행정만이 지닌 독자적인 지식과 기술을 통해 이를 해결할 수 있어야 하며, ③ 사회복지만이 지닌 목적과 가치를 실현하기에 적절한 행정원리를 발전시켜야 하는 점들이 향후 과제로 남겨져 있다. 김영종(2007; 103-105)은 향후 사회복지행정의 특성을 인간, 조직, 환경 측면으로 나누어 구별하였다.

첫째, 인간적 요소에 대한 부분이다. 사회복지서비스가 인간을 대상으로 인간에 대한 직접적인 서비스를 제공하는 것이기 때문에 인간적인 요소는 사회복지행정만이 지닌 특수한 부분이다. 서비스 결과물인 인간에 대한 유지나 변화는 사회복지행정의 존재가치를 결정짓는 요소이다. 따라서 인간에 대한 존재성, 가치, 도덕성, 인간에 대한 전체성과 개별성의 구별과 인정은 향후 사회복지행정의 패러다임을 운영하는데 결정적인 요소가 된다. 예를 들어 사회가 점차 몰가치적이며 인간성을 비하하는 성향으로 이전되고 있는 상황 속에서 인간에 대한 가치와 도덕성은 어떻게 확보할 수 있는지, 그리고 인간의 욕구를 만족시켜야 하는 패러다임 속에서 전체적인 관점에서 인식해야 하는 서비스 제공방식과 개별화된 클라이언트의 욕구해결을 위한 서비스 제공방식은 어떤 방식으로 운영해야 하는지에 대한 논의가 보다 구체적으로 제시되어야 할 것이다. 사회복지행정은 관료제적 방식으로 운영되는 것이 아니라 휴머니즘에 기초한 가치지향적 방식으로 서비스가 제공되어야 하며, 표준화되고 통일화된 업무절차가 아니라 클라이언트의 속성을 개별적으로 이해하면서도 전체적인 특성을 포괄적으로 이해할 수 있는 운영방식의 원리가 창출되어야 한다. 특히 도덕적 요소와 윤리적 요소를 강조하면서도 이를 통해 효율적으로 추구하고자 하는 목표가 달성될 수 있는 가능성에 대한 검토가 진행되어야 한다.

둘째, 사회복지서비스의 대부분은 서비스를 제공하는 사회복지사나 관련 기관의 구성원과 클라이언트의 직접 대면을 통해 진행된다. 그리고 제공되는 서비스는 전문적이며 통합적인 성격을 지니고 있다. 이는 개인에게 적용되는 서비스의 특성이 단편적이고 제한된 전문성이 아니라 통합적이며 전체적인 특성을 지닌 포괄적 성격을 띠고 있다는 점이다. 따라서 클라이언트와의 관계에서는 서비스를 제공하는 전문인력에게 포괄적이며 자율성을 최대한 확보해 주는 조직문화와 운영체계가 이루어져야 한다. 즉 조직운영이 타 조직과 다르게 최대한 관료제적 특성이 제거되고 가능한 참여적인 조직문화와 수평적인 조직구조를 확보하는 방향으로 조직구조와 운영체계가 설계되어야 한다는 의미이다. 아울러 업무들을 통합하거나 연계하여 상호간에 의존성을 확보된 상태에서 창조된 서비스가 제공되어야 한다. 이는 상술한 대로 사회복지서비스의 상당 부분은 업무의 전 과정을 거치면서 순차적으로 진행되기 때문에 조직 내 부서 간에 연계성이 확립되지 않고서는 정상적인 서비스 제공이 이루어지기 어렵다. 따라서 개방적인 조직문화와 조직 간에 통합과 연계를 확보한 조직구조를 어떻게 설계하고 운영할 것인가에 초점을 두어야 한다.

셋째, 환경에 대한 의존성을 낮추는 방안과 예측 가능한 환경 통제 능력을 확립하는 것이다. 최근 사회복지행정에서 관리가 중요시되는 이유로 ① 책임성의 시대에 들어와서 자원의 삭감 또는 자원의 희소성에 기초한 효과적인 자원 활용 그리고 조직이 목적하는 것에 대한 성취의 효과성과 효율성이 강조되었기 때문이며, ② 클라이언트 문제의 다양성과 복잡성의 증대 그리고 욕구의 증대와 서비스의 만족에 대한 기대수준의 향상 등으로 인해 사회적 서비스의 효과적인 전달과 서비스의 질을 개선하기 위한 압력이 가중되고 있다는 점이다. 이는 시간이 지날수록 사회복지행정을 둘러싼 환경요소들이 급변하며 다면적 가치를 지닌 요소들이 상호간에 갈등적 가치를 제시하고 대립하며 통합을 통해 문제를 해결하는 예측 불가능한 상황을 창출하고 있음을 의미하는 것이다. 향후 사회복지행정은 환경에 대한 대비와 적극적 대응이 중요하게 다루어져야 한다. 특히 의존성을 낮추기 위해서는 환경요소에 대한 모니터링과 대응책을 항시 검토해야 하며, 환경변화에 대하여 유연하면서도 탄력적인 대응을 검토해야 하며, 다양한 가치들을 통합·운영할 수 있는 패러다임을 형성하는 것이 필요하다.

참고문헌

강용규 외, 『사회복지행정론』, 공동체, 2005.
김영종, 『사회복지행정』, 학지사, 2007.
성규탁, 『사회복지행정론』, 법문사, 1993.
송근원·김태성, 『사회복지정책론』, 나남, 1996.
장인협·이정호, 『사회복지행정』, 서울대학교출판부, 1993.
지은구, 『사회복지행정론』, 청목출판사, 2005.
황성철 외, 『사회복지행정론』, 현학사, 2003.
Hasenfeld, 성규탁 역, 『사회복지행정조직론』, 법문사, 1985.
Hasenfeld, Y., The nature of human service organization. In Hasenfeld, Y. (Ed).(1992), *Human Service as complex organization*. Newburry Park : Sage Publication, 1992.
Skidmore, R. A., *Social Work Administration : Dynamic Management and Human Relations*. Boston: Allyn and Bacon, 1995.
Weinbach, M. E., *Human Services management : Application*.(2nd ed.). San Francisco, CA : Wadworth. 1990.

제5장 리 더 십

사회복지행정조직 및 일선 서비스기관의 책임성이 증가하면서 조직의 유지·발전 및 서비스의 질을 향상시키기 위한 방안으로서 리더십의 역할과 기능의 중요성이 부각되고 있다. 사회복지행정의 최고관리자가 발휘하는 리더십의 형태에 따라 조직의 제일선에서 클라이언트에게 서비스를 제공하는 행정요원의 능력과 태도가 달라지기 때문이다. 리더십의 형태와 리더십이 조직에 미치는 영향의 정도에 따라 조직의 발전과 쇠퇴가 결정된다는 측면을 고려해야 한다.

1. 리더십의 정의와 필요성

1) 리더십의 정의

어느 집단이나 조직에도 리더는 항상 존재한다. 만일 조직 내에서 리더가 존재하지 않는다면 다양한 가치관과 욕망을 가진 개인과 그룹으로 구성된 조직은 갈등과 분쟁으로 붕괴할 가능성이 있다. 리더십(leadership)이란 그러한 리더가 갖는 성향, 행동, 상황 등과 관련되는 제반 특성들을 묶어서 부르는 일반적인 개념으로, 리더십의 개념을 한마디로 규정하는 것은 쉽지 않다.

리더십은 이를 다루는 사람들의 관점에 따라 다양하게 정의되고 있다. Stogdill은 리더십의 정의를 열한 가지 범주로 요약하고 있는데 ① 집단과정의 초점, ② 퍼스낼리티(personality)와 그 효과, ③ 복종을 유도하는 기술, ④ 영향력 행사, ⑤ 활동 또는 행동, ⑥ 설득의 형태, ⑦ 권력관계, ⑧ 목표달성의 수단, ⑨ 상호작용 효과, ⑩ 분화된 역할, ⑪ 구조의 주도와 유지 등이다. Terry는 리더십을 "사람들로 하여금 집단의 목표를 기꺼이 달성하게끔 영향을 미치는 활동"으로 정의하고 있으며, Robbins는 리더십을 "목표달성을 지향하도록 집단에 대하여 영향을 미칠 수 있는 능력"으로 정의하고 있다. 또한 Trecker는 리더십을 "공동목표의 달성에 있어서 사람들이 협동하여 일하도록 영향을 주는 능력"으로 정의하고 있다(최성재·남기민, 2001; 320).

Compbell은 "리더십이란 그 자신을 통해서보다는 다른 사람의 직접적인 노력을 통해 조정된 집단의 유효성에 대한 한 개인의 기여라고 정의할 수 있다"고 말하며, Bernard는 "리더십이란 조직적인 노력을 하는 사람들이나 그들의 활동을 이끄는 개인의 행동의 특질"이라고 말하고 있다. Mayo는 사회적 기술이 리더십의 기본이 된다는 사실을 강조하면서, "기술이란 인간적 목적의 서비스에 있어서 일을 잘 처리해 나가는 능력이라고 본다. 사회적 기술이란 다른 사람의 생각을 받아들이고 공동의 과업에 동질적인 참여를 촉진하는 그러한 방법으로 다른 사람들의 태도나 생각에 대해 반응하는 능력을 나타낸다"고 하였다. Tead는 리더십을 다음과 같이 말하고 있다. "다른 사람들이 하기를 원하기 때문에 지도자가 그들에게 제안한 것을 하도록 하는 능력이다. 가장 훌륭한 행정지도자는 사회적으로 정당한 목적을 갖고 있고, 그들이 속하고 있는 집단에 자극적이고 창조적인 호소를 함으로써 그들의 성실을 불러 모으는 사람이다. 이것이 민주적 리더십의 본질이다."(장인협·이정호, 1999; 90).

리더십의 문제는 공식적·비공식적 조직을 막론하고 인간관계에 있어서 지대한 관심사이며 보는 관점에 따라 개념규정을 달리하고 있는 것으로, 모든 조직 활동에 동기를 부여하고 촉진하여, 다양한 집단활동을 일정한 목표로 향하도록 일체감을 조성하는 기능이라고 할 수 있다(김병식 외, 2003; 89-90).

리더십은 직위와 능력 두 가지로 정의된다. '직위'로서의 리더십은 어떤 상황을 통제할 책임을 지고 지도하고 관리하는 직위를 의미한다. '능력'으로서의 리더십은 다른 사람과의 관계에 영향을 끼쳐서 지도자가 택한 길을 따라 오도록 하는 재능이나 기술을 말한다. 즉, 리더십은 다른 사람들의 생각·감정·행동 등을 따르게 하는 일종의 움직임을 의미한다(문인숙·김미혜, 1995; 233).

리더십은 조직구성원에게 영향을 미친다는 의미에서 권력(power)과 유사하다. 그러나 두 개념은 본질적으로 다른 것으로, 권력행사는 힘을 가진 사람에게서 상대방에게 명령이나 지시가 전달되는 일방향성을 가지고 있지만 리더십은 리더의 영향력뿐만 아니라 조직구성원 혹은 추종자의 수용태도에 따라 달라질 수 있다는 점에서 차이가 있다. 물론 리더가 권력을 가지고 있을 경우에는 리더십의 유형이 변할 수 있지만 권력 그 자체가 리더십은 아니다.

리더가 가지는 권력의 기반은 다양하다. 전문성을 권력기반으로 하는 전문적 권력(expert power), 주변에 있는 여러 지지자 혹은 옹호자를 권력 기반으로 하는 지지적 권력(referent power), 법에 의하여 부여되는 권력을 기반으로 하는 합법적 권력(legitimate power), 보상제공을 기반으로 하는 보상적 권력(reward power), 강제력 행사를 기반으로 하는 강제적 권력(coercive power), 조직구성원들의 욕구에 의하여 형성되는 상향식 권력(upward power), 그리고 동료들의 지원을 기반으로 하는 수평적 권력(lateral power)이 있다. 리더는 개성에 따라 다양한 권력기반을 선별적으로 활용하기도 하고, 상황에 따라 다르게 선택하기도 한다.

2) 리더십의 필요성

사회복지조직에서 리더십이 필수 불가결인 이유를 살펴보면 다음과 같다(신복기 외, 2002; 221-222).

첫째, 많은 전문가가 고용되어 있는 사회복지조직에는 전문가의 자율성 욕구와 조직의 통제 욕구 사이에 부단한 긴장이 존재하며 이와 같은 긴장으로 인해 구성원들을 조직의 규칙과 과정을 준수하게끔 동기 부여할 리더십을 필요로 한다.

둘째, 사회복지서비스 분야에는 끊임없이 변화하는 환경적 압력이 증가일로에 있으며 외부 요구의 이와 같은 변화를 고려한 조직체계를 갖는 것은 불가능하기 때문에 이에 적절히 대응할 리더십을 필요로 한다.

셋째, 사회복지서비스 분야에 있어서 새로운 기술 또는 새로운 구조의 도입과 같은 중요한 내부적 변화는 이와 같은 변화가 조직에 통합될 수 있도록 리더십을 필요로 한다.

넷째, 사회복지조직에서 구성원들의 전문적 목표는 조직의 목표와 완전히 일치하지 않을 수 있다. 구성원의 목표와 조직의 목표 사이에 가능한 많은 일치를 가져올 수 있도록 노력하는데 리더십이 요구된다.

2. 리더십 이론

리더십에 대한 정의가 다양한 만큼 리더십의 이론들도 다양하다. 리더십에 대한 이론들은 고전적인 이론들과 최신 이론들로 구분할 수 있다.

리더십에 관한 초기의 이론들과 오늘날의 상황이론들은 모두 그 연구의 초점을 리더십의 효과성을 가져오는 요인들을 찾아내는 데 두고 있다. 이 요인들을 설명하는 세 가지 주요한 접근방법은 성향이론, 행동이론, 상황이론이다. 각 이론의 강조점은 〈표 5-1〉과 같다(최성재 · 남기민, 2001 ; 322).

〈표 5-1〉 리더십 연구의 주요 접근 방법들

접근방법	강조점
특성이론 (1940~1950년대)	성공적이지 못한 리더로부터 성공적인 리더를 구별할 수 있는 분명한 일련의 특성이 존재한다.
행동이론 (1950~1960년대)	리더십의 가장 중요한 측면은 리더의 특성이 아니라 다양한 상황에서 리더가 행동하는 것이다. 성공적인 리더는 그들의 특별한 리더십 행동 유형에 의해 성공적이지 못한 리더와 구별된다.
상황이론 (1970년대)	리더의 효과성은 그 자신의 행동유형에 의해 결정될 뿐만 아니라 리더십의 환경을 둘러싸고 있는 상황에 의해 결정된다. 상황요소들은 리더와 하위자의 특성, 과업의 성격, 집단의 구조, 강화의 형태를 포함한다.

1) 고전적 이론

(1) 성향이론(자질/특성이론)

20세기 전반부에 유행했던 초창기 이론으로서, 리더십의 성향이론(trait theory)이라고 한다. 성향이론은 어떤 일정한 자질을 리더가 갖추고 있으면 효과적인 리더가 될 수 있다는 이론이며, 효과적인 리더에게는 남다른 특성이 있다고 생각하고, 이러한 개인적 특성을 추출하고자 노력하였다.

버나드(C. I. Barnard)는 인성적 자질과 능력의 측면에서 박력과 지구력, 결단력, 설득력, 책임감, 지적·기술적 능력을 리더십의 자질적 요소로 들고 있으며, 카츠는 다음과 같은 세 가지 기능을 리더의 자질로 보고 있다. 첫째, 기술적 기능으로, 전문지식 그 자체 또는 전문지식에 대한 분석적 능력, 둘째, 대인적 기능으로 인간관계 개선의 능력과 협동노력 확보의 능력 그리고 집단분위기 안정의 능력, 셋째, 구도화 기능으로, 조직 활동 전체를 주관할 수 있는 능력으로 조직전체의 복잡성을 이해하고, 자기 자신의 활동이 조직전체에 어떻게 관련되고 있으며, 조직의 어디에 적합한가를 알 수 있는 능력을 말한다(김병식 외, 2003: 90-91).

성향이론에서 효과적인 리더십을 결정하는 성향들로는 지능, 지배력, 자기-확신, 정열, 활동, 업무-관련 지식 등이 포함된다. 심하게는 신장, 몸매, 관상, 손금 등의 성향들도 리더십의 효과성과 관련이 있다고 보는 경우도 있다(김영종, 2001: 155).

Stodgill은 리더십은 리더의 판단능력과 언어솜씨와 관련된다고 하며, 리더의 자질로서, ① 육체적 특성, ② 사회적 배경, ③ 지능, ④ 성격, ⑤ 과업과 관련된 특성, ⑥ 사회적 특성 등을 제시하고 있다. 이와 같은 성향이론은 초기에는 누구나 일정한 특성을 가지고 있으면 어떤 상황 속에서도 리더십을 발휘할 수 있다고 주장되었지만, 후에 이와 같은 자질이 고정된 것이 아니라 사람마다 처해 있는 환경과 상황에 따라 변하는 것으로 수정되었다. 예를 들면, 사회복지사에서 과장, 부장, 관장으로 올라갈수록 기술적이고 구체적인 지식보다는 혁신성, 판단성, 구상력 등이 더욱 요구된다는 것이다(신복기, 2002: 225).

성향이론은 여러 가지 검증을 통하여 많은 비판을 받고 있다. 리더의 특성이 타당한 것으로 입증되려면 모든 리더가 보편적으로 소유하고 있는 구체적인 특성을 찾아낼 수 있어야 하나 그와 같은 특성을 찾기가 쉽지 않기 때문이다.

(2) 행동이론

경험적 검증이 힘든 성향이론(자질이론)에 대한 불만으로 1950년대 행동과학자들은 실제적인 리더의 행동에 관심을 갖기 시작하였다. 즉 성과와 이러한 성과를 내는 리더의 행동양식간의 관계를 규명하고자 하였다. 따라서 여기에는 리더의 행동에 착안하여 리더십의 유형을 연구의 대상으로 삼게 되었는데, 이러한 연구방향을 리더십의 행동이론(behavioral theories)이라고 한다. 리더십의 중요한 측면은 리더의 특성이 아니라 다양한 상황에서 리더가 행동하는 것이며, 효과적인 리더는 그들의 특별한 리더십 행동 유형에 의해 비효과적인 리더와 구별된다고 본다.

행동이론의 연구에는 오하이오(Ohio)연구, 미시간(Michigan)연구, 관리격자(manegerial grid)이론 등이 있다.

① 오하이오(Ohio)연구

오하이오 주립대학교(Ohio State University)의 연구는 리더 행동기술 질문지(LBDQ : Leader Behavior Description Questionnaire)라는 것을 개발하여 자료를 수집하고 분석하여 리더의 행동유형을 구조주도 행동(initiating structure behavior)과 배려 행동(consideration behavior)으로 구분하였다.

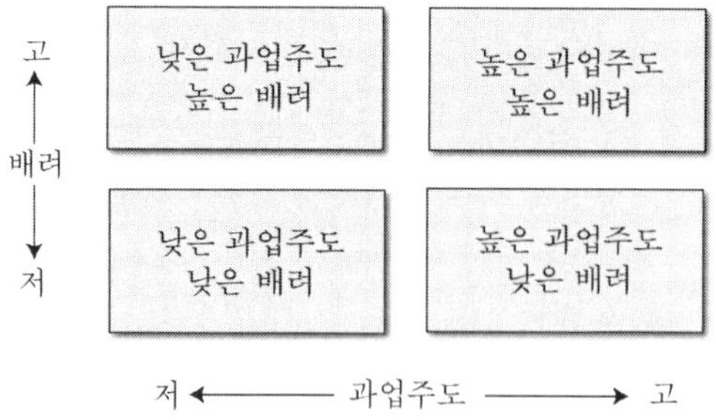

〈그림 5-1〉 오하이오 리더십 유형

구조주도 행동이란 리더가 조직의 목표를 달성하기 위해 조직원들에게 업무를 할당하고 의사전달의 통로를 확립하여 업무 성과를 평가하는 행동을 말하며, 배려행동이란 구성원에 대한 관심과 우호, 신뢰, 지지 등 구성원의 복지를 위한 부분에 관심을 나타내는 행동유형을 의미한다.

오하이오 연구는 구조주도 행동과 배려 행동을 조합하여 구조주도와 배려가 높은 리더가 낮은 리더보다 구성원들의 성과와 만족을 높일 수 있는 이상적인 리더십으로 규정하였다.

② 미시간 연구

미시간대학교(University of Michigan)의 연구는 오하이오 연구와 거의 비슷한 시기에 이루어졌으며, 연구의 목적은 어떤 유형의 리더 행동이 업무집단의 성과와 구성원의 만족을 가져오는가를 찾아내는데 있다.

미시간 연구를 통하여 결과적으로 두 가지 리더십 유형이 발견되었는데 하나는 직무중심적 리더십 유형(job-centered leadership style)이고, 다른 하나는 구성원 중심적 리더십(employee-centered style)이다. 직무중심적 리더십 유형은 세밀하고 합법적이고 강제적인 권력을 활용하며, 업무계획표에 따라 이를 실천하고 성과를 평가하는 데 중점을 두고 있다. 구성원 중심적 리더십은 인간지향적이며 책임의 위임과 구성원의 복지, 욕구, 승진, 개인적인 성장에 관심을 두고 있다.

연구 결과, 구성원 중심적 리더십 유형이 높은 생산성과 직무 만족도를 나타냈고, 직무중심적 리더십 유형은 낮은 생산성과 직무 만족도를 보여주었다.

③ 관리격자이론

관리격자이론은 관리격자(바둑판 모양)를 활용하여 두 가지(사람, 생산) 차원에 기초하여 리더십 이론을 전개하였다. 사람 및 생산에 대한 관심도에 따라 81종류의 합성적 리더십 유형이 된다.

〈그림 5-2〉의 격자망에는 5가지의 리더십 유형이 나타나고 있는데, (1.1)은 인간과 생산 모두에 낮은 관심을 보이는 무기력(무관심)형 리더십, (1.9)는 생산에 대해서는 낮은 관심을 인간에 대해서는 높은 관심을 보이는 컨트리 클럽형 리더십, (9.1)은 생산에 높은 관심과 인간에 낮은 관심을 나타내는 생산성 중심의 과업형

리더십, (5.5)는 인간과 생산에 대하여 보통 수준의 관심을 보이는 중도형 리더십, (9.9)는 생산과 인간에 대한 높은 관심으로 상호문제를 해결하는 목표를 설정하고, 함께 일해 나가는 팀 지향형 리더십이다.

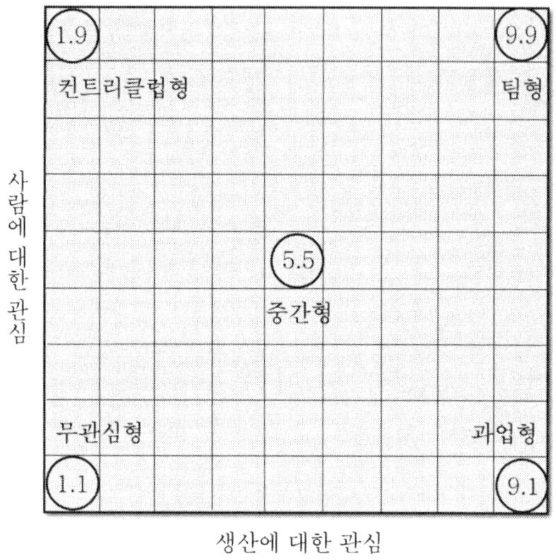

〈그림 5-2〉 관리격자이론

④ 리더십격자의 수정모델

온정적 간섭주의(paternalism)은 컨트리클럽형과 과업형을 결합한 것으로, 팀형의 리더와 비교할 때 부하들의 충성심과 복종에 대해서는 좀더 과감한 보상을 하고 부하들의 불복종에 대해서는 좀더 과감한 처벌을 하는 것이다.

임기응변주의(opportunism)는 리더십격자 모델의 다섯 가지 유형을 모두 조합하여 상황에 따라 리더십을 발휘하는 것으로, 리더의 행동은 고정되어 있는 것이 아니라 리더가 상황에 따라 적절한 유형을 선택하는 것이다.

(3) 상황이론

행동이론의 한계를 극복하고자 1960년대 말부터 1970년대에 이르면서 리더십 연구에 관한 새로운 접근방법으로 개발된 이론이다. 이 이론에 따르면 리더란 상황의 산물이기 때문에 주어진 상황에 따라 리더의 능력이나 가치가 다르게 평가되는 동시에 요구되는 리더의 행태와 자질이 달라진다고 본다. 여기에서 상황이란 리더가 속해 있는 조직의 목표와 성격, 규모, 역사, 유형, 발전의 정도, 구성원의 자질과 행동, 기대와 욕구 등을 의미한다. 상황이론에는 상황적합이론(contingency theory), 경로-목표이론(path-goal theory), 리더십 대체물 이론(leadership substitutes approach) 등이 있다.

① 상황적합이론

상황적합이론은 Fiedler와 그의 동료들에 의해 개발되었으며, 리더 유형과 상황적 조건을 결합시키려는 이론이다. 리더 유형을 구성원과의 관계에 중심을 두는 관계지향적 리더와 과업지향적 리더로 분류하였다. 또한 리더에게 호의적이냐의 여부를 결정하는 리더십 상황요소들을 리더와 구성원간의 관계, 과업구조, 직위권력 등으로 보았다.

리더-구성원간의 관계는 구성원들이 리더에 대하여 갖고 있는 신뢰, 믿음, 존경의 정도를 말하며, 과업구조는 직무가 절차화된 정도와 수준을, 직위권력은 리더가 채용, 해고, 징계, 승진 및 임금인상 등과 같은 권력 변수들에 대하여 행사하고 있는 영향력의 정도를 말한다(최성재 · 남기민, 2001: 327).

연구 결과 과업지향적 리더는 매우 호의적인 상황이나 또는 매우 비호의적인 상황에서 더 좋은 성과를 나타내는 경향이 있고, 관계지향적 리더는 호의성이 중간 정도일 때 더 높은 성과를 나타내는 경향이 있다.

② 경로-목표이론

경로-목표이론은 오하이오의 상황이론과 동기부여의 기대이론을 결합하여 House가 제시한 이론으로서, 다양한 과업에 대하여 수단적(지시적) 리더십 및 지원적 리더십을 하위직 구성원 행동간의 관계에 초점을 맞추어 연구되었다. 즉 하위직 구성원의 업무환경에 맞춰 리더의 행동유형이 조절되고 이에 따라 조직구성원이 더 높은 노력, 동기부여, 성과 및 만족을 가져오게 된다는 것이다.

경로-목표이론의 핵심은 수단적(지시적) 리더 행동은 비구조화된 과업에 종사하는 하위직 구성원들을 위해 더 효과적이고, 지원적 리더 행동은 하위직 구성원들이 구조화된 일상적 과업을 수행할 때 높은 만족을 가져온다는 것이다. 이 이론은 하위직 구성원의 만족을 예측하는 데 있어서 강한 예측력을 가지고 있다.

경로-목표이론은 두 가지 상황적 요인과 4가지 리더십 유형으로 설명할 수 있는데, 두 가지 상황요인으로는 첫째, 구성원의 능력, 성격 및 동기와 작업집단의 특성, 직업의 구조화 정도이며, 둘째, 조직 내의 규칙과 절차 등을 포함하고 있다. 리더십의 4가지 유형으로는 지시적 리더십, 지지적 리더십, 성취지향적 리더십, 참여적 리더십으로 분류할 수 있다.

경로-목표이론의 단점은 리더의 행동범주가 너무 포괄적일 뿐만 아니라 복잡하고 난해하며, 다른 상황변수들에 대한 고려가 없고, 또한 동기부여에 초점을 맞춘 나머지 다른 방법들을 소홀히 하고 있다는 점이다.

③ 리더십 대체물 이론

S. Kerr는 리더십 연구에서 리더십 행동을 대체하는 대체물로서 상황변수를 확인하는 작업을 최초로 시도하였다. 리더십의 영향력을 약화시키는 상황적 측면을 2개의 변수-대체물(substitutes)과 장애물(neutralizers)-로 대별하고 있는데, 여기서 대체물이란 리더 행동을 불필요하게 만드는 상황변수를 말하며, 장애물이란 리더 행동의 유효한 기능을 방해하고 리더 행동의 효과를 약화 내지는 중화시키는 상황변수를 말한다.

하위자의 성과 및 만족에 대한 리더 행동의 영향력이 하위자의 특성, 과업특성, 조직의 특성과 같은 리더십 상황에 의해 크게 제약을 받게 된다는 것이다. 이 이론은 리더십 연구에 대한 새로운 시각을 제공해 주고 있다는 점에서 높이 평가될 수 있으나 아직까지 광범위한 실증적 연구가 이루어지고 있지 않아 그 유용성이나 타당성을 평가하기 위해 더 많은 후속연구가 이루어져야 할 것으로 기대된다(최성재 · 남기민, 2001 ; 330-331).

2) 최근 리더십 이론

(1) 거래적-변환적 리더십

거래적 리더십(transactional leadership)은 개인의 이기적이며 개인적인 관심에 초점을 맞추며, 보수나 지위 등을 보상하는 것과 같은 거래를 통하여 구성원의 동기수준을 높이려는 리더십의 유형이다.

변환적 리더십(transformation leadership)은 고차원의 도덕적 가치와 이상에 호소하여 개인의 의식을 변화시키려는 리더십의 유형이다.

〈표 5-2〉 거래적 리더십과 변환적 리더십의 비교

특성	목적	활동	보상	리더-추종자의 관계	과업
거래적 리더십	현상유지	규정 또는 규칙에 의거	개인적	상호의존적	일상적
변환적 리더십	변화	규정 또는 규칙의 변화	비개인적	상호독립적	비일상적

출처 : Shortell & Kaluzny(1994), p. 99.

(2) 가치경쟁적 리더십

통합적 관점을 유지하려는 리더십 이론의 하나로서, 조직 리더의 다양한 역할을 규정하기 위하여 리더십의 초점을 외부지향적, 내부지향적으로 구분하고 다른 한편으로는 통제위주-유연성 위주로 구분하여 네 가지 영역을 제시하였다.

4가지 영역은 파슨즈(Parsons)의 AGIL 모델을 기초로 하여 사회체계의 유지를 위하여 필수적인 4가지 기능을 의미하고 있는데, A는 적응(Adaptation), G는 목적달성(Goal attainment), I는 통합(Integration), L은 형태유지(Latent pattern maintenance)를 나타내고 있다. 리더는 이 4가지 기능을 수행하기 위하여 리더십을 발휘하는데 4가지 유형의 리더를 다음과 같이 구분하여 표현하고 있다(장동일, 2006: 236-237).

① 환경적응 : 방향제시가

② 목적달성 : 목표달성가

③ 통합 : 동기부여가

④ 형태유지 : 분석가

위의 4가지 리더십을 살펴보면, 비전(방향)제시형의 리더십은 외부지향적이고 개방적이며 조직 활동의 유연성을 추구하는 반면, 분석형 리더십은 내부지향적이며 구조화된 통제 위주의 상반된 가치를 요구한다. 동기부여형 리더십은 조직구성원간의 인간관계 향상에 가치를 둠으로써 유연성과 비집권적인 특성을 보이나, 목표달성형 리더십은 조직 생산성을 최대화하기 위한 통제와 규율 위주의 공식적 리더십을 지향한다.

이 리더십에서 의미하는 가치경쟁적(competing values)이란 의미는 '환경적응, 목적달성, 형태유지, 통합 등의 네 가지 활동이 서로 상반된 가치를 추구'한다는 것이다(남일재 외, 2004; 88).

3. 리더십의 형태

1) 리더십의 유형

H. Carlisle(1987)은 조직체의 권위가 어떻게 사용되느냐에 따라 리더십의 유형을 3가지 범주로 분류하고 있다(Howard Carlisle, 1987; 475). 리더십과 관련된 경영 및 관리 활동은 하급자들을 의사결정 과정에 어떻게 참여시키는가에 관한 것으로 이해할 수 있다. 리더십의 여러 유형들은 분절적인 것이 아니라 지시적-위임적인 리더십의 양극단 사이의 연속선상에 위치하는 것으로 나타낸다. 상급자 중심의 리더십과 하급자 중심의 리더십 간에는 다양한 역할과 관계의 유형들이 존재한다. 지시적 리더십은 상급자 중심의 의사결정이 이루어지고, 그것을 하급자들에게 명령하는 방식이다. 위임적 리더십은 하급자 중심으로 의사결정이 이루어지며 상급자가 권한과 책임을 전적으로 하급자에게 위임하는 것이다. 참여적 의사결정과 리더십은 지시적과 위임적인 것의 중간 정도에 위치하는 것으로 간주된다(김영종, 2001; 160-161).

(1) 지시적/독재적 리더십

전제적/독재적(autocratic)인 리더십으로서 지시적 리더십이라고도 하며, 명령과 복종을 강조하는 리더십이다. 리더는 의사결정과정에서 구성원의 의사와는 무관하게 일방적으로 소수의 정책결정그룹을 중심으로 업무를 처리하며, 구성원들에게 명령하는 방식이다.

구성원에 대하여 보상과 처벌(reward & punishment)의 연속선에서 통제하고 관리한다. 따라서 장점은 통제와 조정이 쉽고 정책집행에 일관성이 있다. 또한 신속한 의사결정이 가능하여 위급한 상황에서 보다 효과적으로 과업을 처리할 수 있다. 그러나 지시적 리더십은 일방적인 나머지 구성원의 사기(morale)를 저하시키며, 구성원 상호간에 적대감 및 갈등, 소외감을 조장하거나 유발시키는 단점이 있다.

(2) 참여적 리더십

참여적(participative) 리더십은 구성원의 자발적인 참여와 민주적인 의사결정을 중심으로 한다. 리더가 정책결정을 함에 있어서 조직구성원의 의견을 경청하고, 결정과정에 참여시키는 리더십 형태이다. 이와 같은 리더십 형태는 구성원에게 적극적인 동기부여와 사명감을 부여하여 조직의 목표를 자신의 발전과 동일하게 인식하도록 한다. 조직의 발전 자체가 구성원 자신의 발전이므로 업무수행능력도 뛰어나며, 리더와 구성원간의 의사소통 경로가 개방되어 있어 다양한 정보교환이 가능하고 정책결정과정상에서 나타날 수 있는 오해와 불신을 제거할 수 있다.

(3) 위임적 리더십

위임적 리더십은 방임적(laissez-faire) 리더십이라고 하며, 대부분의 의사결정권을 구성원들에게 위임하는 형태이므로, 구성원 스스로가 조직의 목표를 계획하고 수행해 나간다.

구성원들은 조직의 규칙이나 정책을 위반하지 않는 범위 내에서 자유재량권을 행사할 수 있다는 장점이 있다.

그러나 위임적 리더십의 형태에서 리더는 자문기관의 역할만을 할 뿐 지시 및 감독 등과 같은 절차적인 일처리를 하지 못함으로써, 내부에서 발생하는 의사소통상의 갈등과 분쟁을 쉽게 조정하지 못하는 단점이 있다.

2) 리더십의 역할

Freed는 사회복지조직 리더들의 역할에 대하여 다음과 같이 제시하고 있다(신복기 외, 2002; 223-224).

① **관리 및 행정**

리더는 조직체의 행정가로서, 기관의 정책이나 사명을 직접적이고 구체적인 서비스로 변환하여 전달하는 역할을 한다. 여기에서 클라이언트의 욕구에 적합한 서비스를 제안하고 대변할 수 있는 능력이 요구된다. 또한 리더는 조직이 수행해야 될 목표나 과제 선정에 있어서 중요한 역할을 담당한다. 이러한 역할에 전제되어야 할 것은 관리자의 일관성 있는 태도와 장기적인 안목과 비전(vision)이다.

② **통합 및 연결**

조직체가 수행하는 프로그램들은 다양하기 때문에 이를 통합할 수 있는 관리자의 역할은 매우 복잡하며, 역량을 갖추어야 한다. 그러므로 조직이 수행해야 될 프로그램이 효과적이기 위해서는 프로그램이 미칠 영향과 프로그램과 조직간 수행해야 될 목표와 부합되어야 한다.

③ **기준 설정**

리더는 조직체의 프로그램의 목표나 산출을 성취하는 데 필요한 투입요소에는 어떠한 것들이 있는지 알아야 한다. 관리자는 감독기준을 설정하여 시행함으로써 프로그램 수행을 원활히 추진하게 된다. 관리자는 또한 직접적 서비스를 전달하는 방식에 관계되는 기준도 설정해야 한다. 사회복지조직 내의 실천가들이 서비스를 수행하기 위해서는 적절한 교육 및 훈련을 받아야 한다. 이렇게 해주는 것이 리더의 역할이다.

④ **혁신-창조**

프로그램의 목표 달성이 이루어져 프로그램이 소멸되거나 조직체 내외의 압력에 의해 변경해야 할 필요성이 있을 때에 새로운 프로그램이 계획되어야 한다. 이때 리더는 클라이언트의 새로운 욕구에 관심을 가져야 하며, 그 욕구를 충족시키기 위한 조직체의 능력을 파악하고 있어야 한다. 새로운 프로그램의 개발과 조직체 운영의 방안을 창조해 내는 것은 리더의 매우 중요한 활동이며, 조직의 생존과 발전에 깊은 관련이 있다.

3) 리더십의 속성

효과적인 리더가 되기 위한 속성으로는 지속성, 시간관리, 타협, 유연성, 창의성 등이 있다. 각각의 속성에 대하여 간략하게 살펴보면 다음과 같다(강용규 외, 2007; 93-95).

(1) 지속성(persistence)

역량 있는 리더는 생각이 깊고, 효과적인 계획을 수립하며, 적절한 제안을 구성원들에게 제시하기도 한다. 또한 계획된 목표를 달성하기 위하여 지속적으로 업무를 수행한다. 뿐만 아니라 보편타당한 관점과 사회복지 철학에 입각한 의식을 지녀야 한다. 이와 더불어 결단력 있는 리더는 바람직한 결과를 가져오기 위하여 용기와 신념, 자신감을 가져야 한다.

(2) 시간관리(time management)

합리적인 리더는 시간의 가치를 인식하고 그 역동성을 이해하며, 조직구성원 각자의 개별적 능력을 증진시키기 위하여 시간을 활용할 수 있어야 한다. 뿐만 아니라 타인의 시간도 존중할 줄 알며, 업무를 계획할 때 생산성 및 효율성을 고려하여 신속하게 업무를 수행하도록 한다.

(3) 타협(compromise)

탄력적인 사고(思考)를 지닌 리더는 자신이 모든 문제의 해결책을 갖고 있다고 결코 생각하지 않는다. 상황이 심각할 때 폐쇄적인 방식으로 업무를 처리하는 것이 아니라 상대방을 비롯하여 조직구성원 모두의 의견을 경청하여 결정을 내리도록 한다. 구성원들과 의견 대립과 갈등이 존재해도 무시하는 것이 아니라 관점의 차이를 인정하여 필요하다면 타협할 수 있다는 관용적인 자세를 갖춰야 한다. 리더는 원칙을 갖고 있되 충분히 융통성을 발휘하여 조직 내에서 원만한 인간관계를 형성할 수 있도록 한다.

(4) 유연성(soft touch)

리더는 조직의 목적과 욕구, 정책의 범위 내에서 구성원들에게 가능한 많은 자유를 허용해야 한다. 구성원들에게 일방적으로 지시하기보다는 자유로운 의견 제시와 토론을 통하여 더 나은 방안을 강구해 나갈 수 있도록 한다. 조직 구성원 전체의 합치된 의견을 통하여 사기가 진작되고, 참여에 대한 동기가 부여되면서 더욱 발전하게 된다.

(5) 창의성(creativity)

창의성은 독창적인 방법으로 사고하고 행동하는데 필요한 조직의 발전에 있어서 중요한 요소임에도 불구하고 조직이라는 유기체 속에서 자칫 관료적인 속성에 의하여 매너리즘에 빠지는 경향이 있다. 그러므로 창의성을 중시하는 리더는 구성원 스스로가 자발적으로 도전정신을 가질 수 있도록 인센티브를 제공해야 한다. 조직은 창의성이 존재함으로써 미래에 대한 도전과 비전을 통하여 발전할 수 있는 동력을 갖게 된다.

4) 리더십의 원칙

리더는 일관성 있게 조직을 관리하고, 구성원들과의 관계에서 보편적인 원칙을 적용하며, 과업을 수행하는데 있어서 합리적인 기준을 제시할 수 있어야 한다. 리더는 타인에 대한 관심을 잃지 않아야 하며, 도덕성과 윤리에 바탕을 둔 통합적인 관리를 위하여 다음과 같은 10가지 원칙을 준수해야 한다(성규탁, 1993; 336-337).

① 진실을 말할 것 : 결정사항에 대한 이유와 타당성을 충분히, 솔직하며, 공개적으로 밝힐 것.

② 규칙과 절차를 존중하며 따를 것.

③ 불명확함을 줄일 것 : 조직의 가치와 우선순위 및 개인의 권리와 의무를 명확히 할 것.

④ 다른 사람에게 관심을 보일 것 : 모든 사람은 기본적 권리를 가지며, 보편성

의 원리에 의한 대우를 받아야 한다는 사실을 잊지 말 것.

⑤ 구성원의 성장과 교육에 대한 책임이 있음을 인정할 것 : 모든 조직의 구성원들의 독특한 하나의 실체로 기능할 수 있도록 할 것.

⑥ 참견하지 말고 참여시킬 것 : 최종적인 결정을 내리기 전에 구성원들의 의견을 경청할 것.

⑦ 부당한 간섭으로부터 구성원들을 보호할 것 : 구성원의 자유와 의사를 존중할 것.

⑧ 언제나 행동할 것 : 자신이 필요하거나, 타인이 도움을 요청해 올 때에는 적절한 방식으로 대응해 줄 것.

⑨ 일관성 있게 구성원들을 대할 것 : 동일한 문제를 가지고 있는 구성원들을 같은 방식으로 대할 것.

⑩ 신념과 행동에 일관성이 있을 것.

참고문헌

강용규 외, 『사회복지행정론』, 공동체, 2007.
김병식 외, 『사회복지행정론』, 창지사, 2003.
김영종, 『사회복지행정론』, 학지사, 2001.
남일재 외, 『사회복지행정론』, 현학사, 2004.
문인숙 · 김미혜, 『사회복지기관행정론』, 동인, 1995.
성규탁, 『사회복지행정론』, 법문사, 1993.
신복기 외, 『사회복지행정론』, 양서원, 2002.
장동일, 『사회복지행정론』, 학문사, 2006.
장인협 · 이정호, 『사회복지행정론』, 서울대학교출판부, 1999.
최성재 · 남기민, 『사회복지행정론』, 나남출판, 2001.
Howard Carlisle, *Management Essentials: Concepts for Productivity and Innovation*(2nd ed.). Chigago : Science Research Associates, 1987.

제 6 장 기획과 의사결정

1. 기획의 개념과 중요성

1) 기획의 개념과 중요성

(1) 기획의 개념

기획의 개념을 설명하기 위하여 여행계획을 수립하는 경우를 생각해 볼 수 있다. 휴가를 이용하여 여행을 떠나기에 앞서 우리는 여행의 목적과 목적지를 정해야 할 것이다. 또한 여행의 목적과 목적지가 정해지면 이에 맞는 비용과 준비물을 마련하고 목적지까지 도달하기 위한 교통편, 소요시간과 여행지에서의 활동계획 등을 사전에 미리 결정해야 할 것이다. 만일 계획적이지 못한 여행계획을 수립할 경우 예기치 못하는 곤란한 상황에 직면하게 된다.

사회복지기관의 경우 기획은 기관 환경 및 클라이언트의 욕구변화에 대처하기 위한 새로운 목표의 설정과 이를 달성하기 위한 미래의 활동을 합리적으로 결정해나가는 의사결정과정을 의미한다(김형식 외, 2002; 135). 특히 최근 들어 사회복지행정과 관련된 여러 환경들이 급변하는 가운데에서는 사회복지행정가가 정확히 장래를 예측하여 적절한 기획을 수립하여 신속한 의사결정을 하지 않으면 기관의 생존까지도 위태롭게 할 수 있다.

기획이란 용어의 정의는 무엇인가? 앞의 여행의 예에서 보듯이 여행의 목적과 목적지를 설정하는 것을 기획이라 할 수 있으며, 여행 목적을 효율적으로 달성하기 위한 세부적이고 구체적인 방안을 계획이라 할 수 있다. 즉, 계획(plan)이란 기획에서 도출된 결론, 기획의 산출물, 또는 결과로서의 정적인 특성이 강한 반면, 기획활동은 계획을 세워나가는 연속적인 행동으로서의 특성이 보다 강하다(김형식 외, 2002: 137). 즉, 기획은 조직관리기능의 하나로서 조직의 목표를 규정하고 이를 달성하기 위하여 수행해야 할 과업들을 예측하고 결정하는 과정으로 정의할 수 있으며, 기획을 하나의 연속된 과정으로 보아 '기획과정'이라 하기도 한다. 이와 같은 기획수립의 정의에서 우리는 세 가지 중요한 의미를 찾을 수 있다. 첫째, 기획은 미래지향적이어야 한다는 것이며, 둘째, 의사결정과 관련이 있으며, 셋째, 목표지향적이어야 한다는 것이다.

① 미래지향적이어야 한다.

기획은 장래에 발생할 사태를 미리 예측하여 대비하고자 하는 것이다. 아무런 준비도 없이 예기치 못하는 상황이 발생하여 곤란해 하기보다는 발생할 수 있는 상황을 미리 예견하고 대비책을 강구해 놓았다면 발생할 손실을 줄일 수 있으며, 변화하는 환경에 능동적으로 대처할 수 있게 된다. 미래의 상황을 미리 예측하고 이에 효과적으로 대처할 수 있도록 6하 원칙에 입각하여 미리 계획을 수립하는 것이 관리의 첫 번째 과정이다.

② 의사결정과 관련이 있다.

기획의 수립은 조직이 달성하여야 할 목표를 결정하고 그 목표를 달성하기 위한 최적의 방법들을 선정하는 등의 기획수립 전반에 걸친 경영자의 의사결정이 요구된다. 6하 원칙에 입각하여 계획을 수립한다는 것은 모두 경영자의 의사결정이 필요한 사항이다.

③ 목표지향적이어야 한다.

기획수립단계에서 조직의 뚜렷한 목표와 방향을 제시하여야 한다. 목표가 명확하게 제시됨으로써 목표달성을 위한 조직의 모든 역량이 집결되고 그렇게 함으로써 최대한의 성과를 올리게 될 것이다. 조직의 목표가 불분명한 경우 조직은 효과적이고 효율적인 경영이 불가능하게 된다.

일반적으로 조직의 관리과정을 살펴보면 다음과 같다.

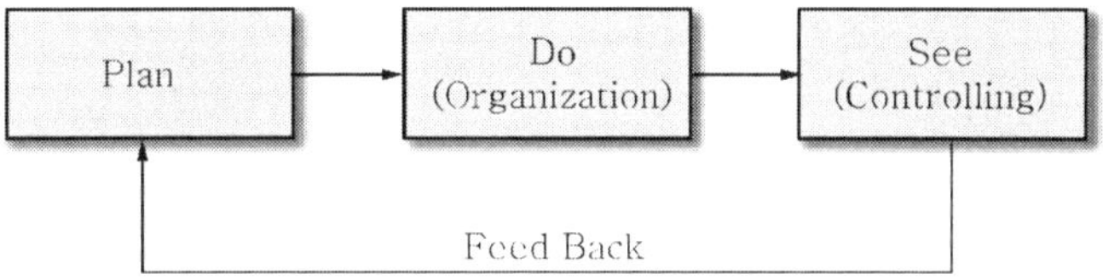

〈그림 6-1〉 조직 관리과정

(2) 기획의 중요성

앞서 언급한 바와 같이 기획은 일상생활에서부터 조직경영에 이르기까지 매우 중요한 관리과정의 하나로서 사회복지행정에 있어서도 마찬가지이다. 와이리치와 쿤츠(Weihrich & Koontz, 1993)는 기획이 다양한 사회복지기관의 관리활동 중에서도 가장 중요한 관리활동임을 강조하고 있는데, 그 이유는 기획과정을 통해서 다음과 같은 주요한 조직 활동이 결정되기 때문이라고 지적하고 있다(Weihrich & Koontz, 110-112: 김형식 외, 2002; 136 재인용).

- 어떤 형태의 기관구조가 필요한가?
- 어떤 자격과 자질을 갖춘 인력이 필요한가?
- 어떤 형태의 리더십과 지도력으로 기관활동을 이끌어 갈 것인가?
- 원활한 기관활동을 유도하기 위해 어떤 통제와 조정의 노력이 필요한가?

그러나 문제는 기획이 미래를 예측하여야 한다는데 있다. 즉, 미래를 예측한다는 것은 항상 불확실성이 존재하기 때문에 효과적인 기획을 수립하기 위해서는 이 불확실성을 얼마나 최소화하느냐에 달려 있다고 해도 과언이 아니다. 그러므로 기관경영자는 항상 미래에 대한 비상한 관심을 가지고 불확실한 장래의 변화가 조직에 미칠 영향 등을 고려하여 가장 적절한 대응책을 준비하여야 한다.

여기서 기획의 중요성을 정리하면 다음과 같다(박연호, 1993; 14).

① 지휘, 통제의 수단이 된다.

계획은 모든 요소들이 원하는 결과를 달성하는데 있어 일을 조화롭게 추진해 나갈 수 있도록 하는 지휘, 통제수단이 된다.

② 낭비를 최소화할 수 있다.

장래에 발생하게 될 상황을 미리 예측하고 대비함으로써 자원을 합리적으로 활용할 수 있고, 낭비를 최소화할 수 있다.

③ 효과적 업무측정을 할 수 있다.

계획은 업무 성과를 증진시키는 데 기여할 뿐만 아니라 성과를 측정하고 비교하는 기준을 마련해 준다.

또한 Skidmore는 기획이 사회복지 행정에서 필요한 이유를 다음과 같이 제시하고 있다(Skidmore, 1995; 50-51 : 지은구, 2005; 211-212, 재인용).

① 기획은 효율성을 증진(비용측면)시키므로 필요하다.
② 기획은 효과성을 증진(서비스가 client들에게 실질적으로 효과적이었는지의 효과 측면)시켜 주기 때문에 필요하다.
③ 기획은 평가와 책임성을 위해 필요하다. 즉, 프로그램에 대한 책임성을 증대시키기 위해 심사숙고하여 계획을 작성하고 그리고 계획이 어떠한 결과를 가지고 왔는지 등의 사회복지서비스나 프로그램들을 측정하기 위한 평가절차를 위해 계획화가 필요하게 된다는 것을 의미한다.
④ 기획은 사회복지서비스를 제공하는 구성원의 사기 진작을 돕기 때문에 필요하다.

2) 기획수립의 유형

일반적으로 기획수립의 유형은 기획의 대상범주에 따라 전체기획과 부분기획, 대상기간에 따라 장기기획, 단기기획, 조직의 계층에 따라 전략적 기획과 운영기획 등으로 구분할 수 있다.

(1) 전체기획과 부분기획

전체기획이란 최고의사결정자가 조직전반에 걸친 기획을 수립하고 그것이 하부 조직의 목표를 제공하게 되는 것이며, 부분기획이란 조직의 재정, 마케팅, 인사 등 조직의 기능에 따른 수평적 관리기획을 의미한다. 이외에도 부분기획은 조직관리를 위한 요소별로 자재나 설비에 대한 기획, 조직기획 등으로 분류할 수 있는데 이는 그 조직의 규모나 관리방식에 따라 달라질 수 있다.

(2) 장기기획, 단기기획

기획은 대상기간에 따라 1년 이하의 계획은 단기계획, 1년 이상 5년 이하의 계획은 중기계획, 5년 이상은 장기계획으로 분류할 수 있다. 장기계획은 외부환경의 변화를 예측하여 주기적으로 조직의 목표와 목적을 재설정하며, 창의성과 비전의 제시에 그 목적이 있다. 단기계획은 장기계획에 근거하여 구체적으로 목표를 달성하기 위한 행동방법에 대한 기획이다. 이러한 단기계획과 장기계획은 상호 밀접한 관련성을 가지고 장기기획 속에 통합되어야 한다(신복기외, 2004; 182).

(3) 전략적 기획과 운영기획

전략적 기획은 조직의 최상위층 수준에서 수립되는 기획으로 조직의 목표달성을 위한 장기적인 종합계획을 의미한다. 즉, 전략적 기획은 경쟁자와의 경쟁에서 승리할 수 있도록 고객의 마음을 사로잡기 위하여 장기적으로 필요한 자원배분, 행동경로 등을 결정하는 과정이라 할 수 있다(이기호외, 2003; 89).

이에 반하여 운영기획은 효과적이고 효율적으로 조직의 목표를 달성할 수 있도록 자원을 사용하는 과정에 대한 기획이다. 즉, 전략적 기획은 급변하는 경쟁 환경 속에서 조직이 취해야 할 포괄적인 대처방안의 골격에 관한 것이라면, 운영기획은 자원의 효율적이고 효과적인 관리에 관한 것이다.

3) 사회복지행정의 기획유형

사회복지행정에서도 기획은 효과적인 서비스 전달을 위하여 필수적인 요소이다. Water Ehlers 등에 의하면 사회복지행정의 기획에는 자원 기획, 프로젝트 기획(project planning) 및 개인 기획(personal planning)의 세 가지 형태가 있다(Ehlers & Prothero, 1976; 33 : 신복기 외, 1993; 183 재인용).

(1) 자원 기획

자원기획은 재정에 관한 기획과 시설 및 장비에 관한 기획, 소비물자에 관한 기획, 인적자원에 관한 기획 등 네 가지로 구분할 수 있다.

① 재정 기획

재정 기획은 기관이나 프로그램의 재정상태를 예측하기 위한 기획이다. 성공적인 재정 기획을 위해서는 특정한 기획을 통한 프로그램의 재정상태를 예측하는 능력이 필요하다. 기관이나 프로그램의 재정 모델은 이러한 목적을 위하여 중요하며, 전산화된 회계제도는 그러한 모델이 될 수 있다. 또한 신속한 자료 운용을 위해서는 회계의 전산화가 요청된다. 만약 재정이 부족할 경우에는 다음과 같은 조치를 취할 수 있다. 첫째, 서비스의 양이나 범위를 축소 또는 수정하여 자금수요를 줄인다. 둘째, 기업의 기부금, 재정지원기관으로부터의 자원 확보 등을 위한 모금활동을 한다.

② 시설 및 장비에 관한 기획

사회복지조직의 목표 달성을 위해 필요한 시설이나 장비의 구매·임대 등에 관한 기획이다. 오늘날 시설이나 장비에 관련된 기술은 잘 개발되어 있으며, 대부분 조사방법의 체계적 적용이나 네트워크 장비, OR기법 등으로 발전하였다.

③ 소비물자에 관한 기획

소비물자(supplies)란 서류용지, 필기용구, 기록보관철 등과 같은 것이다. 이러한 품목 등을 구매하는 일은 일상적인 업무가 되어야 하며 이를 위한 구매자금은 필요할 때에는 언제든지 이용할 수 있도록 항상 고려해야 한다.

④ 인적자원에 관한 기획

인적자원관리에서 다루어지는 기획으로서 인적자원 확보, 인적자원 개발, 인적자원의 보상, 유지관리, 노사관계 등에 관련된 기획이다. 여기에는 첫째, 기관의 목표를 달성하기 위하여 필요한 최소한의 직원(전문직, 준전문직, 서기 등)의 수, 둘째, 매년 충원되어야 할 직원의 수, 셋째, 새로 고용된 직원이 배치되어야 할 부서나 프로그램 등에 대한 내용을 포함한다.

(2) 프로젝트 기획

프로젝트를 시작할 때 기획을 하는 이유는 합목적적인 결과를 기대하기 때문이다. 따라서 개별적인 프로젝트이든 집단 프로젝트이든 미리 계획을 수립하지 않을 경우 연결이 잘 되지 않을 뿐 아니라 각 단계에 필요한 시간도 제대로 할당할 수 없게 된다. 특히 집단 프로젝트의 경우 계획을 세우지 못하면 노력의 중복, 성취 불능, 접근방법 중복 등의 결함이 부가된다. 적절하게 계획된 프로젝트가 주어진 시간 안에 최소의 비용으로 성공적으로 달성되기 위해서는 다음과 같은 일련의 단계에 따라 진행되어야 한다.

① 프로젝트 요구사항의 인식과 명확화
② 이전의 경험, 조사, 견해 등과 같은 기술을 사용한 자료수집
③ 기본적인 접근방법에 관한 잠정적인 결정
④ 기본적인 활동계획의 설계
⑤ 프로젝트 계획의 검토
⑥ 집단 프로젝트의 경우, 과업할당과 프로젝트 시작 일자의 결정
⑦ 종료일자와 보고서 전달방법의 결정

(3) 개인 기획

관리자는 기관의 프로그램과 프로젝트에 관한 전반적인 기획책임도 있지만 자신의 개인적인 과업도 계획해야 한다. 따라서 개인 기획이란 자신의 목표를 설정하고 취해야 할 활동과정을 기술하는 것을 포함한다. 개인적인 목표를 성취하기 위하여

계획을 수립하는 것으로 고려해야 할 요소는 다음과 같다.

① 시간적 요소, 가용가능한 자원, 장애물, 자신이 하는 일에 영향을 미칠 수 있는 타인의 기대되는 행동 등의 요소를 이해하고 계획을 수행하면서 일어날 수 있는 불가피한 변화들을 예상할 수 있어야 한다.

② 유사한 과업이나 프로젝트를 가진 다른 사람들의 이전의 경험을 활용하여 계획을 설계해야 한다.

③ 계획이 실현 가능한지를 알아보아야 한다. 실현 가능성 여부는 다음 질문에 대한 대답을 통해 알 수 있다. 첫째, 가용한 자원과 시간을 고려할 때 목표달성이 가능한가? 둘째, 필요한 시간과 자원이 있다면 목표를 성취할 능력이 있는가?

이 두 질문 가운데 하나라도 부정적인 대답이 나온다면 목표를 수정하거나 다른 목표를 계획해야 한다.

④ 계획 속에 점검지점을 확인해 두어야 한다. 점검지점에 도달할 때마다 정보를 평가하고 필요한 경우 계획을 수정해야 한다.

4) 기획과 목표에 의한 관리(management by objectives : MBO)

기획과정에서 기관의 목표설정의 중요성을 강조하는 조직관리기법이 MBO 기법이다. MBO는 경영학자인 Peter, Drucker가 처음 주장한 기법으로서 조직관리자가 부하직원의 참여 하에 목표를 설정하고 계획기간 및 목표를 구체적으로 명시하여 이를 근거로 실적을 평가하여 피드백시켜 주는 제도이다. 이러한 MBO의 특징은 목표의 구체성, 부하들의 참여, 계획기간의 명시, 피드백 등을 들 수 있다.

① 목표의 구체성

"비용을 절감하자"는 식의 막연한 목표는 얼마의 원가를 절감하여야 하는지를 구체적으로 나타내 주지 못한다. 그러므로 "비용의 10%를 절감하자"는 식으로 구체적인 목표를 수치화하여 명확하게 해야 한다. 즉, 조직의 목표달성을 위해 어떠한 과업을 누가, 어떻게, 그리고 언제까지 완수할 것인가를 측정이 가능한 형태로 매우 구체적으로 규정한다(김형식 외, 2002: 147).

② **부하들의 참여**

목표를 설정하는 방법은 여러 가지가 있으나 MBO는 목표가 위에서 결정되어 내려오는 것이 아니고, 최고관리자를 비롯한 구성원 전원이 적극적으로 참여하여 목표에 대한 이해도를 높임으로써 목표달성에 긍정적으로 작용할 수 있다. 또한 상하가 상호 협조 아래에 결정되기 때문에 상부의 목표와 하부의 목표가 체계적으로 조정될 수 있다.

③ **계획기간의 명시**

과업달성을 기간별로 명시하여 과업의 진전에 따라 정기적으로 통제할 수 있는 근거를 마련한다.

④ **피드백**

목표를 구체적으로 명시하고 상사로부터 과업의 진행상황에 따라 항상 지적을 받으므로 스스로의 활동을 통제할 수 있고 목표를 성취하려는 욕구가 더 강해진다.

이러한 MBO기법은 사회복지기관에서도 기관의 목표와 기관이 보유하고 있는 자원 및 기관 활동을 연계하여 구체적인 목표를 설정하고 누구에 의해 어떻게, 얼마만큼 진행되고 있는가에 관한 진행통제를 가능케 함으로써 매우 유용하게 사용될 수 있다.

그러나 MBO를 지나치게 강조하면 목표지상주의로 흐를 수 있고 직원들의 사기나 만족도 등을 간과하고 수치화할 수 있는 목표의 달성에만 치중하게 된다. 또한 MBO가 제대로 시행되지 않으면 형식적인 서류만 증가하게 되고 상사의 영향력이 오히려 증가하여 MBO의 본래 취지에 맞지 않게 되는 부작용이 있을 수 있다.

그러므로 MBO가 제대로 실행되기 위한 최고의사결정자의 지원이 있어야 하며, 각 부서의 책임자와 그 부하들의 자율을 존중해 주어야 한다. 또한 올바른 목표를 구체적으로 설정하고 정기적으로 상하가 모임을 갖고 업무에 관한 의견교환을 하는 것이 필요하다.

5) 기획과 통제

(1) 통제의 의의

아무리 좋은 기획과 계획을 했더라도 목표한 시간 내에 조직의 목표를 달성하지 못한다면 아무런 의미가 없다. 따라서 조직 관리자는 계획대로 조직목표를 기한 내에 달성할 수 있도록 독려하고 때로는 격려하면서 통제할 필요가 있다. 즉, 통제(controlling)란 설정된 목표 및 계획과 실제의 성과를 비교·감독하여 목표달성을 위해 발견되는 편차에 시정조치를 행하는 일련의 활동을 말한다(양춘희, 1997; 294).

이러한 통제는 관리과정의 마지막 단계로서, 정의에서 알 수 있듯이 반드시 기획과 계획이 전제가 되어 진행된다. 통제의 결과 계획과 성과사이에 편차가 발견될 경우 피드백을 통하여 계획을 수정하거나 비능률적이고 비효율적인 요인이 발견되면 이를 제거하여 능률적으로 목표를 달성할 수 있도록 하여야 한다.

통제란 단순히 계획과 성과의 편차를 측정하는 것뿐만 아니라 그 이상의 의미를 갖고 있는데, 진정한 의미의 통제는 피드백을 통한 수정활동에 있다.

(2) 통제 방법

① 간트도표의 이용(Gantt chart)

간트도표는 1910년 간트(Gantt, Henry. L)에 의해 창시되었는데 과업진행의 통제를 위한 관리에 매우 유용하게 사용되고 있다. 간트도표는 미리 계획된 예정과업진도와 실제과업진도를 기록, 비교하여 만약 차이가 발생하면 그 원인을 밝혀 작업통제에 도움이 되게 하려는 것이다.

그러나 간트도표는 많은 요소들로 구성된 복잡한 과업의 경우 모든 요소들을 도표로 나타내는 데에 한계가 있으며, 과업활동 상호간에 어떠한 상관관계가 있는지가 나타나지 않는 한계가 있다.

간트도표의 예를 그림으로 표시하면 〈그림 6-2〉와 같다.

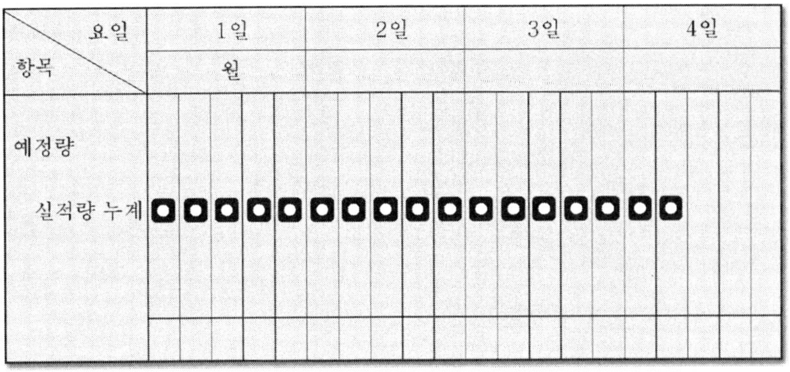

〈그림 6-2〉 간트도표의 예

② 네트워크 분석(PERT/CPM)

네트워크 분석은 원래 1950년대에 미 해군의 잠수함 건조 계획을 효율적으로 관리하기 위하여 처음 고안된 방법으로 프로그램 평가 검토기법이라고 불리기도 한다. 그 후 듀퐁사가 개발한 기법과 함께 발전하는 과정에서 서로 비슷해져 PERT/CPM이라 부르고 있다.

이 방법은 하나의 작업이 완성되기 위하여 여러 작업이 합쳐져야 하는 경우 중점적으로 관리하여야 할 경로를 찾아내어 진행과정을 일정에 맞추기 위한 기법이다. 즉, 업무의 시작에서부터 완성이 될 때까지 각 작업들의 유통 경로와 기간을 분석하여 가장 길게 시간이 소요되는 유통경로를 결정적 경로(critical path)라 한다. 결정적 경로를 중점적으로 관리하는 이유는 이 경로에서 하루가 늦어진다는 것은 업무의 완성이 하루 늦어진다는 것을 의미하며, 다른 경로는 다소간의 시간여유가 있기 때문에 다른 경로에서의 지체가 곧 바로 업무완성의 지체로 연결되지는 않는다. 그러므로 결정적 경로의 진행상황을 중점관리하여 일정계획에 차질이 없게 하는 것이 계획대로 업무를 완성하는 방법이 되는 것이다.

〈그림 6-3〉의 예에 의하여 설명하면 번호 A, B, C, F, G, H로 연결되는 경로가 결정적 경로이며, 그 기간은 17주이다. 그 외의 다른 경로에서 아무리 빨리 작업이 마무리된다 해도 이 경로가 완성되지 않는 한 업무가 끝날 수가 없는 것이다. 그러므로 이 결정적 경로를 중점관리함으로써 업무가 계획된 기한내에 완성이 될 수 있

도록 하는 것이다.

이와 같이 PERT/CPM과 같은 네트워크 분석은 업무가 완성되는 기간을 계산해 주고 가장 짧은 기간에 업무를 완성할 수 있도록 해주는 효과적인 진행통제 기법이다.

이러한 PERT/CPM은 기획과 통제과정에서도 유용하게 사용될 수 있는데 기획과 통제과정에서 활용될 경우 장단점은 다음과 같다(Kettner, et al, 1997; 164-165 : 김형식 외, 2002; 152-153 재인용).

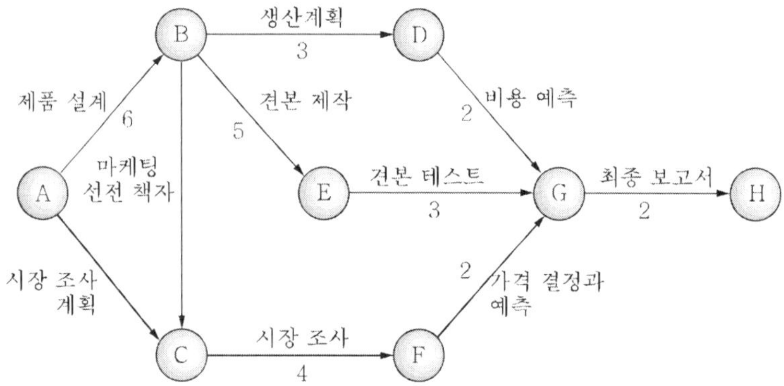

〈그림 6-3〉 PERT/CPM의 예

• 장점

㉠ 기획된 활동을 실행하기 위해 필요한 과업의 선후 병행관계 및 소요시간 등을 도표로 나타내어 전체 과정을 쉽게 파악할 수 있다.

㉡ 기획된 활동의 실행과정에서 조정의 노력을 원만하게 제공하며, 실행과정에서 생길 수 있는 문제점에 대한 예상을 가능케 한다.

㉢ 기획된 활동의 실행과정에서 작업종료를 위한 대안 경로를 제시하며 이를 토대로 체계적인 평가가 가능하도록 한다.

• 단점

㉠ 완성된 PERT도표가 복잡한 경우에는 이해가 어려우며 또 이와 같은 도표의 작성에 많은 시간이 소요된다.

㉡ 기획된 활동의 실행과정에서 불확실성이 너무 많은 경우에는 PERT의 활용이 어렵다.

2. 의사결정

1) 의사결정의 개념과 유형

(1) 의사결정의 개념

우리의 삶 자체가 끊임없는 의사결정의 연속인 것처럼 사회복지조직도 조직의 목적을 달성하고, 성장 · 발전하기 위해서 끊임없이 의사결정을 하여야 한다. 즉, 어떠한 문제에 직면했거나 선택 가능한 대안이 여러 가지가 있을 경우 우리는 가장 합리적인 방법으로 조직에 최대의 이익을 가져다주는 대안을 선택하여야 할 것이다. 의사결정이 제대로 되었는지의 여부에 따라 조직의 발전과 퇴보가 달려 있기 때문이다.

특히 오늘날 사회복지기관의 경영환경은 복잡하고 급변할 뿐만 아니라, client의 욕구도 점점 다양하고 고급화 되고 있는 경향이다. 그러므로 이러한 사회복지기관의 환경에 창조적으로 적응하여 사회복지기관을 존속 · 성장시켜 가려면 기관 활동을 합리적으로 수행하기 위한 관리시스템(management system)을 마련하고 이를 통해 합리적인 의사결정을 해야만 된다. 이러한 맥락에서 사회복지기관의 행정과 관리의 핵심은 바로 의사결정이라 할 수 있다.

이러한 의사결정이란 의사결정자가 어떤 목적을 설정하고 그 목적을 가장 효율적으로 달성하기 위한 활동을 선택하는 과정이다. 즉, 목적달성을 위한 선택 가능한 대안이 두 개 이상일 경우 가장 합리적인 대안을 선택하는 과정을 의미한다.

의사결정의 개념은 좁은 의미와 넓은 의미로 구분하여 살펴볼 수 있는데, Trecker는 좁은 의미의 의사결정이란 여러 가지 대안 중 하나를 선택하는 것으로 정의하고 있으며, 넓은 의미의 의사결정은 최종 대안을 선택할 때까지 취해지는 일련의 모든 과정으로 정의하고 있다(Trecker, 1977; 148-150).

이와 같은 의사결정은 기획수립은 물론 조직화, 지휘, 통제 등 모든 관리활동에서 수많은 의사결정이 이루어지고 있다. 따라서 행정가의 주요 기능 중 하나는 여러 대안 가운데 가장 합리적이고 효율적인 대안을 선택하는 것이다. 사회복지 행정가 역시 기관과 조직의 발전·성장에 관한 책임을 피할 수 없기 때문에 의사결정과정에 관한 적절한 이해와 지식을 갖추어 기관의 환경변화에 맞춰 적시에 그리고 적절하게 의사결정을 하여야 한다.

특히 사회복지행정가는 사회복지 전문직의 가치와 윤리에 기초한 의사결정을 하려는 의지를 가지고 있어야 하며, 의사결정에 있어 인간적인 요소를 더욱 중시하여야 한다(신복기외, 2004; 205).

(2) 의사결정의 유형

의사결정은 어느 관점에 의하여 분류하느냐에 따라 다양한 유형이 존재하지만 본 장에서는 의사결정 계층에 의한 분류, 의사결정 주체에 의한 분류, 정형화 여부에 의한 분류 등을 살펴보고자 한다.

① 의사결정 계층에 의한 분류

의사결정은 의사결정 계층에 따라 전략적 의사결정, 관리적 의사결정, 업무적 의사결정의 유형으로 분류할 수 있다. 즉, 전략적 의사결정은 조직의 최고의사결정권자가 5년 이상 장기간에 대한 전반적인 목표설정과 이를 달성하기 위한 조직, 자원 및 전략 등에 관한 의사결정을 하는 것이며, 관리적 의사결정이란 전략적 의사결정을 좀더 구체화시킨 것으로 중간관리자가 전략적 의사결정에 의한 결과를 실제적으로 수행하기 위하여 1년 내지 5년 정도의 중기에 걸친 의사결정을 하는 것을 의미한다. 업무적 의사결정이란 하위관리자가 관리적 의사결정에 의한 결과를 실제로 집행하기 위하여 매월, 매분기, 반기, 1년을 기준으로 하여 조직 활동에 대한 세부적인 의사결정을 하는 것으로, 1년 이내의 단기적 의사결정을 하는 것을 의미한다.

그러나 이러한 계층별 의사결정은 각각 별개의 것이 아니고, 모든 의사결정의 과정에 기관 구성원이 민주적이고 활발히 참여하는 참여적 의사결정을 하여야만 구성원의 직무만족도와 생산성이 향상될 수 있다.

② **의사결정 주체에 의한 분류**

의사결정 주체에 따라 개인적 의사결정과 집단적 의사결정의 유형으로 분류할 수 있다. 개인적 의사결정이란 의사결정을 함에 있어서 의사결정자가 수집한 정보와 자신의 경험 및 판단에 의해 개인이 내리는 의사결정을 말하며, 집단적 의사결정이란 구성원 또는 전문가의 의견을 종합하여 내리는 의사결정을 말한다.

집단적 의사결정은 많은 정보를 가지고 많은 대안들이 고려될 수 있으며, 의견조정이 간편하다는 장점이 있지만 의사결정을 하는데 많은 시간이 소요되며, 의사결정이 타협적일 수 있고 집단 내 갈등을 야기할 수 있다는 단점이 있다.

③ **정형화 여부에 의한 분류**

의사결정의 구조화 정도에 따라 즉, 의사결정이 정해진 일정한 절차에 따라 이루어지느냐의 여부에 따라 정형적 의사결정과 비정형적 의사결정으로 분류할 수 있다. 정형적 의사결정이란 일상적으로 반복되는 업무 등과 같이, 같은 종류의 의사결정이 반복적으로 이루어져 의사결정 방법이 이미 관례화되어 있는 경우를 말한다. 이에 비해 비정형적 의사결정은 문제의 성격과 상황자체가 불확실하고 적당한 해결책이 개발되어 있지 않은 상황에서의 의사결정을 의미한다(이평원, 2000; 274-275).

사회복지기관의 경우에도 새로운 사회문제의 발생으로 인한 서비스 개발과 공급에 관련된 결정은 미래에 대한 불확실성이 매우 크기 때문에 주로 기관 상위층에 의해 결정되고 그 외의 정형화된 의사결정은 각 부서에 위임하는 것이 일반적이다.

유능한 사회복지행정가는 의사결정의 유형과 그 장단점을 잘 파악하여 어떠한 상황에 직면하였을 때 최적의 의사결정 방법을 선택할 줄 알아야 한다. 특히 모든 의사결정에는 반드시 감정적 요인이 영향을 미치기 때문에, 이를 인정하고 합리적으로 최적의 의사결정을 하는 데 있어 자신의 편견 또는 선입관이 어떤 부정적인 영향을 주지는 않았는지를 평가해 보아야 한다(신복기 외, 2004; 207).

2) 의사결정 과정

의사결정 과정은 의사결정의 유형에 따라 달라질 수 있지만 Skidmore는 상황과 문제의 정의, 관련된 자료와 정보의 수집, 대안 모색, 대안 평가, 관련자의 감정 고려, 최적의 대안선택, 대안의 실행과 지원, 융통성 발휘, 결과 평가 등 9가지 과정으로 제시하고 있으며(Skidmore, 1983: 64-71), Ables & Murphy는 의사결정과정을 문제정의와 욕구 규정, 관련정보 확보, 문제해결을 위한 대안의 개발 및 평가, 최적안의 선택, 대안 실행과정의 5단계로 제시하면서 각 단계마다 환류(feed back)를 하는 것이 바람직하다고 하였다.

또한 Elion은 의사결정과정을 의사결정자가 결론에 도달하기 전에 거치는 정보과정이라고 보고, 정보투입단계, 정보분석단계, 성과측정의 특정화, 대안 설정 및 예측단계, 대안의 최종선택 등 5가지 단계를 제시하고 있다(김치영 외, 2006: 76 재인용).

이와 같이 여러 학자들이 제시한 의사결정과정은 대부분 유사함으로 여기서는 사회복지 행정과 실천에서 많이 활용되고 있는 Skidmore의 의사결정 단계를 중심으로 설명하고자 한다(김치영 외, 2006: 76-78 재인용).

(1) 상황과 문제의 정의

상황정의의 개념은 사람과 그의 행동을 이해하기 위해서 자신들에 대한 이해와 감정뿐만 아니라 다양한 문제 상황을 이해하는 것이다. 다른 말로 하면, 주어진 시각에 개인의 위치가 어떠한가, 어떤 심리·사회·문화적 요소와 힘이 포함되어 있는가, 그 사람과 전체상황과 관련해서 관련된 타인의 감정이 어떠한가를 인지하는 것이 중요하다.

따라서 불만족스러운 현재의 상황 또는 조건을 문제로 인식하고 그것을 개선 또는 해결하기 위한 의사결정을 하기 위하여 유능한 행정가는 그 문제나 욕구가 어떤 것인지를 정확히 규명하지 않으면 안 된다. 왜냐하면 문제나 욕구의 정확한 규명 없이는 그 해결 대안을 개발할 수 없기 때문이다. 따라서 그러한 문제와 관련된 상황과 사회적, 심리적, 문화적 요인 그리고 문제해결 대상자의 욕구정도까지 구체적으로 파악되어야 한다.

(2) 관련된 사실의 수집 및 조사

의사결정과정에서 중요한 단계는 상황과 문제에 밀접한 관계가 있는 자료를 수집하고 명백한 이해를 얻기 위해서 그것들을 조사하는 것이다. 사실의 수집은 여러 가지 방법을 활용할 수 있으며, 사상이나 감정은 결정을 요구하는 사람으로부터 얻을 수 있다. 물론 자료는 클라이언트의 친인척이나 사회복지조직의 구성원으로부터도 얻을 수 있다.

사실의 수집은 존재하는 모든 자료를 수집하는 것이 불가능하기 때문에 하나의 근접책이라 할 수 있다. 그럼에도 불구하고 기본적 사실은 결정을 하는데 있어 의미를 부여할 수 있으므로 과학적·분석적으로 조사되어야만 한다. 따라서 사실을 조사하는 것은 의사결정에서 중요한데, 이것은 자료가 세심하고 객관적으로 조사되었음을 의미한다. 이러한 사실의 조사를 통해서 사실의 중요성이 객관화되고 사실의 우선순위를 정하는 데 도움을 준다.

만약 결정을 내리기에 충분한 정보를 가지고 있지 못하다면 부수적인 정보를 찾아야 하며 이러한 부수적인 정보의 도움으로 건전한 결정을 내릴 수가 있다.

(3) 대안형성

의사결정의 과정은 어떤 길을 택해야 할 것인가를 결정해야 된다. 때로는 두 가지 선택만이 존재할 경우가 있고 때로는 상당히 많은 대안이 있을 수 있다. 따라서 이용 가능한 각기 다른 대안들을 인식하고 이해하는 것이 매우 중요하다. 즉, 각각의 대안은 명료화하고 이해되어야 한다. 대안을 고려할 때 조직이 추구하는 목적과 프로그램에 부합되는 효과성과 한정적인 자원을 효과적으로 사용하여 소기의 목적을 달성할 수 있도록 하는 효율성을 감안해야 한다.

(4) 대안의 결과 예상

각각의 선택과 우선순위를 이해하는 것과 병행에서 미래의 결과를 예상하는 것이 필수적이다. 즉 각각의 대안들은 특정한 방향들이 선택되어진다면 어떤 결과들이 일어날 것인가라는 관점에서 고려되어져야 한다.

(5) 감정의 고려

감정을 고려하는 것은 일반적인 행정에서보다 사회복지기관의 행정에서 특히 중요하다. 이론적으로는 의사결정이 합리적 근거 - 사실의 세심한 고려, 대안, 예상되는 결과 - 에 의해서 이루어진다고 하지만 현실에 있어서는 감정이 종종 행동의 합리적 이유에 영향을 미치기 때문이다. 특히, 의사결정에 있어서 각기 다른 선택에 관한 개인적 감정을 고려하는 것이 매우 중요하다. 즉 모든 행정가들이 다양한 감정을 가지고 있다는 것을, 그리고 그러한 각각의 감정이 특정한 결정을 내리는 데 매우 중요하다는 것을 인식하여야 한다.

(6) 최적의 대안 선택

위의 다섯 단계가 끝난 후, 최적의 대안을 선택해야 하는 단계이다. 행정가들은 어떠한 결정을 내리는데 있어서 실수뿐만 아니라 잘못된 선택을 내릴 수도 있다는 점을 인정해야 한다. 사실 이와 같은 부분은 모든 행정가에게 일어날 수 있으며 이것을 이해하는 것이 의사결정과정을 원활하게 할 수 있다. 인간관계에서도 완전함이 없는 것과 마찬가지로 의사결정에서도 완전함이란 있을 수 없다. 그리고 시간의 관점에서 볼 때는 불가피할 경우를 제외하고는 결정을 연기시키는 것을 피하는 것이 중요하다.

(7) 실천과 계속적 지지

일단 결정이 내려진 후에는, 모든 노력은 그것을 지지하는 방향으로 그리고 그것을 수행하기 위해서 무엇을 할 것인가에 관심을 모아야 한다. 모호한 지지나 결정을 무시하는 듯한 행위는 실패를 필연적으로 가져온다는 사실을 자각해야 한다. 모든 구성원들은 결정을 이해하고 지지하기 위해 결정을 충분히 숙지해야만 하는데, 즉 결정을 내리는 것도 중요하지만 그것이 목표를 향해서 수행되어질 수 있도록 계속 지지해 주는 것도 필요하다.

(8) 융통성 발휘

융통성은 의사결정에서 결과를 효과적으로 만들기 위해 매우 중요하다. 즉, 실수가 행해지고 또 다른 대안이 더 바람직하다는 것을 인식하게 되었을 경우, 융통성은 더욱 필요하다. 결정은 엄격함 그 자체를 위해서 엄격해서는 안 된다. 특정한 결정에 대한 모든 가능한 결과를 예상하는 것은 불가능하기 때문에 때때로 결과가 예상과는 다를 수가 있다. 바로 이와 같은 경우 융통성을 가지고 계획과 과정을 변경시킬 필요가 있다.

3) 의사결정과 사회복지행정가의 역할

의사결정을 함에 있어서 바람직한 사회복지행정가의 역할은 다음과 같다(지은구, 2005; 259-260).

첫째, 사회복지행정가는 기관의 구조가 의사결정의 성격에 의하여 결정되는 점에 유의하여 의사결정과정이 효율적으로 운영될 수 있도록 조직의 구조를 형성해야 하고 내려진 결정이 가능한 한 효과적인 행동원천이 되도록 해야 한다.

둘째, 사회복지행정가는 조직 구성원에게 발의의 자유를 제공할 수 있도록 조직의 구조를 형성해야 한다.

셋째, 사회복지행정가는 민주적인 운영과 분권화된 의사결정을 할 수 있도록 조직의 구조를 형성해야 한다.

넷째, 사회복지행정가는 조직의 최상부에 단일한 의사결정이 위치하도록 조직의 구조를 형성해야 하며, 상급행정가가 권한이나 책임을 이양할 때는 한 가지 사항에 대하여 단일한 결정이 이루어지도록 이양해야 한다.

다섯째, 사회복지행정가는 조직이 효과성과 효율성이라는 기준에 의거하여 평가되고 조직의 방향이 조정될 수 있도록 하여야 한다.

참고문헌

경영학핸드북, 서울대학교 출판부, 1983.
김문성, 『행정학의 이해』, 박영사, 2000.
김기태 · 김경우 · 김학만 · 이승현 · 최용, 『사회복지행정론』, 대왕사, 2005.
김영종, "사회복지조직들의 혁신을 위한 과제와 조건", 사회복지행정학회 추계학술발표, 1999.
김치영 · 최용민, 『사회복지행정론』, 21세기사, 2006.
김형식 · 이영철 · 신준섭, 『사회복지행정론』, 동인, 2002.
문인숙 · 김미혜, 『사회복지기관 행정론』, 동인, 1995.
박연호, 『사무관리신론(증보판)』, 법문사, 1993.
박차상, 『현대사회복지행정론』, 학지사, 1999.
보건복지부, 사회복지법인 재무 · 회계규칙, 2005.
성규탁, 『사회복지행정론』, 법문사, 2000.
신복기 · 박경일 · 장중탁 · 이명현, 『사회복지행정론』, 양서원, 2004.
양춘희, 『경영학원론』, 선학사, 1997.
오무석 · 조선구 · 주형근, 『사무관리개론 제3판』, 도서출판 두남, 1996.
이기호 · 박호인 · 권방현, 『경영학원론』, 무역경영사, 2003.
이봉수 · 김길평 · 김영국 · 이윤철, 『경영학원론』, 명경사, 1997.
이종수, 『행정학사전』, 대영문화사, 2000.
이평원, 『행정조직의 이해』, 책과 공간, 2000.
지은구, 『사회복지행정론』, 청목출판사, 2005.
한국사회복지사 협의회, 사회복지사와 수퍼비젼, '96년 수퍼바이저 보수교육 교재, 1996.
한재원 · 최기창 · 나승화, 『사무관리개론』, 한올출판사, 1997.
Abels Paul, M. Murphy, *Administration in the human services: A Normative Systems Approach*, New Jersey: Prentice Hall, Inc, 1981.
French, W. L., *The personnel management process*, Boston, MA.: Houghton Mifflin Co., 1987.
Flynn, J. P., "Licensing and regulation of social service." *Encyclopedia of Social Work*(18th Ed), Silver Spring, MD: NASW press, 1987.
Gross, M. J., Warshauer, W., & Larkin, R. F., *Financial and accounting guide for not-for-profit organization*(4th Ed), New York: John Wiley & sons, Inc., 1991.
Kettner, P. M., Martan, L. L., & Money, R., *Desiging and Managing Programs*. (2nd

ed) Newbury, CA: Sage, 1997.

Kettner, P. M., *Achieving excellence in the management of human services organization.* Boston: Allny and Bacon, 2002.

Lohmann, R. A., Financial management an social administration. In F. D. Permutter & S. Slavin (Eds), *Leadership in social administration: Perspectives for the 1980s. Philadelphia,* PA: Temple University Press, 1980.

Skidmore. R. A., *Social work administration : Dynamic management and human Relationships.* Englewood Cliffs, NJ : Prentice-Hall, Inc., 1983.

Skidmore. R. A., *Social work administration : Dynamic management and human Relationships.* 2nd Ed, Englewood Cliffs, NJ : Prentice-Hall, Inc., 1990.

Trecker, H. B., *Social Work Administration : Principles and Practice,* New York: Association Press, 1977.

Weinbach, R. W., *The social work as manager : Theory and practice*(2nd Ed), Needham Heights, MA : Allyn & Bacon, 1994.

W. Ehlers, M. Austin & J. Prothero, *Administration for the Human Services,* New York, N.Y : Harper & Row Publishers, 1976.

Weiner, M. E., *Human service management: Analysis and applications,* Belmont, CA: Wadsworth, 1990.

제 7 장 의사소통

의사소통은 조직이 추구하는 목적을 달성하는데 필수적인 전달체계이다. 조직은 보유하고 있는 자원을 효율적으로 배분하고 활용하여 최대의 성과를 기하려고 활동한다. 이 과정에서 조직이 선택하고 실행하는 대상, 방법, 절차, 공유 등 일련의 활동들은 반드시 부서 간 또는 조직구성원들 사이에서 의사소통을 통해 운영된다.

1. 의사소통의 의의

1) 의사소통의 정의

의사소통(communication)은 일반적으로 개인, 집단, 조직과 같은 사회적 주체들 간에 어떤 의미가 담긴 메시지나 정보를 상호 교환하여 공유하는 사회적 과정을 말한다. 의사소통을 의미하는 communication이란 말은 공동 또는 공통성을 뜻하는 라틴어 communes를 어원으로 하고 있으므로, 그 본래의 의미를 따져본다면 일방적인 의사전달이 아니라 둘 이상의 사람들 사이에 서로 공통성을 만들어 내는 과정으로 볼 수 있다.

의사소통의 정의를 보면, 뉴컴(Newcomb)은 의미의 전달(conveying of meaning)

이라고 하였고, 런드버그(Lundberg)는 신호와 기호를 사용한 상호작용(interaction by means of signs and symbols)이라 하였다.

배럴슨과 스타이너(Berelson and Steiner)는 의사소통이란 기호인 언어, 그림, 도형 도표들을 사용하여 정보, 사상, 감정, 기술학을 전달하는 행위나 과정을 뜻한다고 하였으며, 샤논과 위버(Shannon and Weaver)는 말하기를 넓은 의미에서 의사소통의 의미로 해석했는데, 이때 말은 하나의 마음이 다른 마음에 영향을 미치는 또는 과정을 뜻하는 것으로 수단으로는 언어뿐만 아니라 음악, 그림, 연극, 무용 등 모든 인간의 행동을 포함한다고 하였다. 김규정(2002: 486)은 정보의 정확한 전달과 활발한 교류에 의하여 조직의 구성원은 조직목표를 명확하게 인식하게 되고 합리적 협동행위를 할 수 있게 되며 권한과 책임의 효율적인 배분이 가능하게 하는 것이라고 보았다.

이와 같이 의사소통에 대한 정의는 학자에 따라서 약간의 차이를 보이고 있지만, 학자들의 의사소통에 대한 견해를 종합해 보면 의사소통이란 인간이 기호를 사용하여 자신의 생각이나 메시지를 전달하고 또한 타인의 것을 받아들임으로써 상호 공통된 의미를 수립하고 나아가서는 서로의 행동에 영향을 미치는 과정 및 행동이라고 하겠다. 즉 "둘 이상의 사람들 사이에 의견, 정보, 감정 등의 교환을 통하여 공통적 이해를 형성하고 수신자 측의 의식, 태도, 행동 등에 변화를 일으키게 하는 일련의 행동"이라 할 수 있다.

2) 의사소통의 중요성

대인관계에서 일어나는 현상을 표현하는 기본 개념은 상호행동(interaction)이다. 상호행동은 인간의 사회적인 행동을 의미한다. 상호행동이란 인간의 공동생활의 이러한 기본적인 현상을 표현하는 개념이며, 두 사람 혹은 그 이상의 사람들 사이에서 일어나는 행동과 이에 대한 반응 행동에서 나타나는 현상을 말한다.

사람들 간에 정보와 지식을 서로 교환하기 위해 사용하는 필수적인 수단이 의사소통이다. 의사소통을 정확히 파악하기 위해서는 의사소통이 의사의 일방적 전달만을 의미하는 것이 아니라, 쌍방간에 의사소통을 통하여 소기의 성과를 올리는 것에 초점을 두어야 한다. 즉 의사소통은 상호간의 공통적 이해가 중심이 되는 것이므로 수용자 또는 상대방이 의사소통을 행한 사람의 메시지를 이해했을 때에 비로소 의사소통이 이루어졌다고 말할 수 있는 것이다. 의사소통은 상호간의 공통적 이해가 중심이 되는 것이므로 수용자 또는 상대방이 의사소통을 행한 사람의 메시지를 이해했을 때에 비로소 의사소통이 이루어졌다고 말할 수 있는 것이다. 만약 공통적 이해를 바탕으로 하는 의사소통이 없다면 조직의 목적을 달성하기 위한 리더십의 발휘라든가 동기유발 및 협동적 노력을 수반하기 위한 관리활동은 존재할 수 없게 된다. 따라서 의사소통은 조직을 운영하거나 인간관계를 연결하는데 가장 중요한 수단 중 하나라고 말할 수 있다.

의사소통은 인간과 인간 사이에 언어를 통해 상호간에 공감이 성립되도록 하는 프로세스(process)라고 할 수 있다. 직장에서 상사나 동료 혹은 부하와의 사이에 작업상 의사소통이 이루어져 상호간에 공감하게 된다면 직장의 팀워크(team work)는 높아지고 그로 인해 사기(morale)가 높아져 작업성과도 향상될 것이다. 특히 휴먼서비스를 통해 조직성과를 달성하는 사회복지의 경우에는 클라이언트와의 교류를 통해 신뢰를 조성하게 된다면 성과는 기대 이상으로 나타날 수도 있다. 따라서 효율적인 의사소통은 개인이든 조직이든 성과창출을 위해 반드시 필요하지만 이상적인 의사소통을 운영하는 것이 결코 용이한 일은 아니다. 그 이유는 사람들은 각기 다른 사회적 경험과 사회화 과정을 거쳤기 때문에 한계가 존재하는 것이다.

3) 사회복지행정과 의사소통

궁극적으로 의사소통은 인간관계의 출발을 제공하는 기능과 역할의 측면에서 중요하며, 조직구성원 대부분은 의사소통을 통해서 공동의 이익을 추구하는데 사회복지행정의 경우도 동일하다. 사회복지행정의 핵심적 활동은 사회복지정책을 사회복지서비스 프로그램으로 전환하고 이를 클라이언트에게 제공하기 위해 조직역량을 배열·조정·통제하며, 최종적으로는 사회복지사와 클라이언트와의 관계에 의해서 사회복지서비스를 제공한다. 이때 의사소통은 어디에서나 활용되지만 특히 중심적인 활동은 직원(사회복지사)과 클라이언트의 만남에서 그 가치를 높인다. 이들의 관계는 조직의 공식적 권위구조에 의해서가 아니라 클라이언트와 직원들과의 인간관계를 통해서 이루어진다. 즉, 조직의 핵심적 활동은 조직의 직접적 명령계통에 따른 의사소통을 통해서가 아니라 클라이언트와 직원들과의 만남을 통한 인간관계에 의해서 이루어진다는 것이다. 이때 직원과 클라이언트와의 관계는 조직이 클라이언트에 대해 권한을 갖고, 클라이언트들의 욕구를 결정하고 평가하며 그들을 변화시키기 위해서 노력하고 그리고 원하는 결과를 성취하기 위해 활동을 한다. 즉, 사회복지조직에 있어 모든 중요한 과업은 클라이언트와 직원들 사이의 일련의 거래에 의해서 수행되는 것이다. 따라서 클라이언트의 운명은 직원과 클라이언트의 관계 수준과 강도에 의해서 영향을 받으며, 특히 클라이언트들이 지닌 인간적 속성이나 정보, 직원들의 태도, 그리고 클라이언트에 대한 사회복지조직 구성원의 대응에 의해서 영향을 받는다. 이때 직원과 클라이언트와의 관계의 수준과 강도가 조직성과의 실패와 성공을 결정하는 중요한 결정 요인이 되는 것이며, 이를 위해서 클라이언트와의 의사소통이 중요한 요인이 된다. 제품을 생산하거나 일방적인 서비스를 제공하는 조직과 다르게 사회복지조직은 사람을 대상으로 하며 개인적인 신뢰를 바탕으로 관계(relation)의 수준에 의해서 성과가 결정되기 때문에 의사소통은 매우 중요한 수단이라고 하겠다.

4) 의사소통의 기능

슈람(Schramm)은 의사소통의 기능을 사회적 레이더(social radar) 기능, 조작·결정 및 경영(manipulation, decision-management) 기능, 교육 기능 및 오락 기능으로 나누고 있다. 또한 라스웰에 의하면 의사소통은 세 가지 중요한 기능을 제시하고 있는데, 환경 감시의 기능, 합의의 기능, 사회화의 기능이다. 여기서 환경 감시와 합의의 기능이란 주위 환경에서 일어나고 있는 일들에 대한 정보를 수집 전파해서 사람들로 하여금 그러한 사회 환경에 대처하고 적응하도록 만드는 의사소통의 구실을 말한다. 그리고 사회화의 기능이란 어떤 사회의 문화나 전통, 가치, 규범 등을 새로운 사회 구성원들에게 전달하는 의사소통의 사회 교육적 역할을 의미한다. 다시 말해서 인간은 의사소통을 통하여 주위 환경에서 일어나는 사건에 대한 정보를 제공받고 그것에 대처하며 새로운 세대를 교육해 나가는 것이다. 라이트(Wright)는 라스웰의 세 가지 기능 외에 오락적인 기능을 덧붙여서 의사소통은 실용적 기능 외에도 인간을 기쁘게 하는 기능을 담당하고 있다고 지적했다.

한편, 최창호(2002; 218-219)는 의사소통의 기능을 다음과 같이 보고 있다. 첫째, 의사소통은 두 사람 또는 두 기관 사이에 공통 이해를 조성하여 공동 목표를 향한 상호 협조를 가능하게 해 준다. 둘째, 의사소통은 조직에서 행하는 많은 의사결정(decision-making)에 있어서 사전에 장애물을 제거하는 전제적 조건이 된다. 셋째, 의사소통은 조직 내 구성원의 심리적 욕구를 충족시켜 준다. 즉, 조직이 커질수록 직원들의 소외감 내지 아노미(anomie)가 커지는데, 직원간의 의사소통을 활발히 해 줌으로써 그들의 소속감과 사기를 높일 수 있다. 넷째, 의사소통은 장래의 대비를 가능하게 해준다. 의사소통을 통한 정보의 획득은 장래에 취할 태도나 행동의 대비에 중요한 역할을 수행한다.

따라서 이들 내용들을 종합해 보면, 인간은 의사소통이란 수단을 통하여 서로 주위 환경에 대한 정보를 제공하고 그것을 이해하며, 교육하고 학습하며, 즐거움을 나누고 설득하고 합의하면서 살아가는 것이다.

한편 의사소통의 기능을 조직적 차원에서 고려해 볼 때 일반적으로 다음과 같은 네 가지 기능을 수행한다.

첫째, 의사소통은 조직구성원의 행동을 통제(control)하는 기능을 한다. 조직에서는 각 구성원들의 의무를 명확히 하고 권한과 책임에 관한 기준을 설정하기 위해 의사소통이 이용된다.

둘째, 의사소통은 개인과 집단에 정보(information)를 전달해 주는 기능을 한다. 의사소통을 통하여 구성원들에게 의사결정의 기준이 제공되고 명령과 지시 등이 수행된다.

셋째, 의사소통은 구성원들의 동기(motivation)를 유발시키는 작용을 한다. 조직은 다양한 목적과 목표를 위한 구성원들 간의 협동과 몰입을 불러일으키기 위해 의사소통을 이용한다.

넷째, 의사소통은 구성원들이 감정과 정서를 표출할 수 있는 기능을 수행한다. 즉 의사소통을 통하여 자신의 감정을 표출하고 다른 사람들과의 교류를 넓혀 나가는 것이다.

2. 의사소통의 유형

의사소통은 크게 공식적 의사소통과 비공식적 의사소통으로 구분되며, 조직이 지닌 특성에 따라 조직의 의사소통의 활성화의 정도에 차이가 난다.

1) 공식적 의사소통

공식적 의사소통(formal communication)이란 사전에 공식적으로 정해진 경로를 통해 조직 내에서 의사소통을 해야 할 인물들이 이미 결정되어 있는 경우를 말한다. 따라서 공식적 의사소통의 경로는 기본적으로 권한이나 책임·의무에 의해 짜여진 조직구조에 따라 형성되며, 정보흐름의 방식에 초점을 두게 된다.

하나의 조직은 의사전달의 작용에 의해서 비로소 관리적 권한이 발휘되고 집단의 공동노력이 조직의 계획된 목적달성으로 지향될 수 있다. 결국 의사전달의 체계를 효율적으로 유지한다는 것은 관리의 제1차 과제라고 할 수 있다.

(1) 하향적 의사소통

하향적 의사소통은 조직의 명령 계통에 따라서 위에서 아래로 전달되는 명령이나 지시 등을 포함하는 의사소통을 의미한다.

조직의 상부 층에서 하부로 내려가는 하향적 의사소통, 즉 상의하달은 업무활동상의 관계로 볼 때 직접적인 것과 간접적인 것으로 나누어진다. 전자에는 명령이 있고 후자에는 일반적 통보가 있다.

① 명령

명령이라 함은 지시, 각서, 지령 등과 같은 반드시 명령이라는 명칭이 붙지 않는다 하더라도 어떤 문제에 대하여 상급자가 하급자에게 작위,[1] 부작위[2]를 요구하는

1) 사실은 그렇지 않은데도 그렇게 보이기 위하여 의식적으로 하는 행위

모든 행위를 일괄하는 의미에서 사용된다. 명령은 필요에 따라 구두로 행해질 수도 있고 또한 문서로 행해질 수도 있다.

② **일반적 통보**

조직구성원에게 사실을 주지시키고 그들의 식견을 높이기 위한 목적으로 행해지는 의사전달을 말한다. 이에 속하는 수단으로는 편람(manual), 핸드북(handbook), 게시판, 구내방송, 기관지(또는 사보) 등이 있으며 최근에는 이메일을 통한 사내 인프라 채널도 이에 해당된다.

(2) 상향적 의사소통

조직의 하층에서 상층으로 올라가는 상향적 의사소통에는 보고, 내부결재 및 인간관계의 유지향상을 위하여 행해지는 여러 가지 정보전달, 즉 각종 면담, 직장여론조사, 직장회의, 제안제도, 인사상담 등이 있다.

상향적 의사소통은 조직 활동에 대한 성과보고로부터 내부결재, 인간관계의 유지향상을 위하여 행해지는 여러 가지 정보전달, 즉 각종 면담, 직장여론조사, 직장회의, 제안제도, 인사상담에 이르기까지 매우 광범위하다. 또한 그 내용은 개인적 고민에서부터 조직의 발전을 위한 제안까지 주제와 대상이 매우 다양하다. 따라서 상향적 의사소통은 조직에서 상·하급자간에 쌍방적 의사소통을 가능하게 하고 상의하달의 오류를 시정하는 장점이 있지만, 반대로 여과효과(filtering effect)에 의해 그 정확성이 훼손될 가능성이 있다.

상향식 의사소통의 대표적 제도로는 다음과 같은 것들이 있다.

① **보고**

여러 가지 하의상달 방법 중에서 가장 중요한 위치를 점하고 있다. 즉 명령 또는 권한의 위임에 대응하여 하부계층으로부터 상부계층으로 올라가는 정보의 전달이며, 상사의 의사결정이나 명령 및 조직 활동에 필요한 제반조치가 건전하게 이루어지기 위해서는 보고가 필수적이다.

---

2) 마땅히 해야 할 일을 일부러 하지 않는 것.

② **내부결재 제도(품의제도)**

일반적으로 조직은 업무효율화를 위해 권한은 분산시키지만 의사결정의 집중화를 유지하기 위해 노력하며 이 과정에서 필연적으로 결재제도 또는 품의제도에 의존하여 상·하간의 의사소통을 한다. 한편 품의란 업무상의 의사결정형식의 하나로서 하위자로부터 상위자 또는 하부기관으로부터 상부기관에 문서로 의향을 묻고 사안의 처리에 관한 의사결정을 받는 절차를 말한다.

③ **인간관계적 정보전달**

인간관계적 정보전달이란 인간관계의 관리목적상 행해지는 모든 정보전달을 말하는데, 직장여론조사 또는 실태조사, 개별면담제도, 인사상담제도, 제안제도, 직원회의, 질의함 및 건의함 제도 등이 있다.

(3) 수평적 의사소통

수평적 의사소통이란 조직에서 위계수준이 같은 구성원이나 부서간의 의사소통을 의미하는 것으로 상호작용적 의사소통이라고도 한다. 하향적인 메시지의 흐름이 대개 권위적인 데 비해, 수평흐름에 의한 메시지의 내용은 주로 협력적인 성격을 띠며 그 왜곡의 정도도 덜하다. 즉 대부분의 사람들은 자신의 상사보다는 동료들과 의사소통을 할 때 보다 개방적이고 자유롭게 의사를 전달하는 경향이 있으므로 수평적 의사소통은 구성원과 부서간의 기능을 조정하는 역할을 한다. 구체적인 방법으로는 사전협의제도, 사후통지제도, 회의 또는 위원회제도 등이 포함된다.

① **사전협의제도**

문제를 처리하기에 앞서 그 문제와 관련된 다른 사람의 의견을 물어 보고 또한 필요한 정보를 수집하는 것을 목적으로 하는 제도로서 협조전이 그 한 예이다.

② **사후통지제도**

어떤 결정이 이루어진 후 관계자들에게 통지 또는 주지시키는 것을 목적으로 하는 제도이다. 통보와 회람이 이에 해당된다.

③ **회의 또는 위원회제도**

앞에서 설명한 두 가지 방법은 문서에 의한 의사전달인데 비하어, 회의는 관계자들이 한곳에 모여 앉아 직접 구두에 의한 의사 전달 및 교환을 할 수 있다. 특히 회의는 문제해결이 조직의 여러 부서에 관련되어 있을 경우에 수평적 의사전달을 촉진시킬 수 있다.

2) 비공식적 의사소통

의사소통은 인간욕구의 표현방식이며, 동시에 자연스러운 물 흐름과 같은 속성이 있어 조직도표와 같은 정해진 통로로만 흐르게 할 수 없다. 조직구성원들은 직종과 계급을 넘어서는 인간적 유대, 예컨대 감정적인 친지관계·학연·지연·입사동기 등의 유대를 기반으로 자생적 의사소통을 유지하게 되는데 이러한 비공식적 의사소통 체계 혹은 경로를 흔히 '그레이프바인(grapevine)'이라고 부른다. 오랜 시간동안 그레이프바인을 통해 흐르는 정보의 내용이 루머(rumor)의 형태인 데다가 의사소통과정에서 왜곡의 소지가 많아 관리자들에게는 경시되어 왔다. 즉 악성루머와 같이 비공식 의사소통의 부정적 측면이 강조되어 이를 조직에서 완전히 제거해야 된다고 주장하는 학자들까지 있었다. 그러나 시간이 지날수록 조직을 둘러싼 환경이 급속하게 변화하고 조직구성원이 다양하게 분포되어 그에 대한 대응차원에서 그레이프바인은 조직에서 필연적이고 자연적인 경로로 인정하게 되었다.

비공식적 의사전달은 공식적 의사전달에 비하여 매우 전달속도가 빠르며 융통성을 겸비하고 있다. 따라서 조직관리 목적에 이바지할 수 있는 장점으로서는 ① 관리자로 하여금 일반종업원들의 동태파악을 용이하도록 하며, ② 일반종업원들의 정서적 긴장을 해소하며, ③ 관리층에서 제시하는 형식적이고 권위적인 명령이나 지시를 인간적으로 부드러운 것으로 옮겨 놓는 역할을 하며, ④ 제도적 의사전달체계가 공급하지 못하는 유익한 정보를 전달하는 역할을 한다. 반면에 비공식적 의사전달의 단점은 풍문(rumor)을 유포시킬 가능성을 내포하고 있다는 점과 또한 책임성의 소재가 불분명하다는 것이다. 즉 비공식적 의사전달체계는 정보전달에 있어서 오류를 범한다 하더라도 책임추궁의 대상이 되지 않기 때문에 편의에 따라 마음대로 사실을 왜곡할 수 있다. 조직 내에 있어서 풍문의 주요 발생 원인으로서 ① 진상에 대한 결여, ② 억제된 분위기를 들고 있으며, 알포트(Allport)와 포스트맨(Postman)은 풍문의 유력한 발생요인으로서 역시 사태의 진상의 모호성을 들고 있다. 이들 모호성은 여러 가지 원인에 의해 나타나지만 무엇보다 중요한 것은 사실적 정보의 부적절성, 상호 대치되는 정보, 정보의 불신임 또는 진상의 수락을 기피하거나 또는 불가능하게 하는 심리적 긴장을 들 수 있다.

이렇듯 비공식적 의사소통의 존재는 조직에서 필연적인데, 관리자들은 구성원들에게 적절한 정보를 제공함으로써 풍문의 유포가능성을 단절시킬 수 있을 뿐만 아니라, 즉각적인 반응을 필요로 하는 중요 정보를 위해서는 비공식 의사소통을 통해 효과적으로 수집할 수 있는 이면적 속성이 있음을 인식해야 한다.

3. 의사소통의 효율적 방안

1) 의사소통의 원칙과 과정

(1) 의사소통의 원칙

레드필드(Redfield)는 의사소통의 일반 원칙을 다음과 같이 제시하였다(김규정, 2002; 495).

첫째, 명료성(clarity)의 원칙이다. 이상적인 의사전달은 송신자가 의도하는 바를 말하고, 그가 말하는 의미를 수신자가 정확하게 이해하는 것이다. 따라서 간결한 문장과 쉬운 용어를 사용해야 하며, 의사전달 내용의 구조가 체계화되어 있어야 하고, 또한 내용 표현에 있어서도 각 어구의 정확성을 기하여야 한다. 그리고 그 내용이 과거와 현재 또는 과거와 과거 및 현재와 현재 간에 비교가 가능하도록 일관되게 나열되어야 한다.

둘째, 일관성(consistency)의 원칙이다. 의사전달은 일관성이 있어야 한다. 즉 처음의 의미와 나중의 의미가 모순되어서는 안 된다. 그리고 조직에서는 그 의미가 가능한 한 조직의 목표와 부합되는 것이라야 한다.

셋째, 적기 적시성(timing and timeliness)의 원칙이다. 의사전달은 너무 이르거나 너무 늦어서는 안 되며 알맞은 시기를 택하여 행하여야 한다.

넷째, 분포성(distribution)의 원칙이다. 의사전달은 송신자로부터 명확하게 수신자에게 전하여야 한다. 전달되지 않은 의사전달이나 다른 사람에게 전달된 정보는 의미가 없거나 행동 혼란을 야기할 뿐이다. 그러므로 수신자가 누가 될 것인가를 확실히 정하며 사용할 전달 수단도 적절하게 선택해야 한다.

다섯째, 적당성(eduquancy)의 원칙이다. 의사 전달은 적정량을 기하여야 하며 너무 많은 경우나 너무 적은 경우에는 수신자의 이해를 방해한다.

여섯째, 적응성(adaptability)과 통일성(uniformity)의 원칙이다. 적응성이란 의사전달의 융통성, 개별성, 현실합치성 등을 말하며, 통일성이란 각 의사 전달이 전체로써 통일된 정책의 표현이 되게 하는 것이다. 관리자는 이 적응성과 통일성을 잘 조화시키기에 노력하여야 한다.

일곱째, 관심(interest)과 수용(acceptance)의 원칙이다. 의사 전달은 수신자가 관심과 그것을 받아들일 수 있는 가능성이 있는 때에 비로소 능률적으로 이루어질 수 있다. 어떠한 의사 전달이든 간에 적극적으로 반응을 얻는 데 그 목적이 있는 것이다.

(2) 의사소통 과정

의사소통이 성립하기 위해서는 어떠한 의미나 의도를 전달하는 송신자(발신자, sender)와 그것을 받아들이는 수신자(receiver) 그리고 그들 사이의 소통을 전달하는 심벌(기호, symbol) 등 기본적 요소가 충족되어야 한다.

과정 (process)으로서의 의사소통은 다음과 같은 속성들을 지니고 있다. 첫째로 송신자(송신자)와 수신자(수용자/피송신자)간에 매체 및 의사소통 채널을 통해 메시지가 전달되고 피드백되는 동태적(dynamic)이며 상호 교환적(transactional)인 과정이고, 둘째로 의사소통의 참여자들이 자신들이 필요로 하는 정보·의미·감정을 공유하려고 참가하는 목적의식적(purposeful)인 과정이며, 셋째로 의사소통은 의사소통 당사자간의 관계의 성격을 나타내주는 관계적 차원과 교환되는 메시지의 내용적 차원으로 나누어 볼 수 있는 다차원적(multi-dimensional)인 과정이고, 넷째로 "엎질러진 물은 다시 주워 담을 수가 없다"는 말과 같이 한번 이루어진 의사소통은 돌이킬 수가 없는(irreversible) 과정이라는 점이다.

의사소통이 메시지를 주고받는 송신자와 수신자의 상호 작용적 과정이라는 시각에서 살펴보면 다음과 같이 구체적으로 설명된다.

① 송신자 측면

송신자(communicator/sender)란 정보원이라고도 하는데 의사소통 과정에서 정보를 전달하는 사람이다. 송신자는 정보를 가장 효과적으로 전달할 수 있다고 생각하는 매체를 선택하여 메시지를 수신자에게 전달한다.

의사소통은 생각이나 의도 또는 아이디어를 가지고 있는 송신자에 의해서 시작되며, 송신자가 시도하는 메시지는 수신자가 이해할 수 있도록 해독되어지게 된다. 사람들은 보통 메시지를 일반 언어로 기호화하는 것으로 생각하지만, 사실상 기호화의 방법은 다양하다. 예를 들어 생각이나 의도를 컴퓨터로 언어 또는 그림으로 표현한다거나, 혹은 몸짓, 표정을 사용한다거나 하는 것 등이 있다. 이러한 전달과정에 영향을 미치는 송신자의 요인으로는 메시지의 명확화 능력, 전달능력, 신뢰성, 개인적 특성 등을 들 수 있다.

② 수신자 측면

수신자 또는 수용자(communicatee/receiver)란 송신자에 의해 전달되는 메시지나 정보를 수신하는 사람을 말한다. 효과적인 의사소통이 이루어지려면 수신자는 먼저 메시지를 수용할 수 있도록 사전에 준비된 자세를 갖추고 있어야 한다.

정확한 의사소통이 이루어지려면 송신자와 수신자가 다 같이 기호에 대해서 동일한 또는 적어도 유사한 의미를 부여할 경우에만 가능하다. 송신자가 메시지의 수신자에게는 생소한 기술적 또는 전문적 용어를 사용하는 경우가 흔히 있는데, 이러한 경우 수신자는 메시지를 완전히 이해할 수 없기 때문에 의사소통상 장애요인이 된다. 특히 외부에 대해 폐쇄적인 사람들은 메시지의 정보가 자신의 가치체계에 반하는 것인 경우에는 메시지를 더욱 이해하지 못하는 경향이 있다.

메시지나 정보가 수신자에게 정확하게 전달되는가의 문제는 송신자뿐만 아니라 수신자에 의해서도 영향을 받는다. 의사소통과정에 영향을 미치는 수신자의 요인으로 이해력, 인지구조, 청취태도, 피드백 능력 등을 들 수 있다.

③ 의사소통상황 측면

의사소통상황이란 송신자와 수신자 사이에 의사소통이 이루어지는 과정에 영향을 미치는 주변여건을 말한다. 의사소통에 직·간접으로 영향을 미치는 상황요인으로는 전달경로의 특성, 의사소통의 운영방식, 사회적 영향을 들 수 있다.

첫째, 전달경로의 특성으로, 전달경로란 메시지나 정보가 송신자로부터 수신자로 흐르는 의사소통통로를 말한다. 새로운 메시지를 조직 내 모든 구성원들에게 침투시키고 확산시키는 의사소통과정은 직접 대면하는 방법과 문서, 상징물, 시청각, 인쇄물 등의 간접적인 매체를 이용하는 방법 등이 포함될 수 있다.

둘째, 의사소통 운영방식은 조직에서 의사소통이 상향적인가 하향적인가, 일방적인가 쌍방적인가, 집권적인가 분권적인가 하는 의사소통의 관행이나 관리방식을 말한다. 이에 대한 대표적인 예는 분권화된 조직의 의사소통방식과 집중화된 조직의 의사소통방식을 들 수 있다. 조직이 분권화되어 있는 경우에는 집단구성원이 의사소통과정에 더욱 몰입함으로써 조직 내 집단의사소통의 질을 개선하는 것이 더 용이하고, 집중화된 조직에서는 의사소통의 동일성이 높게 나타난다.

셋째, 사회적 영향으로, 사회적 영향(social influence)이란 의사소통과정을 둘러싼 사회적·정치적, 문화적인 상황을 말한다. 의사소통이 어떤 진공상태에서 이루어지고 있는 것이 아니라 사회적 상황에 의해 영향을 받기 때문에 의사소통을 하는 과정에서 사회적 영향요인들에게 의해 의도나 주장이 영향을 받기도 한다.

2) 의사소통의 장애요인

(1) 의사소통에 대한 오해와 편견

일반적으로 갖고 있는 의사소통에 대한 오해에 대해서 잘 알고 있어야 의사소통의 의미를 좀더 분명히 알 수 있고, 불필요한 오해로 인한 갈등도 피할 수 있다.

첫째, "의사소통이란 단순히 우리가 어떤 말을 하는 것이다"라는 오해로서, 송신자가 어떤 말을 하여 수신자에게 메시지를 전달한다고 해도 송신자의 메시지가 그의 의도대로 수신자에게 정확하게 전달된다는 보장이 없다. 그러므로 의사소통이란 송신자의 메시지가 수신자에게 정확하게 전달되고 이해되어야 하는 과정이라고 볼 수 있다.

둘째, "의사소통은 많이 할수록 좋다"라는 오해로서, 때때로 과도한 의사소통은 비생산적일 때가 있다. 어떤 문제에 대해서 너무 많은 이야기를 하면 할수록 부정적인 결과가 초래될 확률이 커지게 되는 것이 역시 의사소통의 특성이다.

셋째, "의사소통은 모든 문제를 해결할 것이다"라는 오해인데, 의사소통을 잘 한다고 해도 문제가 해결되지 않을 수 있다. 실제로 분명한 의사소통이 오히려 문제를 일으킬 수 있다. 따라서 솔직한 자기노출을 통한 의사소통을 했다 하더라도 그것이 항상 모든 상황에서 도움이 되는 것이 아니라는 사실을 깨달을 필요가 있다.

넷째, "의사소통은 자연적인 능력이다"라는 오해로서, 흔히 의사소통능력은 저절로 발달하는 자연적인 것이라고 생각하는 경향이 있다. 그래서 의사소통을 잘하려는 노력을 하거나 의사소통기술에 대한 관심을 보이지 않는 경우가 많은데, 실제로 의사소통은 교육과 훈련을 거침으로써 더욱 효과적으로 증진될 수 있다는 사실을 알 필요가 있다.

(2) 의사소통 구성요인의 경우

일반적으로 개인의 의사소통 능력, 조직 구성원의 지위와 역할, 조직문화, 조직구조요인 등으로 인하여 의사소통에는 항상 장애요인이 발생하곤 한다. 특히 의사소통 과정의 장애요인은 의사소통과정의 구성요소라고 볼 수 있는 송신자, 수신자, 기호화 및 전달경로(channel) 등에 대한 장애요인이라고 할 수 있다. 효과적인 의사소통을 방해하는 장애요인은 대체로 다음과 같이 설명할 수 있다.

① 사용하는 언어선정의 문제이다. 송신자가 애매한 말을 사용하거나 수신자에게 생소한 전문적 용어를 사용할 경우 언어의 부적절한 사용으로 인한 해석의 오류를 낳는 것을 말한다.

② 의사소통의 분위기이다. 말을 표현하는 의미는 송신자의 태도, 어조, 표정과 말하는 때와 장소에 따라 달라진다. 이러한 의미의 가감은 전달하고자 하는

메시지를 왜곡하거나 오해를 야기시킨다.

③ 개인별로 가치관이 서로 다르기 때문이다. 송신자는 동일한 내용을 전달했다 하더라도 수신자의 심적 태도나 가치관에 따라 그것이 상이한 내용으로 전달된다. 즉 준거체제의 차이가 의사소통의 장애요인이 되는 것이다.

④ 선입관에 의한 왜곡이다. 사람들은 흔히 송신자나 어느 사건에 대한 선입관 때문에 정보의 진실한 내용을 왜곡하는 경향이 많다. 예컨대 어느 직장에서 감원이 있을 것이라는 풍문이 떠도는 중에 '업무간소화 계획'이 발표된다면 그것이 곧 감원을 위한 전주곡으로 해석되는 것이다.

⑤ 정보의 간소화 경향이다. 사람들은 일반적으로 복잡한 것을 간소화하고 균형이 잡히지 않은 불규칙적인 자극은 균형이 잡힌 것으로 보고자 하는 심리적 경향이 있다. 이러한 현상을 간소화의 법칙이라 한다. 즉 전달된 내용의 의미가 전체 혹은 일부가 불명료하여 듣는 사람이 완전히 이해하지 못하는 경우 말의 내용이 임의로 재구성되어 버리는 경향이 있다. 그리고 의사소통의 내용이 너무 복잡한 경우에는 그것이 그대로 상대방에게 전달되지 않고 간소화되어 버리는 습성을 지니고 있다.

⑥ 정보의 독점 및 누락이다. 정보의 독점인 경우를 보면 개인은 조직 구성원 모두가 공유해도 좋은 정보를 혼자 독점함으로써 타인에 대하여 통제력을 행사하는 목적으로 사용하려는 의도를 지니고 있을 때 발생한다. 누락은 송신자가 의도한 메시지의 일부만이 수신자에게 전달되는 의미로서, 송신자가 고의로 의사소통의 내용을 여과(filtering)하거나 송신자가 메시지를 파악하지 못하도록 함으로써 불충분한 정보를 수신자에게 전달할 때 발생한다. 그리고 고의가 없더라도 조직의 경우에는 계층이나 직급의 수가 많을 경우 의사소통단계가 길어지게 되면서 불가피하게 누락되는 현상이 발생한다.

⑦ 정보의 과부하나 의식적 제한이다. 과부하란 메시지의 흐름이 그 체제의 처리용량을 초과하여 유입되는 상황을 나타내는 평가적 용어이다. 많은 정보량에 관심을 두다 보면 적절한 조치를 강구해야 할 중요 내용을 가려내지 못하거나 합리적인 의사결정을 못할 때가 많다. 한편 정보의 의식적 제한은 각종 보안제도를 말한다. 너무 지나친 비밀주의는 의사소통의 장애를 가져올 수 있다.

⑧ 평가적 경향이다. 수신자가 발신자로부터 메시지를 전부 받기 이전에 그 메시지의 전반적인 가치를 평가해 버리는 경향을 의미한다. 이러한 경향은 발신자에 대한 평소의 태도나 과거 경험 등에 근거하는 것이다.

(3) 의사소통 유형별 경우

조직의 권력집중 정도나 조직문화, 권한 행사의 정도 등에 따라 공식적 조직, 비공식적 조직 모두 의사소통의 흐름에 대해서는 몇 가지 문제가 있다.

① 조직 내부의 권한에 따른 하향적 의사소통의 경우이다. 하향적 의사소통은 상급자로부터 업무상의 지시·명령이 중심을 이루고 있고, 그 지시나 명령이 하급자에게는 업무를 수행하는 메시지로 이해된다. 이 과정에서 가장 이상적인 것은 업무를 수행할 하급자들의 자발적인 협력을 확보하기 위해서 상급자가 그 조직의 업무 동향이나 명령·지시의 근거 내지 이유 등에 대해 충분하게 설명을 하는 것이 필요하다. 그러나 상급자가 충분한 설명 없이 권위적이고 공식적이며 권력적 성격에 기반을 두고 일방적으로 지시하거나 명령을 내릴 경우 하급자는 심리적 위압감을 지니면서 무조건 수행해야 하는 일방적인 특성을 지닐 수 있다. 이때 하위직 입장에 있는 개인 혹은 집단은 의사소통 과정에서 명령을 받는 입장이기는 하지만 감정을 가진 인격체이므로 그들의 감정은 연령, 성별, 개인적 사정, 직무상의 지위 및 비공식적 지위에 따라 오해가 발생될 가능성이 있어 수동적으로 대처하려고 하는 경향을 보인다. 따라서 설득 기술이 동시에 활용되어야 한다. 대규모 조직인 경우 상층부는 현장에서 활용하고 있는 구성원과 직접적으로 접할 기회를 갖지 못하는 경우가 많다. 따라서 중간관리자가 조직의 하위에 있는 구성원들의 감정을 잘 이해한 후 상층부의 의사를 전달한다면 조직 구성원의 지지와 공감을 얻을 수 있다.

② 상향 의사소통의 경우이다. 이 경우는 직급이 낮은 계열에 위치한 하급자가 단순한 업무보고의 수준에 그치지 않고 제안방식을 통해 의견을 개진하거나 자신의 주장을 표명한다면 조직은 효과적인 의사소통을 하고 있는 것이다. 더욱이 제안 제도를 조직적으로 제도화하고 상사와 부하간의 조직 문제에 대해 자유로이 의사를 교환하고 간담회를 갖는다면 상향적 의사소통의 활성화를

유도할 수 있다. 그러나 이를 저해하는 요소로는 상급자의 태도나 조직문화, 하급자의 성격이나 성향, 조직 내에 존재하는 심리적 장벽, 신뢰 정도 등이 영향을 미친다. 따라서 이와 같은 부작용을 막기 위하여 상급자들이 하급자를 인정하고 그들의 감정을 소중히 고려하는 것이 중요하다. 이때 상대방의 감정을 파악하기 위해서는 경청(적극적 경청)이 필요하므로 상급자나 관리자는 항상 말을 하는 것보다 듣는 것이 중요하다. 즉 먼저 말을 들음으로써 개인이나 집단의 감정과 그 정황을 이해한 다음 구성원의 신뢰와 협력을 얻기 위해 상대에게 요청하는 방식을 사용해야 한다.

③ 수평적 의사소통에 있어서 동료간, 부문간에 이기주의적 사고방식과 부서 우선주의 등의 요소가 제거되고 의사 교환이나 자유로운 토의가 보장된다면 상호 이해를 깊게 하는 아주 유효한 의사소통이 될 수 있다. 그러나 이 경우에도 부서간 이기주의나 상호경쟁의 조직문화, 불신을 유발하는 조직운영의 대립 분위기 등이 제약요인으로 나타나고 있다.

3) 효과적인 의사소통 방안

Skidmore(1990; 164-165)는 의사소통의 중요성으로 효율성과 효과성, 그리고 사기를 제시하였는데, 클라이언트와의 신뢰를 바탕으로 휴먼서비스를 제공하는 사회복지행정의 경우에는 효율성과 효과성을 확보하는 것이 중요하다.

첫째, 효과성(effectiveness)이다. 사회복지조직에 있어서 서비스를 효과적으로 전달하기 위해서는 직원 상호간에 의사소통이 원활하게 이루어져야 한다. 만약 조직 구성원 상호간에 올바른 의사소통이 이루어지지 않는다면 목표 달성을 위한 건전한 정책이 수립될 수 없으며, 구성원 상호간에 사고와 생각, 의견과 감정을 서로 나눌 수 없기 때문에 바람직한 의사결정이 이루어질 수 없다.

둘째, 효율성(efficiency)이다. 효율성은 직원 상호간에 개방적으로 의사소통을 함으로써 기대하는 성과를 이루는 것이다. 구성원들이 절차, 방법, 사례, 정책, 목표, 그리고 자신들의 열망에 대해서 생각하고 느끼는 것을 서로 공유하여 추구하는 방향으로 일관되게 행동하거나 의지를 집약함으로써 소기의 목적을 달성하는 것이다.

따라서 조직에서는 효과성을 확보하기 위해서는 구성원 상호간에 생각과 감정을 서로 공유하는 것이 초점이다.

이를 위해서는 쌍방적 의사소통(two-way communication)의 확보와 효과적인 정책을 결정하고 건전한 의사결정을 내릴 수 있는 분위기 조성이 급선무이다. 가능한 의사소통의 장애를 최대한 줄일 때 그 효과성과 정확성을 증대시킬 수 있다. 의사소통의 과정에서 발생되는 장애를 극복하기 위한 여러 가지 방법 중에서 대표적인 것을 살펴본다.

(1) 조직 구성원의 관계 개선

조직 내 상·하 계층간에 심리적 장벽을 제거하고 인간관계를 개선하고 조직 내 구성원 사이에 의사소통이 원활하게 이루어질 수 있도록 관리하는 것이 필요하다.

첫째, 권위적인 행태를 개선하고, 구성원들이 민주적인 분위기에서 자유스럽게 의사표시를 할 수 있는 분위기를 조성한다.

둘째, 상호간에 열린 사고와 생각을 지니고 서로에게 다가서려는 의지를 지녀야 한다. 특히 하급자들이 상급자들에게 접근하기 용이하도록 상급자들이 먼저 다가서는 의도적인 프로그램을 운영해야 한다.

셋째, 적절한 언어를 사용해야 한다. 송신자는 정보를 선택해 공통의 상징체계(언어, 문자 등)로 변환시켜야 한다. 가능한 상호간에 가장 잘 이해하고 해석할 수 있는 방법을 사용해야 한다. 또한 의사소통을 할 때 송신자는 언어적 정보와 비언어적 정보를 동등하게 사용하여 수신자의 이해를 도와야 한다.

(2) 의사소통 체계의 확립

조직의 의사소통 체계가 효과적으로 기능하는 데 필수적인 원리는 다음과 같다(최성재·남기민, 1993 : 강용규 외, 2007; 118-119).

첫째, 의사소통의 통로는 공식적으로 명시되고 명확하게 모든 구성원들에게 알려져야 한다.

둘째, 조직의 모든 구성원에게 명확한 공식적 의사소통의 통로가 있어야 한다. 모든 사람은 하의상달과 상의하달의 소통체계가 갖추어져 있어야 한다.

셋째, 안정적인 의사소통의 계선(line of communication)이 사용되어야 한다. 한

곳에서 다른 곳으로의 의사소통이 진행될 때 권한이 계선상의 모든 지점을 따라 통과되어야 한다. 이는 권한의 계통에 어떤 누락이나 의도적 회피가 있을 경우 발생할지도 모르는 의사소통의 갈등을 피하고 책임을 유지하기 위해서 필요하다.

넷째, 의사소통의 계선은 계선 손실(line loss)을 최소화하기 위해 가능한 한 직접적이고 간결해야만 한다. 의사소통의 계선이 간결할수록 의사소통의 속도는 빠르고 오류가 발생할 확률은 감소한다.

다섯째, 의사소통의 계선은 항상 유지되어야 한다. 그렇지 않으면 필요한 정보는 적절한 시점에 그것을 필요로 하는 사람들에게 도달되지 못할 위험성이 있다. 만일 위급사항이 발생되었을 때 평상시에 의사소통상의 계선 관리를 하지 않아 공식적 의사소통의 계선이 파괴되면 조직은 급속히 혼란에 빠져들 수 있다.

여섯째, 모든 필요한 의사소통은 적절히 통제되어야 한다. 의사소통 계통상에서 직위를 갖고 있는 직원은 들어오는 정보를 평가하고 그 정보를 보류해야 할지 보내야 할지 여부를 결정하고 보낼 필요가 있는 정보는 정확히 전달해야 하므로 관련 지식과 적절한 의사소통 기술을 갖고 있어야 한다.

(3) 의사소통 기술의 향상

효과적인 의사소통을 위해서는 우선 의사소통의 인간화가 전제되어야 하는데, 이를 위해서는 구성원들 간에 상호 신뢰하는 분위기 조성, 상대방을 존중하는 경청(감정이입적 청취 혹은 역지사지적 청취) 기술의 확보가 요구된다. 따라서 다음과 같은 방법들이 사용되어져야 한다.

① 의사소통은 수신자의 눈높이 수준에서 이루어져야 한다.

② 송신자는 말하기 전에 자기 생각을 명료하게 정리해야 한다.

③ 의사소통의 참된 목표가 무엇인지 확실히 해야 한다.

④ 의사소통의 기본 내용뿐만 아니라 환경, 배경 등 기타 부수효과에 대해서도 배려해야 한다.

⑤ 의사소통은 일관성이 있어야 한다. 즉 처음과 나중의 메시지가 서로 상충되어서는 안 된다.

⑥ 의사소통은 적정해야 한다. 메시지가 너무 많거나 너무 적은 경우에는 수용자

의 이해를 방해한다.

⑦ 의사소통을 너무 빠르게 하거나 너무 더디게 해서도 안 되며 시의적절하게 행해져야 한다.

⑧ 전달자(화자)는 수신자의 관심을 넓히고 그로 하여금 메시지를 받아들일 수 있도록 수용성을 넓혀야 한다.

⑨ 전달자는 의사소통을 지원하는 행동을 해야 한다.

⑩ 전달자는 듣는 사람을 납득시키려 할 뿐만 아니라, 그를 이해하려고 하는 좋은 수신자가 되어야 한다.

참고문헌

김규정, 『행정학원론』, 법문사, 2002.

Hasenfeld, 성규탁 역, 『사회복지행정조직론』, 법문사, 1983.

이창원 · 최창현, 『조직론』, 대영문화사, 1996.

지은구, 『사회복지행정론』, 청목출판사, 2005.

최성재 · 남기민, 『사회복지행정론』, 나남출판, 1993.

최창호, 『새행정학』, 삼영사, 2002.

Fulmer, R. M., *The New Management*(4th ed.). NY : Macmillan Publishing Co., 1988.

Hasenfeld, Y., *The nature of human service organization*. In Hasenfeld, Y. (Ed). 1992. *Human Service as complex organization*. Newburry Park : Sage Publication, 1992.

Lohmann, R. A. and Lohmann, N., *Social administration*. New York : Columbia University Press, 2002.

Lishman, J., *Communication in social work*. London : Macmillan, 1995.

Skidmore, R. A., *Social Work Administration : Dynamic Management and Human Relationships*(2nd ed.). Englewood Cliffs. N.J. : Prentice-Hall, 1990.

Skidmore, R. A., *Social Work Administration : Dynamic Management and Human Relations*. Boston : Allyn and Bacon, 1995.

제 8 장 사회복지조직

조직은 유기체이다. 조직은 인적자원과 물적 자원을 합리적으로 배분하여 조직이 존재하는 목적을 달성하기 위하여 지속적으로 변화하면서 활동을 하는 생명체이다. 사회복지조직 역시 사회복지가 추구하는 목표를 달성하기 위하여 지속적으로 합리적인 활동을 통해 역할을 수행한다.

조직 연구는 여러 가지 시각에서 이해할 수 있지만, 본 장에서는 사회복지조직이 지닌 특성을 고려해서 조직 특성과 구조 및 기술, 그리고 환경에 따른 변화 등을 검토하도록 한다.

1. 사회복지조직의 의의

1) 조직의 정의

대부분의 사람들은 자신의 인생과정에서 의식적이든 또는 무의식적이든 조직과 밀접한 관계를 지닌다. 즉 혼자만의 독자적인 방식으로 세상을 살고 있는 것 같지만 결과적으로 조직과 연계된 밀접한 관계를 지니면서 생활한다. 인간사회에서 인간과 조직은 상호 밀접한 관계를 지니고 있다.

조직(organization)은 기존 사회적 형태와는 다르게 공통적으로 무엇인가를 지니고 있다. 조직이란 "일정한 목표를 달성하기 위해 형성된 분업과 통합의 활동체계를 갖춘 사회적 단위"라고 정의한다. 또는 "인간의 집합체로서 일정한 목표를 달성하기 위하여 의식적으로 구성한 사회적 체계"라고 정의한다. Weber는 "특정한 목적을 가지고 그 목적달성을 위해 구성원간에 상호작용 하는 인간들의 협동집단"이라고 정의했으며, Etzioni는 "특정한 목표를 추구하기 위하여 의도적으로 구성되고 다시 재구성하는 사회적 단위"를 조직으로 정의하고 있다. 즉, 목표나 과업을 달성하기 위해 집합적이고 공동적인 노력을 필요로 하는 경우 여러 사람들의 활동을 조정하고 통합하며 공동의 목표에 기여하도록 유인하는 체계를 조직이라 한다.

결과적으로 조직이 지닌 개념적 특성을 통해 조직의 요건을 살펴보면 다음과 같은 특성을 지녀야 한다.

① 구성원 모두가 지향하는 공동의 목표를 지녀야 한다.

② 체계적인 구조와 구성원 상호간의 상호작용이 필요하다. 분업과 통합의 합리적인 활동체계를 수행할 수 있는 조직 내 구조와 과정이 포함되어야 한다.

③ 사회적 단위로서의 집단적 성격을 지녀야 한다.

④ 일정한 경계를 지녀야 한다.

⑤ 환경과 상호작용하며 적응해야 한다.

2) 조직화의 필요성

무슨 연유로 사람들은 생활 속에서 조직화(organizing)를 추구하려고 하는 것인가? 토플러(Toffler)는 조직사회의 출현을 강조했으며, 프레스터스(Presthus)는 현대사회는 조직사회(organization society)라고 표현하였다. 그렇다면 조직화를 하려는 의도는 무엇인가 ?

여러 가지 이유가 있겠지만, 무엇보다 사람이 어떤 목표를 달성하기 위해 조직을 만들고 그 조직 속에서 활동하는 방법이 다른 어떤 방법보다도 효과적이기 때문이다. 즉 스스로 모든 것을 해결하는 것이 실제 효과적일 수 있지만, 조직을 만들고 그 속에서 활동하는 것이 효과적이고 능률적인 것이라는 것을 알기 때문이다. 특히 현대사회를 둘러싼 환경조건이 질서와 무질서의 반복과 연속적 상황임을 고려해 볼 때 주어진 상황을 보다 확실하게 계획하고 통제하기 위해서는 개인의 힘보다는 조직의 힘을 통해 운영하는 것이 목표달성과 성과확보에 도움을 준다고 판단하기 때문이다.

사회복지조직의 경우 사회복지서비스를 클라이언트에게 제공하는데 조직이 필요한 것인가? 지은구(2007: 21)는 사회복지조직화의 필요성에 대한 당위성을 여섯 가지로 제시하고 있다.

① 사회복지 주체들의 분업이 필요했기 때문이다. 사회복지 주체인 클라이언트, 사회복지사, 그리고 후원자들이 사회복지서비스를 전달하고 받는 과정에서 상호간의 역할에 따라 효과적이고 효율적으로 공조하며 분업을 하게 되면 사회복지서비스 전달을 통해 기대하는 성과를 기대할 수 있다는 것이다.

② 역사적으로 볼 때 산업사회로 이전하면서 사회문제가 발생되고 이에 따라 사회복지에 대한 필요성이 대두되어 자선사업이나 구호활동을 통해 이를 해결하고자 시도하였으며, 이 과정에서 개인적 차원의 활동보다는 조직적 차원에서 통제와 대응을 통해 진행한 결과 효과적으로 사회문제 해결에 도움을 주었다는 점을 제시하고 있다.

③ 사회복지서비스 제공을 경제적 관점에서 해석 할 경우 조직화를 하게 되면 거래비용 절감이 기대되기 때문이다. 이는 Coase의 이론에 기초하여 응용한 경우로서 후원자 집단과 사회복지조직, 그리고 클라이언트 간의 관계에서 상호간에 조직이라는 매개체를 사용하게 된다면 궁극적으로 집단이 기대하는 목표를 달성하면서도 시간과 자금을 절약하게 되어 거래비용이 절감되는 효과를 얻게 된다는 것이다.

④ 정치적인 효과를 얻는데 조직화가 도움이 된다는 점이다. 조직화의 배경들은 주로 사회복지조직을 구성하는 활동에 대하여 무관심이나 반대에 직면하게 되는 경우나 또는 지원을 위해 협조를 필요로 하는 힘을 요구받을 경우에 나타나게 되는 것이다. 따라서 이와 같은 요구들을 해결할 수 있는 여건이나 분위기 조성을 위해서는 정치적 요소를 고려하는 것이 필요하기 때문이며 조직화를 통해 정치화하는 것이 용이하다는 것이다.

⑤ 직무와 관련된 경우 기술을 확보하는데 도움을 준다. 조직목적을 달성하고 역할을 수행하는데 관련기술이나 정보를 필요로 하는데 조직화를 통하면 보다 효과적으로 이를 지원받거나 또는 공유하기가 수월하다.

⑥ 집단의 정보 불균형을 극복하는 수단이 되기 때문이다. 집단들이 지닌 자신들의 목적달성을 해결하는데 필요한 정보를 필수적으로 확보해야 하지만 현실적으로 이를 완전하게 확보하는 경우가 힘들다. 예를 들어 후원집단의 경우 클라이언트가 어디에 있는지 어떤 방식으로 지원해야 하는지에 대하여 충분한 정보를 지니지 못하고 있다면 후원조직의 목적을 달성하기가 힘들다. 이때 사회복지조직의 지원을 얻을 수 있다면 효과적으로 집단의 목적 달성이 가능하다. 각 집단이 지닌 목적을 수행하는데 정보가 필요하지만 그 정보가 모든 조직에서 필요로 하는 것이 아니기 때문에 상호간의 조직화를 통해서 정보를 공유하는 경우 효과적으로 문제를 해결할 수 있다.

3) 사회복지조직의 성격

조직의 성격을 이해하기 위해서는 조직이 추구하는 목적과 그에 따른 특성을 고려해야 한다.

일반적으로 조직을 이해하는 대표적 접근법이 조직유형연구로써 여러 학자들의 유형분류에 따르면 Hall은 영리조직과 비영리조직을, Blau & Scott는 수혜자를 중심으로 호혜적 조직, 기업조직, 서비스조직, 공익조직으로 구분하였고, Mintzberg는 구조화를 기준으로 단순, 기계적, 전문적, 복합적, 애드호크러시(adhocracy)로 구분하였다.

(1) Etzioni의 권력과 복종의 형태에 따른 조직유형

Etzioni는 조직 분류 기준으로 복종(compliance)을 기준으로 조직의 개인에 대한 권력(power)과 개인의 조직에 대한 몰입(involvement)을 기준으로 조직을 분류하였다.

① **권력**

권력이란 어떤 사람이 자기의 지시를 나른 사람이 따르게 할 수 있는 능력을 의미한다. Etzioni는 크게 세 가지로 구분했는데, 강압적 권력, 공리적 권력, 규범적 권력이다. 첫째, 강압적 권력이란 본능적 욕구를 제한하는 것을 목적으로 영향력을 행사하는 권력을 뜻한다. 둘째, 공리적 권력이란 물질적 보상을 기초로 영향력을 행사하는 권력을 의미한다. 셋째, 규범적 권력은 위신, 존경, 권위 등의 규범적 수단을 기초로 영향력을 행사하는 권력이다.

조직에서는 이들 권력들이 동시에 공존하지만 목적에 따라 각기 다르게 작용되며, 한 부분이 강조되면 상대적으로 다른 권력이 약화되는 상대적 비율을 지닌다.

② **몰입**

조직구성원이 조직목표에 대하여 긍정적이고 적극적으로 일체감을 지니며 달성하려는 의지나 태도를 몰입이라고 한다. Etzioni는 세 가지로 몰입을 구분하였다. 첫째, 소외적 몰입으로서 구성원들이 조직목표에 상당히 부정적 태도를 보이며 수동적으로 임하는 특성을 지닌다. 둘째, 계산적 몰입으로서 구성원들은 조직목표에 대하여 중립적 태도를 보인다. 셋째, 도덕적 몰입으로서 구성원들은 조직목표에 적극적인 관심을 보이고 긍정적인 태도를 임하는 성향을 지니고 있다.

Etzioni는 권력과 몰입을 상호 연계시키면 양자가 매우 복합적으로 부합되는 조직특성이 나타난다고 보고 있다. 이를 기초로 살펴보면 다음과 같다.

㉠ 강압적 조직이다. 강압적 권력과 소외적 몰입이 결합된 경우로서, 강제수용소, 교도소, 정신병원 등이 해당되며, 이들 조직은 조직구성원이 고도의 억압이나 구속을 느끼고 본인의 의지와 관계없이 형성되며 통제 받는 조직의 특성을 띠는 조직이다.

㉡ 공리적 조직이다. 공리적 권력과 계산적 몰입이 결합된 경우로서, 사기업이나 이익집단이 이에 해당되며, 이들 조직 구성원은 자신의 판단과 의지에 따라 이익이 되거나 도움이 될 때 행동하며 철저한 보상에 기초한 행동을 한다.

㉢ 도덕적 조직이다. 규범적 권력과 도덕적 몰입이 결합된 경우로서, 조직구성원이 조직에 헌신적이고 사명감을 지니며 스스로의 통제와 헌신을 통해 조직에

기여하고자 하는 행동을 보이는 조직특성이 있고, 정치조직, 종교조직, 대학조직, 사회복지조직 등이 이에 해당된다.

(2) Hasenfeld의 클라이언트의 상태와 조직기술에 따른 조직유형

Hasenfeld는 사회복지조직은 인간을 대상으로 한다는 점에 기초하여 클라이언트의 상태와 사회복지조직이 사용하는 기술이 무엇인가를 기준으로 클라이언트와 조직 기술에 따라 사회복지조직의 특성을 분류하였다(성규탁 역, 1985; 5-11).

우선 서비스 대상인 클라이언트의 유형을 정상기능(normal functioning)과 비정상기능(malfunctioning)으로 구분하고, 클라이언트를 변화시키기 위하여 사용하는 절차나 기술을 분류(processing), 유지(sustaining), 변화(changing)로 나누어 사회복지조직의 특성을 분류하였다.

① 인간분류기술(people-processing technology)

클라이언트의 개인적 속성을 변화시키지 않고 오히려 다른 사회적 집단으로부터 바람직한 반응을 야기하는 사회적 분류(label)와 공식적인 지위부여를 함으로써 클라이언트의 변화를 시도하는 것을 말한다. 예를 들면, 정신질환자, 암환자, 대학생과 같이 클라이언트를 식별하고 분류하여 미리 예정된 방법을 통해 변화를 시도하는 것이다.

② 인간유지기술((people-sustaining technology)

클라이언트의 개인적인 상태의 악화, 약화, 퇴보를 예방하고 현 상태로 완화시키거나 유지하도록 시도하는 기술이다. 예를 들면, 노인의 요양보호, 생계유지를 위한 경제적 지원 프로그램 등이 이에 해당된다. 이 기술은 인간분류기술과 동일하게 개인적 속성을 변화시키려는 적극적인 기술을 사용하지는 않는다.

③ 인간변화기술(people-changing technology)

클라이언트의 복지를 증진시키려는 목적으로 개인적 속성에 직접 변화를 주려는 기술로서 심리치료나 사회심리적 상담, 의학적 치료 등이 그 예에 해당된다. 이를 정리하면 〈표 8-1〉과 같다.

〈표 8-1〉 사회복지조직의 유형

클라이언트 유형	사용 기술 유형		
	인간분류기술	인간유지기술	인간변화기술
정상 기능	유형1 (대학: 신입생 선발) (신용사정국)	유형3 (사회보장청) (양로원)	유형5 (공립학교) (YMCA)
비정상 기능	유형2 (소년법원) (진료소)	유형4 (공공부조사무소) (요양시설)	유형6 (병원) (거주치료센터)

자료: 성규탁 역(1985:8).

지금까지 살펴본 조직유형들을 검토해 보면 궁극적으로는 조직목표가 무엇이며 무엇을 실현하려고 하는가에 따라 조직의 유형과 성격이 결정된다. 사회복지조직 역시 사회복지에 대한 성격의 정의에 따라 조직의 개념을 달리한다. Schatz는 사회복지행정은 사회복지조직의 구성원들에게 계획된 개입을 하여 사회복지서비스를 촉진시키고 이를 잘 전달하도록 하는 과정이라고 정의하였으며, Trecker는 사회복지행정을 사람들이 그들의 에너지를 표출하고 연관시키는 방식으로 사람들과 일하는 과정이라고 정의하였다. 따라서 사회복지조직이 그 대상을 어떤 시각으로 선택하고 운영하는가에 따라 성격은 다르게 결정된다. 일반적으로 사회복지조직의 영역을 거시적으로 이해하는 경우에는 사회문제 해결을 위해 의도적으로 구성된 사회적 단위라고 볼 수 있으나, 미시적으로 해석하는 경우에는 사회문제에 영향을 받는 개인들의 문제나 욕구를 집합적으로 해결하기 위해 의도적으로 집합된 공동체의 한 단위라고 하겠다(지은구, 2007; 37). 즉 사회문제에 영향을 받는 개개인들의 문제나 욕구를 사회복지 재화와 서비스 전달을 통해서 집합적으로 해결하고자 노력하는 공동체의 한 단위라고 정의하고 있다.

2. 사회복지조직 이론과 운영

1) 조직이론

조직이론은 조직에 대한 사고방식이다. 즉 조직을 바라보고 분석하는 것이며, 이 과정에서 무엇을 어떻게 바라보고 지향해야 할 점에 대한 이론적 근거를 제시한다.

조직이론사의 흐름은 행정학의 이론적 역사와 같은 맥락을 지니고 있다. 시대적 특성에 따라 조직을 고전적 개념, 신고전적 개념, 현대적 개념으로 해석하여 시대별 패러다임에 따라 조직이론을 구별하는 방식을 채택하였으며, 조직과 환경간의 관계를 중심으로 조직이론의 체계를 구성한 대표적 학자는 Scott이다. Scott는 조직을 이해하는 과정을 두 가지 차원, 즉 ① 조직 환경의 이해정도와 패러다임에 이를 포함하는가의 여부, ② 대상물(조직이나 사람)을 평가하는 시각의 정도로서 분류하여 이를 기초로 이론을 정리하였다. 이들 두 가지 관점을 통합하여 고전적 이론, 신고전적 이론, 현대적 이론으로 열거해 보고자 한다.

(1) 고전적 조직이론

서구 산업화 시대에 나타나는 현상을 수용하고 해결하기 위한 패러다임을 지니고 있다. 주로 1900년대 초기부터 1930년대에 완성된 이론이다. 산업화의 흐름에 보다 가속도를 붙이기 위한 목적을 부여하여 최고의 가치를 "능률"에 두고 초점화시킨 이론적 특성을 지닌다. 조직의 합리적 운영을 위해 조직과 환경을 폐쇄적 관계로 설정하고 안정적이며 통제 가능한 상황 속에서 운영하는 방식을 선호한 시대적 배경을 지니고 있다. 따라서 항상 조직운영은 공식적, 합리적 구조에 따라 운영하도록 설계했으며, 합리적 관리를 위해 절약과 능률, 조직을 운영하는 원리와 원칙의 준수(원리 접근법)를 중요시하였다.

이론적 특징으로는 ① 수단적 능률을 강조, ② 공식적 구조와 과정을 중시, ③ 합리적이며 경제적 관점을 중시, ④ 폐쇄적 환경관을 들 수 있다. 대표이론으로는 과학적 관리론, 행정관리론, 관료제론 등이 있다.

① 과학적 관리론

과학적 관리론의 배경은 Taylor에 의해 창시된 이론으로서 친지가 운영하는 철강 공장에서 현장경험을 통해 형성한 현장중심의 내용을 담고 있다. 그는 관리의 목적을 크게 두 가지로 이해했는데, 근로자의 극대 번영(maximum prosperity)을 기반으로 사용자 이익의 극대화가 동시에 이루어지는 것으로 보고 있다. 즉 높은 생산성은 사용자와 근로자 모두의 노력이 요구되고 결과적으로 상호의존적 관계를 지닌다고 이해했다. 그러나 당시 상황은 두 주체 모두가 불신과 반목으로 갈등관계에 있었는데, 원인은 '기계화'였으며, 이를 해결하기 위한 목적으로 과학적 관리론이 탄생하였다.

과학적 관리론은 어떤 방법을 활용하면 노동생산성의 극대화를 이루고, 이를 바탕으로 사용자의 이익을 극대화할 것인지의 문제가 핵심이다. Taylor는 해결책으로 분업을 통한 과업의 과학화를 시도했다. 근로자의 작업환경을 검토하여 동작연구 및 시간연구를 통해 업무기준을 표준화하였으며, 근로자에게 가능한 능력이 되는 부분의 업무를 부여하고 이를 위해 근로자들을 과학적으로 선발하고 능력개발을 위한 훈련을 유도했고, 철저한 책임분담과 업적수행을 강조하여 차별적 성과급제를 도입하여 운영하였다. 특히 자신의 능력에 따라 차별적 보수를 받게 하는 차별적 성과급제는 근로자에게 열심히 일하면 더 많은 보수를, 사용자에게 더 많은 생산과 이익 실현을 가져오게 되어 결과적으로 "단 한가지의 최선의 방법(a single best method)"을 사용하여 작업을 수행할 수 있도록 설계하고 성과급을 통해 근로자들에게 동기유발을 시키며 그 결과 작업능률 향상과 이익실현을 가져온다는 것이다.

② 행정관리론

관리자에게 필요로 되는 관리문제를 본격적으로 연구한 이론이다. Taylor가 현장 작업자를 중심으로 문제해결을 중시했다면 관리 업무를 효율적으로 실행하기 위해서는 무엇을 어떤 방식으로 관리해야 하는가를 중시한 이론이다. 주로 "원칙", "원리" 등의 표현으로 나타나며, 대표적인 학자로서 Fayol, Gulick, Urwick 등이 있다.

Fayol은 조직을 관리하는 관리자는 계획, 조직, 조정, 통제활동을 관리하는 것이 필요하며, 이들 네 가지 활동을 관리하는 것 자체를 "관리"의 대상으로 이해하고, 관리를 위한 원칙을 주장하면서 14가지의 원칙을 제시하였다.

Gulick은 POSDCoRB를 통해 조직운영과 관리의 기준을 제시하고 있는데, 조직관리자의 기능을 계획(Planning), 조직(Organizing), 인사(Staffing), 지휘(Directing), 조정(Coordinating), 보고 (Reporting), 예산 (Budgeting)으로 보았으며, 앞서 열거한 이들 기능이 달성되려면 반드시 분업이 이루어져야 하고, 분업을 위한 전제조건으로 충족시켜야 할 목적(purpose), 사용되어야 할 과정(process), 취급해야 할 일(thing)과 사람 (people), 활동장소(place) 등을 지녀야 한다고 보았다.

③ 베버의 관료제 이념형

사회환경을 둘러싼 각종 조직현상이 복잡함으로 이를 통칭하여 통일된 유형으로 사용된 용어가 이념형이다. 베버는 조직업무를 수행하는데 "권위"에 따라 조직유형을 분류하였는데, 이때 사용되는 권위는 첫째, 카리스마적 권위로서 어떤 인물이 지닌 신성한 또는 비범한 특징들에 대하여 갖는 믿음 때문에 형성되는 권위가 있으며, 둘째, 전통적 권위로서 사회에 형성되어진 전통이나 관습 때문에 정당화 되는 권위이고, 셋째, 합법적 권위로서 법규에 의해 규정되어진 내용에 따라 형성되어진 권위이다. 베버는 합법적 권위를 지닌 조직을 "관료제"라 칭하였으며, 이들 조직은 다음과 같은 특징을 지닌다. 첫째, 개개인의 업무는 법규에 의한다. 둘째, 모든 직위는 계층제에 의하여 구성되며, 상명하복의 구조화된 체계를 지닌다. 셋째, 모든 조직활동은 반드시 서류화를 통해 근거를 남긴다. 넷째, 조직업무는 가능한 전문가에 의해 운영되어야 하며, 철저히 원칙을 준수한다. 한편, 베버는 조직에 참여하는 구성원들은 논리적이고 규칙적으로 정리된 규정과 절차를 이해하고 이를 준수하는 의지로 조직활동에 참여하면 과업수행을 완수할 수 있다고 보았기 때문에 조직운영에 있어 이성적 측면을 강조하였고, 그 내면에는 과학적 관리론의 특징들이 관료제를 운영하는데 기여한 것으로 이해할 수 있다.

고전적 조직이론을 검토해 보면, "단일적 가치로서의 능률", "공식적 구조와 과정 중시", "환경에 대한 폐쇄적 관점", "합리적이며 경제적 인간관"을 지향한다. 따라서 후기 조직이론가들에게 다음과 같은 비판을 받게 된다. 첫째, 조직 가치로서의 능률만을 강조하는 단편적 시각을 지니고 있으며, 둘째, 조직을 운영하는 과정에서 공식적 구조와 절차를 지나치게 중시하여 인간관계에서 발생하는 감정적 효과를 고려하지 않았다는 것이며, 셋째, 조직을 둘러싼 환경의 존재를 부정하고 폐쇄적 관점에서 조직을 운영한 것이 한계로 지적되고 있다.

(2) 신고전적 조직이론

신고전적 이론은 고전적 조직이론의 문제점과 한계점을 극복하면서 고전이론과는 다른 대안을 제시하려는 노력에서 시도된 이론이다. 신고전적 조직이론은 고전이론이 지닌 관리원칙 및 규칙의 지나친 강조, 비인간화, 고정된 명령체계, 경직성, 전문화된 과업의 단조로운 직무 등의 문제를 해결하고자 1930년대를 전후하여 나타나기 시작하였고, 1940년대에는 상당한 영향력을 행사하였으며, 1950년대에 이르러 더욱 성숙한 조직이론의 한 범주이다. 이들 이론은 환경과의 교류에 대해서는 배타적이면서도 부분별 수용을 시도했으며, 조직 내 관리요소는 일보다는 사람관리에 초점을 두었다. 신고전적 조직이론에 속하는 대표적 이론으로는 인간관계론, 환경유관론, 경험주의론 등을 들 수 있다. 이중 대표적인 이론인 인간관계론을 중심으로 살펴보자.

인간관계론은 Mayo교수에 의해 연구된 이론으로서 호오손 공장 실험을 통해 인간관계론이 주장하는 이론들의 내용을 입증하였다. 즉 감독지도방법, 비공식집단의 사회관계, 개인간의 역학관계 등이 근로자의 생산성에 영향을 미치며, 개인보다는 집단적 특성이 비중이 높다는 것이다. 이를 호오손 효과(Hawthorne Effect)라고 부른다.

인간관계론은 과학적 관리론과 같은 기계적 관리보다는 인간적 관리의 중요성에 초점을 두었다. 즉 인간의 행위는 외부적 요소보다 내부적 요소에 의해 결정된다고 이해하면서 사람을 관리하려면 그 사람의 내부적인 주관, 즉 태도나 감정구조에 더 비중을 두어야 한다고 주장한다. 고전이론은 이성적 관리를 통한 금전이나 승진 등 경제적·외부적 요인에 의해서 사람이 관리된다고 보았으나, 인간관계론 에서는 감성적 관리를 통한 자기 자신과 심리적 통제, 집단적 통제를 통하여 사람을 관리할 수 있다고 보았다.

따라서 관리자는 기술적 능력뿐만 아니라 사회적 기술을 갖추어야 하며 조직구성원에게 관심을 가지고 배려해 주는 인간 중심적이고 민주적인 리더십을 발휘해야 한다. 그리고 관리자는 조직구성원들이 조직 내에서 자신의 의견을 자유롭게 표현할 수 있도록 의사전달의 통로를 발전시켜야 하며 의사결정에 적극적인 참여를 유도하여 조직구성원의 사회적 · 심리적 욕구가 충족될 수 있도록 해야 한다.

그러나 다음과 같은 비판을 받고 있기도 한다. 첫째, 표면적으로 인간관계론은 인간화할 수 있다고 하지만, 오히려 감정 관리를 통해 조직구성원들을 착취하는 도구로 사용되었다는 것이다. 둘째, 공식적 조직의 장점과 가치를 지나치게 비하했다는 점이다. 인간관계론적 시각에서는 과학적 관리론을 "인간 없는 조직"으로 평가했지만, 상대적으로 인간관계론 역시 "조직 없는 인간"의 형태를 지닌다는 비판을 받고 있다. 셋째, 조직을 폐쇄체제적인 관점에서 해석함으로써 경제적 환경, 노동시장의 조건 등 외부 조직환경이 조직과 조직구성원들에게 미치는 영향을 적절히 고려하지 못하였다는 것을 알 수 있다. 넷째, 구성원들의 만족을 중시하면서도 이들은 관리자가 내세운 관계를 수락해야 하는 입장이므로 구성원들의 존재는 조직목적을 위한 수단적 도구로 이해하고 있다는 것이다.

(3) 현대적 조직이론

현대적 조직이론은 조직을 유기적 존재로 인식하고, 조직운영 관점을 체제적, 상황적, 적응적 시각에서 이해하려는 시각으로서, 특히 환경과 끊임없이 상호 작용하는 개방체제로 인식하였다.

현대적 조직이론의 대표적 개념인 체계(system)개념은 Bertalanffy에 의해서 처음 시도되었으며, Katz와 Khan이 조직을 열린 체계로 이해하고 이를 구체화 하였다. 체계이론은 자연과학과 생물학의 이론들을 기초로 조직에 응용되었다. 무엇보다도 조직을 유기체적 요소로 이해하고 인체에 비유하여 인간과 동일한 활동을 하는 과정을 조직 활동으로 이해하고 분석하려는 특징을 지닌다. 체계(system)는 일관된 요소들의 공동목표 달성 지향, 연관된 요소들에 의한 하나의 총체적인 관계형성이 포함된 집합적 개념이다. 전체의 목적을 위해 함께 참여하는 단위들의 구성체이며, 두 개 이상의 여러 단위들이 서로 연결되어 상호작용하며 하나를 구성하는 집합체로 이해하고, 체계이론은 분화(differentiation)의 증가, 전문화를 통한 역할 분화를 중시하며, 환경의 다양성에 따른 필요 다양성(requisite variety)을 강조하는 속성을 지니고 있다.

체계의 구성요소는 투입, 전환, 산출, 환류, 환경 등의 다섯 가지 개념을 중심으로 설명하는데 그 내용은 다음과 같다.

첫째, 환경이다. 조직의 경계 밖에 존재하는 모든 것을 의미한다. 행정조직과 환경간의 관계를 살펴보면 언론, 이익단체, 민간기업, 정당, 국회, 법원 등이 외부환경 요인이 되며, 자원요소로 보면 인적자원, 물적 자원, 지식, 기술, 자본 등의 요소가 이에 해당된다.

둘째, 투입이다. 조직 경계를 넘나들면서 조직이 필요로 하는 것을 환경으로부터 받아들이는 모든 것을 의미한다. 행정조직의 경우에는 조직운영 자원, 국민의 요구, 국민의 지지와 반대, 외부 이익집단의 태도와 행동 등이 해당된다.

셋째, 전환이다. 투입된 요소들을 조직 내에서 새로이 해석하고 구성하는 과정으로서, 관리적 시각에서는 계획, 집행, 평가가 이루어지는 과정이며, 정책적 시각에서는 정책형성이 이루어지는 일련의 과정이라고 하겠다. 주로 조직구조, 문화, 의사결정, 권력분산정도, 조직 분위기 등이 이에 해당된다.

넷째, 산출이다. 일련의 전환과정을 거쳐 나타낸 투입물의 결과이다. 주로 조직목표를 수행하는 과정에서 수행의 결과로서 외부환경에 내놓는 것인데, 정책, 규칙, 제품, 행정서비스 등이 이에 해당된다.

다섯째, 환류이다. 산출물의 일부로서 정보나 조직과정의 내부현상이 기대한 만큼의 결과를 얻지 못했을 경우 이를 시정하기 위한 조치의 일환으로 투입을 포함한 관련요소들에 영향을 미치는 활동을 의미한다.

여섯째, 부정적 엔트로피와 제어 피드백(negative feedback) 활동이다. 조직운영 시스템에 혼란을 주고 조직을 와해시키거나 소멸시키려는 각종 바이러스 활동을 추적하고 활동을 인지하여 이를 처리하거나 극복시키기 위한 관련 활동을 시도하려는 의지나 결과를 의미한다. 주로 갈등이나 대립, 또는 각종의 낭비요인, 공유가치의 부재 등이 이에 해당되고, 이를 극복하는 과정이 부정적 엔트로피 활동이다.

일곱째, 정보처리 메커니즘이다. 환경변동과 관련하여 체제가 필요로 하는 "투입"

요소만을 선별하여 선택하는 활동을 의미한다. 시험이나 면접을 통한 인적자원의 선별행위, 조직 비전과 연계된 핵심인력의 유치, 경쟁을 통한 관련 활동의 효율적 추구 등이 해당된다.

여덟째, 동태적 항상성(dynamic homeostasis)과 안정 상태 유지이다. 엔트로피를 저지하고 조직운영의 불변성을 유지하기 위해 조직은 항상 균형을 유지하려는 성향을 지니며 균형유지를 위해 개발체제를 통해 투입과 산출을 적절히 유지하는 기능을 지닌다.

아홉째, 진보적 메커니즘을 지향한다. 개방체제 하에서 환경과의 관계를 고려하여 분화와 통합을 통해 조직을 생존시키고 발전시키는 과정을 진행하는 활동이다. 특히 환경변화에 따라 동질성과 이질성의 지속적 반복을 통해 조직을 항상 유지하려는 성향을 지닌다.

2) 사회복지조직과 구조

조직구조는 조직구성원들의 상호작용에 일정한 질서나 유형이 생길 때 나타나는 현상으로, 조직을 구성하는 부문간의 확립된 관계의 유형이며, 조직 활동의 형태와 기준 및 조직부서 간 조절방법 등을 규정한다. 조직 내 많은 구성원들은 조직의 목표를 달성하기 위해 상호간에 관계를 체계화해야 하는데 구성원들 간의 체계를 만들어 나가는 과정에서 조직구조가 형성되고, 전체 조직체의 행동은 물론 조직체의 성과도 영향을 받게 된다.

(1) 조직구조 형성요인

조직구조를 형성하는 요인은 크게 두 가지로 나뉜다. 하나는 역할과 지위이며, 다른 하나는 권한과 권력이다.

① 역할과 지위

조직에서의 역할(role)이란 조직 내 구성원들 간의 관계에서 어떤 위치를 차지하는 사람들이 해야 할 것으로 기대되는 행동이나 행위의 범주를 의미한다. 역할은 조직 내에서 일, 직무, 업무, 임무 및 기능이며, 담당자에 따라 성격이 달라지기보다는 업무속성에 따라 일정한 유사성과 규칙성, 예측 가능성을 지니고 있다.

한편, 지위(status)는 조직 속에서 개인이 차지하는 위치에 대한 상대적 가치(relative worth)를 의미한다. 지위는 계층화된 지위 체제 내에서 등급 또는 계급을 의미하며 계층제(hierarchy)상에 위치하는 지위(position)로 해석된다. 지위의 차이는 차등적인 보수와 편익, 조직이 부여하는 권한과 책임 등을 기초로 하고 있으며, 차등적인 지위에는 각각 크기에 상응한 상징(status symbol)이 부여되고 조직구성원의 상호작용에 큰 영향을 미친다.

② 권한과 권력

권한(authority)이나 권력(power)은 조직구성원들이 유형화된 상호작용을 하기 위해 필요한 지배구조의 요소들인데, 권한은 조직의 규범에 의하여 그 정당성이 승인된 권력이라면, 권력은 개인 또는 조직단위의 행태를 좌우할 수 있는 능력이다. 권한은 권력의 일부분이며, 이들 관계는 조직 내 구성원간의 관계, 특히 상관과 부하의 수직적 관계에서 나타나며, 명령과 복종의 관계로서 설명된다.

(2) 조직구조 및 설계의 구성요소

조직은 업종과 목표, 규모 및 성격에 따라 구조를 달리한다. Weber의 계서제, 규칙 등 관료제 운영을 제시한 이후 구조에 대한 관심이 높아졌으며, Pugh는 ① 정형화된 절차나 문서철에 의한 행위의 표준화, 형식화의 정도를 의미하는 활동의 구조화, ② 의사결정 과정의 참여도와 권한계층제의 정도를 의미하는 권한의 집중도, ③ 계선 기관에 의한 통제 정도로서의 직무흐름에 대한 계선 통제, ④ 주요 직무흐름에 대한 비생산 보조기구의 수로 표시되는 지원요소의 상대적인 규모를 구성요소로 제시했으며, Fredrickson은 연구결과를 종합하여 공식화(formalization), 집권화(centralization) 및 복잡성(complexity)을 조직구성의 3대요소로 제시하였다.

① 복잡성

조직의 분화 정도(degree of differentiation)를 의미한다. 즉 조직이 하위단위로 세분화되는 과정이나 상태를 뜻하는데, 조직의 분화에는 단위 부서 사이의 횡적 분화의 정도를 나타내는 수평적 분화(horizontal differentiation)와 조직의 계층화 정도를 나타내는 수직적 분화(vertical differentiation)의 두 가지가 있다.

첫째, 수평적 분화이다. 조직이 수행하는 업무의 세분화·전문화를 뜻한다. 조직 단위간의 분화, 분업의 원리에 따라 개인에게 할당되는 정도를 의미하는데, 분화는 직무와 개인능력과 밀접한 관계를 지니고 있다. 직무상 분화는 분업이라고 하는데, 직무가 전문화되면 능률을 확보하고, 고도의 개인적 기술적 역량 확보가 가능하기 때문에 선호된다.

둘째, 수직적 분화이다. 조직구조의 깊이를 의미한다. 권한의 정도에 따라 최상층으로부터 최하층에 이르기까지 형성된 조직의 계층정도를 뜻하는데, 조직의 통솔범위를 결정하는데 직접적 영향을 미친다. 따라서 조직 내 구성원의 직위와 권한정도와 연관성을 지닌다.

② 공식화

공식화란 누가, 언제, 어떻게 과업을 수행해야 하는가를 구체적으로 지시하는 규정과 규칙의 정도를 일컫는다. 반드시 규정과 규칙으로 문서화되어 있을 필요는 없으나, 규범이나 표준적인 요령 등을 통해 구성원간에 공유화되고 약속된 행위로서 구속하게 되면 효력을 지니게 된다. 따라서 공식화는 조직의 구성원이 해야 할 일을 규정하고 있는 직무의 명세화 정도를 말한다. 직무가 세밀하고 구체적으로 규정되어 있는 정도가 높으면 그 조직은 공식화가 많이 되어 있다고 하겠다.

공식화는 집단을 고도로 조정하기 위한 방편으로 많이 사용되고 있으며, 공식화의 정도가 높으면 높을수록 조직구성원들의 행동은 더욱 규제된다. 조직 관리자는 조직 구성원들의 행동을 규제하여 최소의 비용으로 가장 효과적인 성과를 올리기 위하여 공식화를 선택하지만 관료주의적이고 비인간적이라는 비판을 받기도 한다.

③ 집권화

집권화는 조직 내 권한의 배분과 관련되어 있기 때문에 조직의 구조적 특성을 파악하는 데 가장 용이한 지표이다. 따라서 결정 권한의 위치와 깊게 관련되어 있으며, 공식적인 의사결정 권한이 집중되어 있는 정도를 나타낸다.

집권화는 조직 내에서 의사결정의 권한이 어느 개인, 계층, 집단에 집중되거나 위임된 정도로 집권화의 정도를 측정할 수 있다. 예를 들어 최고경영층이 하위계층으로부터 어떠한 조언도 듣지 않고 조직의 주요 의사결정을 내릴 수 있는 권한이 부여되었다면 이 조직은 전형적으로 집권화된 조직이다. 반대로 하위 계층의 관리자들에게 조직의 주요 의사결정에 많이 참여할 수 있는 권한을 줄뿐만 아니라 자신의 업무와 관련된 의사결정에 대한 폭넓은 재량권이 주어져 있으면 분권화된 조직이다. 한편 집권화의 강도는 조직전체, 개인간의 문제, 조직단위간의 문제, 계층간 그리고 기능간의 문제로서 다루어질 수 있는 가능성을 지닌다. 집권화가 강화되면 상대적으로 효율성을 확보할 수 있지만, 반대로 집권화의 약화는 조직운영의 비능률을 초래할 가능성도 지닌다. 따라서 조직을 운영하는 최고관리자층에서 조직운영의 가치와 기준을 어디에 두는가에 따라 집권화의 정도가 결정되는 경우가 일반적이다.

(3) 조직운영의 원칙

조직형성의 내부적 측면을 고려한 내용이 중심이 된다. 권한과 책임에 따라 조직 내 기본운영을 어떻게 하는가가 핵심이다. 조직운영의 원칙은 복잡하고 거대한 조직을 보다 합리적이고 적절하게 편성 및 구조화하고 그것을 보다 능률적으로 관리함으로써 관리목표를 효율적으로 달성하고자 하는 데에 적용하는 원칙을 의미한다. 주로 고전적 조직이론을 주창한 관리학파들에 의해 연구되었는데, 그 원칙 중 크게 네 가지를 살펴보면 다음과 같다.

① 통솔범위의 원칙(principle of span of control)

한 사람의 관리자가 지휘 · 감독할 수 있는 부하의 수를 어느 정도로 구성해야 하는가를 설정하는 원칙이다. 실질적으로 조직목표 달성과 그 달성에 필요로 되는 인적자원의 효율적 운영은 필수적인 바, 통솔범위는 일률적으로 정해지기보다는 관리자의 능력과 업무내용, 지리적 범위 등의 상황변수를 고려해서 결정된다. 따라서 흔히 통솔범위의 수는 '마술의 숫자'라고 표현하기도 한다.

통솔범위는 계층제의 구성과는 반비례관계를 지니고 있는데, 통솔범위가 넓어지면 의사소통의 부작용과 능률저하를 유도할 수 있으며, 반대로 통솔범위가 좁아지면 지나친 간섭과 조직 비대화를 유도하며 조직의 간접비용이 증가하는 현상을 가져오기도 한다.

② **권한위임의 원칙**(principle of delegation of authority)

조직 내 하위자가 매번 상위자의 지시나 명령을 받지 않고 자신의 독자적인 판단으로 직무수행을 할 수 있도록 상위자가 지니고 있는 직무수행 권한의 일부를 하위자에게 위임하는 원칙이다.

권한이 어떤 한 사람이나 특정 부서에 지나치게 집중되면 집권화되어 상대적으로 조직이 경직되고 권력지향적 조직으로 변화하는 현상이 나타나기도 한다. 따라서 조직운영에서 하위자에게 적절한 권한위임은 조직참여를 이끄는 순기능적 효과를 지닌다. 순기능적 효과로는 첫째, 증가되는 업무가 상위자에게 집중되는 현상을 사전에 방지할 수 있으며 둘째, 하위자의 참여와 창의를 유도할 수 있고, 셋째, 신속한 의사결정과 문제해결 효과를 얻을 수 있다.

③ **계층화의 원칙**((principle of hierarchy)

조직의 규모나 역할, 종업원의 수 등에 따라 권한위임과 통솔범위를 고려해서 조직을 구성하는 원칙이다. 이때 권한과 책임 그리고 직위의 정도에 따라 구성원의 상하계층과 등급을 정하게 되며, 설정된 각 계층이나 등급간의 정도에 따라 권한과 책임을 배분하여 명령계통과 지휘감독 계통을 확립하는 과정을 거치게 된다.

계층의 수가 많아지면 기업규모가 확대되며 종업원 수가 증가되고 상하계층이 증가하기 때문에 의사소통에 장애요인이 발생되고 지연되며, 인건비가 상승하는 현상이 나타나게 된다.

④ **명령통일의 원칙**(principle of unity of command)

조직 내 구성원들이 특정 단위의 직속상관에게만 명령을 받는 원칙을 의미한다. 즉 해당 직속상관의 지시와 명령을 받고, 또 그 직속상관에게만 보고하는 것이다.

이 원칙은 책임과 권한을 명확히 하여 조직질서를 유지하려는 목적을 지니고 있다. 만약 명령통일이 이루어지지 않고 이중화되면 명령의 분열과 혼란, 신속한 업무수행의 어려움이 나타나기 때문에 조직운영에서는 매우 중요한 운영원칙이다. 그러나 최근에는 조직계층의 붕괴와 전문화가 지향되고 가속화되면서 조직구조가 점차 방사형 내지는 네트워크(network)화되기 때문에 명령통일의 원칙이 점차 붕괴되기도 한다.

3) 사회복지조직과 기술

기술(technology)은 조직이 성과물을 환경에 산출하기 위하여 투입요소를 변형, 가공하기 위해 사용하는 부분이다. 조직은 성과물을 통해 조직의 존재 이유와 생존을 확보할 수 있기 때문에 조직이 보유하는 기술은 조직운영에 필수적이다.

일반적으로 기술은 속성상 시설이나 설비, 재료 등의 하드웨어(hardware) 요소와 인간이 지닌 지식이나 기술 등의 소프트웨어(software) 요소로 나뉜다. Savage는 기술을 구성하는 요소를 재료, 변형과정, 변형지식 등으로 나누었으며, Noble은 특정한 관심과 목적을 가진 다양한 활동을 추구하는 개인이라고 보았다.

기술은 조직이 추구하는 목적과 대상에 따라 결정되기 마련이며 조직의 특성에 따라 그 성격을 달리한다. 사회복지조직의 경우 인간을 대상으로 하기 때문에 생산체계의 기술적 필수요인에 해당하는 설비나 기계 등의 하드웨어적인 요소보다는 복지서비스를 제공하는 사람들의 교류과정에서 나타나는 심리적 의도, 해석, 행동 등과 연계된 인간관계적 성격을 지닌 소프트웨어적 기술들이 중요하게 다루어진다.

Hasenfeld(성규탁 역, 1985; 165-166)는 사회복지조직은 조직의 원료(raw material)가 도덕적 가치를 지닌 인간을 포함하고 있고, 인간들의 상호작용을 통해 이해되어야 하기 때문에 효과적인 하드웨어 기술도 중요하지만 사회복지조직에서 사용되는 인간봉사기술이 이들보다 더 중요한 기술임을 강조하였다.

사회복지기술은 대상과 조직이 추구하는 목적의 특성상 복잡하고 다양하게 구성되어 있기 때문에 서비스를 제공하는 접점이나 복지조직을 운영하고 관리하는 입장에서 필요로 하는 기술은 상이하다. 그러나 사회복지기술이 사용되는 현실적 상황은 클라이언트와 사회복지서비스를 제공하는 관련 구성원의 역할 수행과정에서 활용될 가능성이 높다.

이에 따라 Hasenfeld(1983; 196-203)는 Hickson, Pugh, Pheysey이 주장한 작동기술, 재료기술, 지식기술을 토대로 클라이언트와의 대면적 상호작용과 클라이언트 통제 기술을 추가로 포함하여 인간봉사조직이 가져야 할 특성을 다섯 가지로 제시하였다(지은구, 2007; 295-305).

(1) 클라이언트 속성(attributes) 기술

서비스를 받는 클라이언트의 문제점이나 욕구 등을 고려하는 것을 의미한다. 서비스를 제공하는 과정에서 클라이언트가 가지고 있는 개인적 배경과 관련된 속성들의 요소들을 올바로 이해하고 대응함으로써 클라이언트의 변화나 변형을 유도하는 것이다. 이와 관련한 세부적 기술 속성을 검토하면 다음과 같다.

첫째, 클라이언트의 개인적 배경에 대한 조직의 관심정도이다. 클라이언트 입장에서는 서비스를 제공하는 조직 구성원(사회복지사 또는 관련 직원들)이 자신의 개인적 배경이나 특성, 욕구 등을 이해하고 관심을 가져줌으로써 기대감을 갖게 되고 이는 결과적으로 사회복지조직이 진행하는 방향으로 순응하고 협조하는 효과를 가져오게 된다.

둘째, 클라이언트 속성의 변화정도이다. 클라이언트의 문제나 욕구를 고려해서 제공되는 서비스 기술에 변화를 두어야 한다는 의미이다. 클라이언트가 해결하고 싶은 문제나 요구들의 속성들을 고려해서 사회복지조직이 제공하는 서비스에 차이가 있어야 한다는 것이다. 예를 들어 클라이언트의 속성이 변화가 심하고 예측성이 떨어지는 경우라면 그에 따라 서비스의 제공 절차나 서비스 기술도 개별화되고 대응력 중심의 기술이 제공되어야 한다는 것이다.

셋째, 클라이언트의 안정성이다. 이는 서비스가 제공되는 기간 동안에 클라이언트의 속성이 어떻게 변화되는가를 측정하는 것으로서 제공해야 하는 서비스의 수준이나 강도 그리고 종류를 결정하는데 중요한 의미를 지닌다. 예를 들어 클라이언트와 사회복지사의 관계에서 클라이언트의 속성이 심하게 변화하면 그에 따라 사회복지조직의 서비스도 수정해야 하기 때문에 서비스를 제공하는 기간 동안 클라이언트에게서 나타나는 변화의 측정 정도는 중요한 의미를 지닌다.

(2) 지식기술

클라이언트의 변화를 유도하기 위한 개입기술과 이와 관련되는 지식이 이에 해당된다.

우선 유도를 목적으로 사용하는 개입기술의 경우, Hasenfeld는 인간봉사조직에서 크게 네 가지로 나뉜다고 보고 있다. 첫째, 클라이언트의 생태적, 경제적, 사회적 환경을 조성하는 환경적 기술이 있고, 둘째, 클라이언트의 생물 물리적 속성을 조정하는 생물물리학적 기술이 있으며, 셋째, 클라이언트의 지각과 인지를 조정하는 인지적 기술이 있으며, 넷째, 클라이언트의 감정과 느낌, 태도를 조율하는 감정적 기술이 있다.

다음으로는 관련서비스 제공과 이에 관련된 지식들의 효과를 다루는 인과관계 영역이다. Thompson은 조직이 서비스를 제공하는 지식이나 기술은 불완전하다는 가정을 제시하였는데, 이는 서비스를 제공하는 입장에서 완벽한 지식과 기술을 가지고 클라이언트가 기대하는 완벽한 결과를 창출하고 싶지만 실제로는 불완전한 결과를 가져오거나 또는 많은 활동들이 탐색이나 실험, 통찰 등의 방법으로 이루어지는 경우가 있을 수 있기 때문이다.

따라서 현장에서 개입기술을 통해 얻은 결과가 확실성이 낮을수록 클라이언트와 사회복지요원들 상호간에 신뢰와 협조를 바탕으로 공동노력의 필요성이 더욱 증대된다고 하겠다.

(3) 상호행동기술

사회복지조직이 사용하는 개입기술의 상당부분은 사회복지요원들과 클라이언트의 대면적 상호작용을 통해 이루어진다. 따라서 조직은 적절한 상호작용 양식을 규정하고 구조화 하는데 필요한 절차와 기술을 제정해야 하는데 이를 상호작용기술이라고 한다. 이 기술에는 상호작용을 위한 매개체(수단), 유형, 방식으로 나뉜다.

첫째, 상호작용을 위한 매개체(수단)의 경우이다. 상호작용을 위해 필요로 하는 대인관계 수단이나 개인적 수단을 통해서 진행하는 경우를 의미하는 것으로서, 이들 유형은 ① 의료검진 설비나 전산시설 등 장비에 의한 수단, ② 수혜자의 자격심사나 시험 등과 같은 정보처리를 통한 수단, ③ 교육이나 심리치료와 같은 의도적 대인관계 등이 이에 해당된다.

둘째, 개입되는 수준에 따라 사회복지요원과 클라이언트 사이에서 설정되는 역할과 권력의 정도에 따라 상호작용 유형이 결정되는데 이들 유형은 수동과 능동, 지도와 협조, 상호 참여 등의 유형으로 나눠진다. ① 수동과 능동의 경우는 클라이언트와 서비스를 제공하는 사회복지조직 사이에서 클라이언트가 수동적으로 입장을 취하고 반대로 사회복지조직이 능동적으로 입장을 취하는 경우이며, ② 지도와 협조의 경우는 사회복지조직이 클라이언트를 지도하고 클라이언트는 이에 협조하는 유형을 의미하며, ③ 상호참여는 참여자 모두가 상호책임을 가지고 능동적으로 참여하여 미래의 방향을 결정하고 정보제공과 자문에 참여하는 경우의 유형이다.

셋째, 상호작용 방식으로서 참여자 상호간에 정보 흐름을 구성하는 의사전달 구조망(net)을 의미한다. 크게 개인 → 개인의 구조망, 개인 → 집단의 구조망, 집단 → 개인의 구조망, 집단 → 집단의 구조망 등으로 나뉘며, 정보유통의 방향에 따라 보다 세부적으로 분화되고 진화된다.

(4) client 통제기술

통제기술은 사회복지요원이 클라이언트에 대하여 사용하는 개입기술이 의도한 목적을 달성하지 못하거나 또는 효과가 무효화되거나 손상되는 것을 막기 위해 사용하는 기술로서 클라이언트에게 보다 효과적으로 영향력을 행사할 수 있도록 하는데 초점을 두고 있다. Gamson(1968)의 연구결과에 따르면 직접적으로 개입하는 방식과 그에 따른 통제효과를 비교분석한 결과 약속이나 위협 등의 직접적인 개입방식이 강화통제 방식의 결과를 가져왔으며, 그 반대의 경우인 위협이나 정보제공 등의 경우는 정보통제 등의 효과를 가져온 것으로 나타났다(지은구, 2007: 302-303).

(5) 작동기술(operations technology)

작동기술은 서비스 기술이 필요로 하는 활동들을 조직하고 이들의 순서를 정하는 것이다. 일반적으로 조직에서 기술은 추진하는 업무의 과정이나 절차들의 의존정도를 의미하는데, 의존정도는 크게 네 가지로 구별된다.

첫째, 완전한 독립성을 지닌 경우로서 어떤 활동도 타 활동에 영향을 미치지 않는 경우로서 업무적으로 중복이 없으며 각각 독립적 성격을 지닌 경우이다. 둘째, 연속적인 경우로서 해당되는 업무의 진행과정이 타 업무의 종결에 영향을 직접적으로 미치는 경우이다. 셋째, 상호작용의 경우로서 해당 업무가 타 업무의 영역에 의해 영향을 받게 되어 상호간에 영향을 미치는 경우이다. 넷째, 집단적인 경우로서 상호간에 영향을 미치면서도 동시에 참여해야 종결이 되는 경우이다.

이들 기술은 사회복지조직이 수행하는 업무에 대하여 작업과정을 결정하고 수행과정의 협력 네트워크를 결정하는데 영향을 미치는 것으로 파악된다.

3. 사회복지조직과 변화

1) 조직환경

조직환경이란 조직에 영향을 미치는 조직경계의 외부에 존재하는 모든 것의 집합이다. 조직은 고객들을 위한 서비스와 제품을 생산하기 위하여 필요로 하는 자원을 환경으로부터 획득하기 위하여 항상 환경을 관리한다. 아울러 조직은 자신의 영역(조직영역 : organizational domain)을 확장하고 보호하며 생존에 필요로 하는 요소를 얻기 위하여 항상 환경과 거래관계를 유지한다. 특히 현대조직이 개방적 관점에 입각하여 조직 패러다임을 지니고 있기 때문에 환경과 조직과의 관계, 특히 구조와의 관계는 매우 중요한 의미를 지닌다.

(1) 과업환경

과업환경(task environment), 업무환경이라고 불린다. 주로 자원을 확보하려는 조직능력에 직접적으로 영향을 미치는 것으로서, 주로 이해당사자 집단으로부터 영향을 받는다. 이 때 이해당사자란 업무와 직접적 영향을 지니는 객체들로서 조직의 고객과 그 대상, 자원 공급자, 경쟁 또는 협조적 관계의 조직, 기술적 요소, 법 · 행정적 요소 등이 이에 해당된다.

(2) 일반환경

자원을 얻기 위하여 특수 환경 내에 존재하면서도 모든 조직능력에 영향을 미치는 외부환경요소이다. 홀(Hall)은 기술적 환경, 법적 환경, 정치적 환경, 경제적 환경, 인구통계적 환경, 생태적 환경, 문화적 환경 등을 일반 환경으로 제시했으며, 대부분은 정치적, 경제적, 사회 · 문화적, 기술적 환경으로 나누고 있다.

2) 조직환경의 연구

던컨과 다프트는 환경의 복잡성과 변화성을 기초로 조직 환경을 구분하였으며, 에머리와 트러스트는 환경의 안정성과 개체적 집합관계를 중심으로 환경을 분류하기도 하였다. 일반적으로 조직 환경을 이해하는 차원으로는 단순성과 복잡성, 동질성과 이질성, 안정성과 역동성, 정태성과 동태성, 확실성과 불확실성 등을 변수로 선정하여 유형화하고 연구한 것이 대표적이다.

고려되어진 변수들 중 중요한 것을 살펴보면 다음과 같다.

첫째, 환경의 복잡성이다. 조직이 관리해야 하는 특수하고 일반적인 영향력의 강도나 수, 상호결합성 등의 관계이다. 환경복잡성은 환경 내에서 환경들 간의 결합을 통해 조직에 미치는 영향정도가 예측되지 못할 때 환경복잡성은 증가된다. 따라서 환경의 복잡성이 증대되면 환경의 불확실성은 증가되는 관계를 지닌다.

둘째, 환경의 동태성이다. 조직을 둘러싼 환경들이 얼마나 빠르게 변화하는가의 정도를 나타내는 것이다. 만약 변화하는 정도를 예측하지 못할 정도로 빠르게 변화하면 동태성이 매우 높다는 의미를 지닌다. 동태성이 높을수록 불확실성은 증대된다.

셋째, 환경의 풍부성이다. 조직영역이 지지할 수 있는 자원의 양에 대한 관계이다. 필요로 하는 자원을 환경으로부터 충분히 제공받을 수 있다면 풍부성은 높다고 할 수 있다. 풍부성이 높을수록 불확실성은 낮다는 의미이다.

3) 변화관리

(1) 변화관리와 적합성

조직이 조직 환경을 관리한다는 의미는 환경과 조직이 보유하고 있는 능력과의 융합여부 정도를 의미하며, 이를 적합성(fit)이라고 한다. 환경을 효과적으로 관리한다는 것은 조직이 환경에 적합한 조직을 운영하기 위하여 변화를 시도한다는 의미이며, 조직이 환경에 일치되는 조직설계나 운영을 할수록 적합성은 높아진다. 적합성이 높으면 환경과의 연계성이 높으며 조직생존의 가능성이 높아진다. 조직이 지속적으로 생존하고 발전하기 위해서는 필연적 과정이다. 생존을 위해 예측 불가능하고 불확실한 환경 및 경영흐름의 변화 속에서 효과적으로 환경에 대응하기 위해서 조직변화 계획을 수립하고 실행하는 프로세스가 변화관리이다. 조직의 변화관리는 곧 생존을 의미한다.

(2) 변화의 저항원인

조직은 변화하는 환경에 적응하기 위해 항상 무엇인가를 변화시켜야 하는 필연성을 지닌다. 이는 조직이 환경에 노출되어 있고, 항상 환경변화의 대상이 되기 때문이다. 이렇듯 조직과 환경은 항상 적합성을 지녀야 하지만, 조직 내 구성원들의 생각이나 의지는 늘 같은 방향을 지니지 않고 있다. 이는 조직운영자와 조직 내 구성원의 시각이나 의식 차에 기인한다. 즉 조직구성원들은 항상 변화를 긍정적으로 바라보는 것은 아니라는 것이다.

Hasenfeld(1985; 325-326)는 인간봉사조직이 변화에 저항하는 이유를 다음과 같이 제시하고 있다. ① 관료제 체제를 통해 현재 상태를 강력하게 유지하려는 세력이 존재하기 때문이다. ② 클라이언트들이 지닌 영향력이 약해서 상대를 변화시킬 자극 역할을 하지 못하기 때문이다. ③ 조직이 관료화될수록 유연성이 떨어져서 변화를 시도하는 데는 많은 비용이 들어간다. ④ 조직에서 일하는 사람들은 개인의 이익을 추구하는 성향이 있기 때문이라고 지적하고 있다.

변화는 항상 저항을 지니고 있다. 개인, 집단, 조직수준의 저항이 있는데 이들 모두는 스스로의 안정을 바라는 시각에서 이루어지는 경우가 대다수이다. 그들 원인을 살펴보면 다음과 같다

첫째, 개인단위의 저항이다. 주로 인지적 편차(cognitive biases)이다. 사람마다 환경을 바라보고 이해하는 관점 차가 원인이 된다. 이외에도 개인적인 불확실성과 불안감, 환경에 대한 선택적 지각이 원인이 된다.

둘째, 집단단위의 저항이다. 집단 내 규범이나 집단 응집력, 집단사고 등이 원인이 된다. 특히 집단 응집력(group cohesiveness)의 경우 응집력이 높을수록 집단의 협력이나 성과가 촉진되지만, 반대로 집단과 환경의 방향이 불일치하면 오히려 변

화를 막는 방파제 구실을 하기도 한다.

셋째, 조직단위의 저항이다. 변화에 적응하기 위한 조직개편이나 전략수정, 제도나 규범의 개폐 등은 저항의 원인이 되며, 조직문화도 저항원인이 된다. 특히 조직문화는 구성원들의 가치를 표현하는 지표인데, 이들 문화를 통해 보수적 공감대가 형성된다면 변화는 사실상 어려움을 지니기도 한다. 대부분 조직들이 변화를 시도할 경우 가장 어려운 영역 중 하나를 가치관 및 의식부분으로 이해하는데 그 이유는 문화적 변화가 가장 어렵기 때문이다.

(3) 변화관리 실행 전략

조직이 변화관리를 시행하는 전략은 크게 두 가지가 있다. 하나는 점진적 변화(transitional change)이며, 다른 하나는 급진적 변화(transformational change)이다. 점진적 변화는 부분적인 개선 및 수정, 행위, 신념, 태도 등의 수정, 현 상태를 유지하는 전략 등을 대상으로 하며, 급진적 변화(transformational change)는 근본적이며 총체적 변화, 혁신의 지속적 반복, 현 상태의 단절, paradigm shift 등을 대상으로 하고 있다.

변화관리 방식은 과거에는 점진적 방식을 채택하였으나 최근에는 급진적 방식을 채택하는 비중이 높아지고 있다. 이는 변화에 대한 저항이 예상외로 강하게 나타나며, 특히 변화에 대한 저항이 높을수록 비용이 많이 들기 때문에 시간을 줄이는 급진적 방식을 선호하고 있다. 현재는 대부분의 환경이 급격하게 변화하고 있기 때문에 급진적 방식의 변화관리를 시도하고 있다. 점진적 방식은 간헐적이며 순환형의 흐름을 선호하지만, 반대로 급진적 방식은 직선형의 의도된 방식을 선호하여 방식에 따른 특성이 다르게 나타난다.

참고문헌

김규정, 『행정학원론』, 법문사, 2002.
박연호, 『행정학신론』, 박영사, 1995.
장인협 역, 『사회복지조직론』, 집문당, 1984.
장인협 · 이정호, 『사회복지행정』, 서울대학교 출판부, 1993.
지은구, 『사회복지조직연구』, 청목출판사, 2007.
최성재 · 남기민, 『사회복지행정론』, 나남출판, 1993.
최창호, 『새행정학』, 삼영사, 2002.
Hasenfeld, 성규탁 역, 『사회복지행정조직론』, 법문사, 1985.
Argyris, C., *Strategy, Change and Defensive Routines.* Boston : Pitman, 1985.
Daft, R. L., *Organization Theory and Development.* St. Paul, MInn : West, 1983.
Duncan, R. B., "Characteristics of Organizational Environments and Perceived Environmental Uncertainty." *Administrative Science Quarterly.* 17(3), 1972.
Etzioni, A., *Modern organizations.* Englewood Cliffs, N.J : Prentice-Hall, 1964.
Mintzberg, H., *The Structure of Organization.* Englewood Cliffs. : Prentice-Hall, 1979.
Hall, R. H., *Organization: Structure, Process, and Outcomes.* 5th ed., Englewood Cliffs, N.J. : Prentice -Hall, 1991.
Simon, H. A., "The Proverbs of Administration(1946)." in Jay M. Schafritz & Albert C. Hyde, *Classics of public Administration.* Chicago : The Dorsey Press, 1987.
Skidmore, R. A., *Social Work Administration : Dynamic Management and Human Relationships*(2nd ed.). Englewood Cliffs. N.J. : Prentice-Hall, 1990.

제 9 장 인적자원관리 및 개발

1. 인적자원관리의 개념

"인사가 만사다"라는 말이 있듯이 어떠한 조직이든 조직의 목표를 효율적으로 달성하기 위해서는 인력의 관리가 매우 중요하다. 특히 사회복지기관의 경우 클라이언트와 지역사회에 양질의 서비스를 제공하기 위하여 유능한 인재를 적시에 채용하여 적재적소에 배치하고 자신의 능력을 충분히 발휘할 수 있도록 관리하여야 한다. 즉, 사회복지 기관의 인적자원 관리는 직원을 채용하고 능력을 개발하며 근무의욕을 갖고 조직에 헌신할 수 있도록 동기를 부여하는 관리활동을 말한다(김치영 외, 2006; 163).

인적자원관리는 사회복지기관의 많은 부문관리 중에서도 인간을 대상으로 하여 관리한다는 점에 특색이 있다. 즉, 노동력 내지는 인력을 관리의 대상으로 삼아 그것을 가장 효율적으로 이용코자 하는 관리활동이다.

이러한 인적자원관리는 일방적으로 조직의 목표만을 달성할 수 있도록 하는 것은 아니다. 인적자원관리 종업원이 그의 노동을 제공함으로써 스스로 최대의 만족감을 얻을 수 있게 해줄 뿐만 아니라 동시에 조직에 대하여 최대의 공헌을 하게끔 종업원의 잠재능력을 육성, 발전시켜 주는 관리활동이다.

이들 과제를 달성하기 위한 구체적인 관리내용은 두 가지 측면에서 살펴 볼 수 있다. 첫째로, 업무능률을 향상시키기 위한 관리활동으로서 채용, 배치, 교육훈련, 퇴직, 및 직무평가와 인사고과 등을 들 수 있다. 둘째로, 의사소통의 원활과 종업원 만족도를 향상시키기 위한 관리활동으로서 인사상담제도와 고충처리제도, 기타 복지후생관리 등을 들 수 있는데 이를 통하여 기계적인 작업에서 벗어나 인간성회복과 조직 내 민주화 실현에 기여할 수 있게 된다(한재원 외, 1997: 214).

2. 인적자원관리과정

인사관리는 조직 인력에 대한 모집, 채용, 유지 및 개발과 평가과정까지를 포함하는 연속적인 관리과정을 의미한다(French, 1987: 3). 이러한 연속적인 관리과정을 도표로 나타내면 〈그림 9-1〉과 같다.

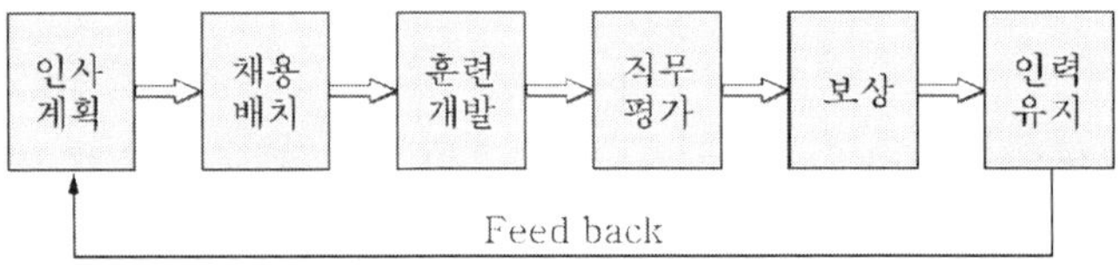

〈그림 9-1〉 인적자원관리 과정

1) 인사계획

인적자원계획이란 조직의 목표를 달성하기 위해 필요한 인적자원을 파악하고 선발시기와 자격요건 등 직무에 적합한 인력을 적시에 충원하기 위한 전반적인 계획을 의미한다.

이와 같은 계획을 세우기 위해서는 직무분석, 직무기술서 및 직무명세서의 작성 등과 같은 활동이 필수적으로 이루어져야 한다.

(1) 직무분석(job analysis)

종사원들이 조직 내에서 하는 작업의 종류는 매우 다양하게 구성되어 있다. 그러므로 효율적인 관리를 하기 위해서는 각 작업의 종류와 내용에 관한 정보를 명확하게 알고 있어야 한다. 직무분석은 바로 이와 같은 정보를 파악하기 위한 것이다.

다시 말해서 직무분석의 주요 목적은 직무평가와 인사고과에 대한 기초 자료를 제공하고, 직무의 내용을 명확하게 함으로써 권한과 책임의 한계가 분명해지며, 직무의 자격요건이 확정됨으로써 근로자의 선발 · 배치 · 승진 · 퇴사 및 교육훈련 등에 관한 기초 자료를 제공할 뿐만 아니라, 직무와 관련된 환경과 안전 및 위생에 관한 관리를 행할 수 있게 된다. 직무분석의 대상이 되는 항목을 살펴보면 다음과 같다.

- 직무의 내용 : 직무의 목적, 개요, 절차
- 노동의 부담 : 노동의 강도와 밀도
- 노동환경 : 소음, 오염의 정도, 분진
- 위험 요소 : 감전, 화재 등의 재해 빈도 및 강도
- 직무요건 : 작업자의 체력, 능력, 숙련도, 경험, 지식정도
- 결과 및 감독책임 : 결과 및 감독에 대한 책임과 피해정도
- 권한 : 독자적 판단의 범위와 명령의 범위

직무분석의 방법은 직무의 종류와 성격에 따라 조사방법이 각각 다를 수 있겠으나, 면접법, 설문서방법, 절충법 등을 들 수 있다. 그러나 분석의 내용은 어느 조사방법을 택하든 누가(who), 언제(when), 어디서(where), 왜(why), 그리고 어떻게(how) 하느냐 하는 내용이 포함되어 있어야 한다.

또한 직무분석의 결과는 직무기술서와 직무명세서에 기록되어지며 이를 기초로 하여 직무평가와 인사고과가 이루어진다고 할 수 있다.

(2) 직무기술서(job description)

직무기술서(job description)는 직무분석의 결과에 의하여 직무의 내용, 성질 등을 해설해 놓은 문서이다. 즉, 직무분석의 결과 개선해야 할 점을 개선하고 정리한 후

에 그 요점을 기술한 문서로서 직무의 능률적인 수행을 위해 직무의 성격이나 필요한 자질 등 중요한 사항을 기록해 놓은 것이다.

이러한 직무기술서는 종업원의 채용 및 배치의 적정화와 직무의 능률화를 목적으로 직무의 책임, 의무, 활동의 정도 및 범위를 설명하여 직무평가의 기초 자료로 삼기 위한 것이다. 일반적으로 직무기술서에 기록되는 사항을 살펴보면 다음과 같다.

- 조직전체에 있어서 직무의 지위와 수행되는 장소
- 직무수행순서에 따라 수행해야 할 의무
- 직무에 수반되는 책임
- 직무에 필요한 인적 자격

(3) 직무명세서(job specification)

직무명세서(job specification)는 주로 직무의 내용과 직무담당자의 인적요건을 설명한 문서로서 직무분석의 결과를 인사관리의 특정한 목적에 맞도록 보다 구체적으로 세분화시켜 기술한 문서이다. 직무기술서가 주로 직무의 내용 및 성질을 기술한 문서인데 반하여 직무명세서는 직무의 내용과 직무에 필요한 사항과 요건을 일정한 양식에 따라 기록한 문서이다. 즉, 각 직무에서 요구되어지는 자격요건을 직무기술서에서 찾아내어 이를 더욱 상세하게 기록한 것이 직무명세서이다.

직무기술서와 직무명세서의 차이점은 직무분석의 결과를 일정한 양식으로 기록, 정리한다는 점은 동일하지만, 직무명세서는 직무기술서에 비하여 직무내용보다는 직무요건에 중점을 두어 작성되어지며 특히 인적 요건을 중심으로 작성된다는 점이 양자간의 차이점이다.

이러한 직무명세서는 직무의 상대적 가치를 결정하는 직무평가에 기초 자료를 제공하기 위한 것으로서 직무명세서에 기재되는 사항을 직무의 성격에 관한 사항과 인적요건에 관한 사항으로 나누어 살펴보면 〈표 9-1〉과 같다.

〈표 9-1〉 직무명세서의 내용

직무의 성격	• 직무명과 직무분류번호 • 직무담당자의 자세 • 해당직무의 개괄적인 내용 • 해당직무의 수행에 있어 사용되는 공구 기계 및 원재료 등에 관한 개요 • 타직무와의 관계 • 해당직무의 수행상 필요로 하는 훈련과 기간 • 급여액과 형태 • 평상작업시간 • 작업조건 및 위험의 정도와 종류 • 표준작업방법과 표준시간 • 그 외에 필요한 직무의 수행기준
인적요건	• 성별 내지 바람직한 연령 • 육체적 조건과 성격 • 재능의 정도 • 정신적 요건(지식, 주의력, 창의성 등) • 갖추어야 할 교육적 요건과 경험 및 숙련도 • 기타 인적인 요건

2) 채용과 배치

(1) 채용

채용(recruitment, selection)이란 조직의 종사원으로서 사람을 도입하는 행위를 말한다. 그러므로 채용관리란 사람을 도입하는 행위를 합리적으로 수행하기 위한 관리활동으로서 인력계획에 의해 현재와 미래의 소요인력을 분석하고 직무에 적합한 유능한 사람을 확보하여 그들로 하여금 최대의 능력을 발휘하도록 조정해 나가는 관리활동을 말한다.

조직원을 채용할 때에는 직무를 중심으로 그 직무에 요구되는 자격요건을 명확히 하여 그 요건을 충족시키는 사람을 채용하여야 하며 조직의 풍토에 조화를 이룰 수 있는 사람을 선발하여야 한다. 또한 현재의 능력뿐만 아니라 잠재능력이 풍부한 사람을 선발하여야 한다.

이러한 채용은 모집과 선발이라는 과정을 통하여 수행되는 데 이에 대하여 살펴보면 다음과 같다.

① 모집

모집(recruitment)이란 조직이 필요로 하는 사람을 채용하기 위하여 자격이 있는 사람들에게 정보를 제공하고 유인하는 활동이라 할 수 있다. 사무의 효율성과 능률은 결국 사무원의 자질에 의하여 결정된다고 할 수 있는데 처음부터 유능한 직원을 채용하는 것이 가장 바람직한 일이다. 따라서 유능한 직원을 확보하기 위하여 적극적으로 정보를 제공하고 동기화할 필요가 있다. 왜냐하면 적합한 응모자가 없다면 선발을 아무리 잘 해도 기본적인 한계가 있기 때문이다.

한편, 모집 시에는 모집방법의 선택, 응모자의 자격요건과 자격제한 등을 고려하여 결정하여야 하며 모집의 방법으로는 크게 다음과 같은 것이 있다.

㉠ 사내모집

사내에서 구성원의 이동이나 승진에 의하여 자격을 갖춘 사람을 모집하는 방법

㉡ 사외모집

사외에서 필요한 사람을 모집하는 방법으로서 광고에 의한 모집, 추천 및 연고에 의한 모집, 교육기관을 통한 모집, 직업소개소를 통한 모집, 노동조합을 통한 모집 등이 있다.

② 선발

선발(selection)이란 모집활동을 통해 지원한 응모자 중 특정 직무를 수행하는데 필요한 자질과 능력을 갖춘 사람을 선정하여 고용하는 절차이다. 모집활동으로 인하여 상당한 응모자가 지원했다고 하여 이들 모두가 채용되는 것은 아니므로 적격자를 찾아내기 위한 일련의 과정과 절차가 필요하게 된다.

선발절차를 밟기 위해서는 우선 선발을 위한 권한과 선발기준이 있어야 하며 응모자가 있어야 한다. 이러한 선발절차는 본질적으로 응모자에 대한 정보를 얻기 위한 일련의 과정들이다.

인간의 능력을 평가한다는 것 자체가 매우 어려운 일이기는 하나 특정 직무에 대한 기술이나 지식을 평가하고 선발하는 방법을 열거하여 보면 다음과 같다.

㉠ 이력서나 입사원서에 대한 평가

㉡ 시험과 검사에 의한 평가

이론 및 실기시험, 적성검사, 지능검사, 흥미검사, 인격검사 등

㉢ 면접에 의한 방법

전형적 면접, 스트레스 면접, 패널 면접, 집단 면접 등

(2) 배치 및 이동

① 배치 및 이동의 의의

사무직원의 능력을 충분히 활용하기 위해서는 직무의 종류에 따라 적당한 사람을 배치하여야 한다. 또한, 개인의 능력을 개발하고 경력을 형성하여 조직이 필요한 사람으로 인재를 양성하기 위해서도 적절하게 배치를 변경하여야 한다.

여기에서 배치(placement)란 조직원에게 일정한 직위를 부여하는 행위를 말하며, 이동(transfer)이란 배치의 변경 또는 전환을 의미한다.

이러한 배치와 이동이 합리적으로 이루어지면 개개인의 능력을 최대한 살릴 수 있게 되고, 기계적인 작업에서 벗어나 창의성과 자발적 노력을 기대할 수 있으며 그로 인하여 사무능률이 제고될 수 있는 효과를 거둘 수 있다.

② 배치와 이동의 원칙

㉠ 적재적소의 원칙

개인의 능력과 적성 등을 고려하여 최적의 직위에 배치함으로써 최대의 능력을 발휘할 수 있도록 하는 원칙이다. 그러나 사람은 상당한 적응력과 유연성을 갖고 있으므로 이 원칙은 광범위하게 해석되어야 할 것이다.

㉡ 능력주의 원칙

능력을 발휘할 수 있는 기회를 제공하여 그 결과를 올바르게 평가한 후 그 실적과 능력에 맞추어 만족할 수 있는 대우를 하여야 한다는 원칙이다. 배치나 이동을 함에 있어서 학연, 지연, 혈연 등 개인적 관계나 감정에 의하지 말고 능력 제일주의로 평가하여 합당한 대우를 해야 한다는 것이다.

㉢ 인재육성주의

사람을 사용함에 있어서 현재만 생각하여 손상시키지 말고 장기적으로 보아 사람

을 육성시켜 가면서 사용하여야 한다는 원칙이다. 이때에 주의하여야 할 것은 본인 자신의 의욕과 희망을 중심으로 하여 자기개발을 꾀할 수 있도록 하여야 한다. 즉, 본인의 의지와 관계없이 이루어지는 개발은 오히려 역효과를 불러일으킬 수 있기 때문이다.

㉣ 균형주의

조직 전체의 목표달성과 각 개인의 실력증진 및 사기앙양 등을 고려하여 전체와 개인의 조화를 이룰 수 있도록 배치나 이동을 하여야 한다는 것이다. 전체와 개인의 조화뿐만 아니라 각 개인간의 관계도 고려하여 모든 구성원에 대한 평등한 의식을 가지고 배치와 이동을 하여야 한다는 원칙이다.

(3) 교육훈련

① 교육훈련의 의의와 중요성

㉠ 교육 훈련의 의의

교육훈련이라 함은 새로이 채용된 신입사원은 물론, 각 계층의 종업원 능력을 개발하고 신장시킬 목적으로 교육과정을 실시하는 것을 의미한다. 교육은 대체로 특정직무와 관련되지 않는 일반지식과 기초이론을 가르치는 것을 말하며 그 효과는 개인으로 하여금 자신의 생활환경에 대한 적응력을 높이고 조직이나 사회생활에 숙달하게 하여 장기적인 학습능력을 키우는 데 도움을 주는 것이다. 이에 반하여 훈련은 특정직업 또는 직무와 관련된 학문적인 지식, 기능 등을 넓히고 습득시키며 숙달시키는 것을 의미한다(경영학핸드북, 1983; 692).

이와 같이 양자가 서로 다른 의미를 갖고 있지만, 결국 교육훈련이란 조직원의 능력을 개발하고 동기를 유발시키는 것을 목표로 한 것이라 할 수 있다.

이러한 교육훈련의 목적은 인재를 육성하기 위한 기술을 축적하고 커뮤니케이션을 원활히 하여 조직원 상호간의 협력을 도모하여 자기발전에 대한 욕구를 충족시켜 줌으로써 동기를 유발하기 위한 것이다.

㉡ 교육훈련의 중요성

사회복지 기관을 둘러싸고 있는 환경은 수시로 변하고 있다. 클라이언트의 욕구와 지역사회의 기대치도 매우 다양하며, 특히 기관의 예산확보 경쟁은 날로 치열해지고 있는 형편이다. 그러므로 새로운 환경 즉, 새로운 법률이나 사회복지사로서 갖추어야 할 기술 및 새로운 경영방식에 대한 교육과 훈련을 지속적으로 실시하여야 한다.

교육훈련을 통하여 구성원의 잠재적 능력을 개발하고 보다 빠르게 환경에 적응할 수 있게 되며 그로 인하여 효율적인 업무를 수행할 수 있게 될 것이다.

이러한 교육훈련의 중요성을 요약해 보면 다음과 같다(경영학핸드북, 1983; 692).

- 새로 직업을 얻게 된 사람들에게 직무상의 지식이나 기술을 충족시켜 주어야 한다.
- 조직에는 동태성이 있기 때문에, 이미 취업하고 있는 종업원들에게도 계속적인 훈련이 필요하다.

이와 같이 모든 직무에는 직무에 따른 특수한 훈련이 있어야만 효과적으로 직무를 수행할 수 있으며 여기에 교육훈련의 중요성이 가장 크게 존재한다.

② 교육훈련의 종류

교육훈련의 종류는 분류하는 기준에 따라 여러 가지로 나눌 수 있겠지만 교육훈련을 실시하는 장소를 기준으로 분류하여 보면 직장내 훈련과 직장외 훈련으로 나눌 수 있다.

㉠ 직장 내 훈련

직장 내 훈련(OJT : On-the Job Training)이란 현장의 직속상관을 주축으로 하여 직장 내에서 구체적인 직무에 대해서 상사가 부하에게 개별지도를 하고 교육훈련을 시키는 방법이다.

이 방법의 장점과 단점은 다음과 같다.

〈장점〉

- 훈련의 내용이 실제적이다.

- 훈련의 실시가 직장 외 훈련보다 용이하다.
- 훈련의 성과를 바로 확인할 수 있으며 동기를 유발할 수 있다.
- 동료나 상사간의 이해와 협동정신을 고취시킬 수 있다.
- 훈련을 하면서 작업에 임할 수 있으며 비용이 적게 발생한다.
- 종업원의 능력과 습득정도에 따라 훈련을 시킬 수 있다.

〈단점〉
- 우수한 상사가 곧 우수한 교사는 아니다. 즉, 안다고 하여 잘 가르칠 수 있는 것은 아니다.
- 일과 훈련의 양쪽이 모두 소홀해질 수 있다.
- 다수의 종업원을 동시에 훈련시키기가 불가능하다.
- 통일된 내용의 훈련을 하기가 곤란하다.
- 전문적인 고도의 지식과 기술을 가르칠 수 없다.

㉡ 직장 외 훈련

직장 외 훈련(Off JT : Off-the Job Training)이란 교육훈련을 담당하는 전문스텝의 책임 하에 이루어지는 교육훈련을 의미하는 것으로 기업 내의 전문교육조직(연구소, 양성소, 수련원)에 의하여 실시하는 것은 물론 강습회나 강연회의 개최 또는 전문적인 훈련기관에 위탁하여 교육하는 것까지도 포함하여 일컫는 말이다.

이 방법은 구체적인 작업과 직접적인 관련이 없는 보편적인 내용 즉, 업무의 개선방식이나 인간관계의 중요성과 같은 것을 교육하는 데 적합한 방식이다.

직장 외 훈련은 교육훈련의 대상계층에 따라 다음과 같이 나눌 수 있다.

ⓐ 감독자 훈련(TWI :Training Within Industry)

이 방법은 제2차 세계대전 중 미국에서 처음으로 실시되어 전 세계로 보급된 방법으로서 주로 생산현장의 감독자를 중심으로 행하여지는 교육훈련 방식이다.

교육훈련의 내용은 작업지도와 작업개선 그리고 현장의 인간관계를 중심으로 한 부하의 통솔과 작업관계를 주된 내용으로 하고 있다.

ⓑ 관리자 훈련(MTP : Management Training Program)

이 방법은 감독자보다 상위에 있는 중간관리자를 대상으로 하여 비교적 광범위한 경영문제와 경영원칙에 대한 교육을 실시함으로써 관리자가 갖추어야 할 관리 기술의 습득을 목적으로 행하여지는 교육훈련 방식이다.

교육훈련의 내용은 관리의 기초와 원칙, 조직의 검토, 회의진행방법, 부하의 훈련, 직장 내의 사기 등, 중간관리자로서의 자질을 갖추는데 필요한 내용으로 구성되어 있다.

ⓒ 경영자 훈련(ATP : Administrative Training Program)

이는 최고의사결정자를 대상으로 합리적 의사결정에 필요한 광범위한 시야를 배양하는 것을 그 목적으로 하는 교육훈련방식이다.

이 방법의 구체적인 교육훈련 내용은 기업의 목적 및 방침의 확립, 경영 각 부문의 기능, 조직의 원리와 형태 및 구조, 통제의 형식, 조직운영과 조정 등에 관한 내용으로 구성되어 있다.

ⓓ 조직개발방식(OD : Organization Development)

이 방법은 1960년대 이후 미국에서 개발된 방식으로 행동과학의 영향을 받아 이루어진 것이다. 종래의 훈련방식과는 달리 이 방식은 개인보다는 조직전체의 힘을 강하게 하기 위한 것으로 맥그리거(D. McGregor)의 Y이론에 그 근거를 두고 있다.[3] 즉, 인간은 자극을 받으면 스스로 이를 극복하고 개선하는 본성을 가지고 있으므로 조직은 이를 전제로 하여 구성되어져야 한다는 것이다.

이 방법은 조직원의 불만과 반성으로부터 출발하여 조직풍토의 개선을 통해서 이를 해결하고자 하는 것이다.

③ 교육훈련의 방법

교육훈련의 방법은 피교육자의 기능이나 태도 및 지식 정도와 교육목적에 따라 다양한 방법들을 이용하여 교육하여야 한다.

이러한 교육훈련의 방법은 다음과 같은 것들이 있다(오무석 외, 1996: 133).

---

3) 맥그리거(D. McGregor)는 사람의 본성을 부정적인 측면의 X이론과 긍정적인 측면인 Y이론으로 나누고 긍정적인 생각을 갖는 경영자는 부하들의 창의성을 북돋워 주고 서로 협력하는 형태의 조직을 구성할 것이며, 또한 경영자는 조직원을 통제하고 감시하기보다는 자발적으로 협력할 수 있도록 유도하여야 한다고 강조하였다.

㉠ 강의식 방법(lecture method)

학교교육에서 적용되는 것으로서 강사가 구두로 전달하는 방식이다.

㉡ 회의식 방법(conference method)

공통의 문제에 관하여 참가자의 지식과 경험을 회의를 통해 정리함으로써 방안을 모색하려는 방법이다.

㉢ 사례연구(case study method)

사례연구는 실제의 문제를 기술해 놓은 사례를 집단별로 읽고 토론함으로써 그 문제에 대한 해결책을 제시하는 과정에서 피교육자의 판단력, 지식, 태도, 분석능력 등을 깨닫게 하는 방법이다.

㉣ 역할연기(role playing method)

역할연기법(role-playing)은 심리극(psycho drama)이라고도 하며 현실에 가까운 상황을 규정하여 그들의 판단을 실제로 연출시킴으로써 참가자 전원이 비판 내지 토의하여 행위를 개선시키는 새로운 훈련방법이다. 이는 피교육자가 저마다 연기를 하면서 인간상호간에 가지는 제 관계에 대해 연습을 하게 되어 현실적 조건하에서와 같은 실습을 할 수 있다는 장점이 있다.

㉤ 감수성훈련(sensitivity training)

감수성 훈련은 인간관계의 복잡성이 증대하여 가고 있는 고도화된 산업사회에 있어서 감수성이나 자각을 개발하고자 하는 것이다.

먼저 자기통찰을 중시하고 타인에게 이해심을 환기시키며 서로 간에 원활하고 정확한 의사소통을 할 수 있는 능력과 대인간에 생기는 갈등을 해소시키고자 하는 데에 그 목적이 있다.

㉥ 비즈니스 게임(business game)

이는 가공적인 기업의 내부 및 외부환경을 모델화하고 기업경영상의 의사결정 문제를 참가자가 직접 참여하여 여러 가지 문제해결의 정보 분석이나 의사결정의 능력을 훈련할 수 있도록 설계한 게임방법이다.

㉦ 시청각교육방법(audio-visual method)

슬라이드, 비디오, TV, 괘도, 테이프 등의 각종 시청각교재를 이용하여 교육하는 방법이다.

그 밖에도 세미나, 프로그램학습, 통신교육, 집단토의법 등 교육훈련의 방법은 매우 다양하다.

(4) 업무평가

① 업무평가의 의의와 목적

업무평가는 특정 직원의 직무에 대한 기대사항을 설정하고, 직원의 실제 업적을 측정, 평가, 기록하여 당사자인 직원에게 피드백을 제공하는 일련의 과정이다(French, 1987: 319). 조직은 조직이 보유한 인적자원을 보다 효율적으로 활용하기 위해서는 조직원의 능력, 적성, 근무태도 등에 관한 정보를 정확히 파악하여야 한다. 이러한 인적자원에 대한 정보는 여러 가지 방법에 의하여 파악할 수 있지만 대부분의 경우 업무평가를 통하여 파악하고 있다.

즉, 업무평가란 조직 내의 각 직무를 담당하고 있는 조직원의 업무수행능력, 근무성적, 자격, 습관, 태도, 등을 종합적으로 평가하여 조직원의 현재 내지는 잠재적 유용성을 조직적으로 파악하는 방법을 말한다.

그러나 업무평가의 기준이나 운영이 합리적이지 못할 때는 오히려 여러 가지 불만과 문제점이 발생할 수 있다. 그러므로 업무평가 본래의 목적을 달성하기 위해서는 인사고과의 목적에 알맞은 평가 요소를 선정해야 하고, 인사고과의 실기가 고과능력이 있는 사람에 의하여 공정하게 실시되어야 하며, 평가결과가 객관적이고 비교 가능해야 한다.

이러한 업무평가는 조직 내의 상사에 의하여 실시되는 경우가 많으며, 주로 임금관리상의 승급, 상여, 승진, 배치, 교육훈련, 표창 등을 결정하기 위한 것으로 다음과 같은 목적을 들 수 있다.

㉠ 적정한 배치

조직원의 능력이나 적성을 정확히 파악하여 적재적소에 배치함으로써 인적자원

을 효율적으로 사용하기 위하여

㉡ 능력의 개발

조직원의 현재 및 잠재적 능력을 정확히 파악하여 조직 및 조직원 각자가 성장할 수 있는 기회를 부여하기 위하여

㉢ 공정한 대우

조직원의 능력 및 업적을 객관적으로 평가하여 급여, 상여, 승진 등을 공정하게 실시함으로써 의욕을 고취시키고 동기를 부여하기 위하여

② 업무평가의 원칙

업무평가를 공정하게 실시하기 위하여 제도상 또는 운영상 주의하여야 할 점을 살펴보면 다음과 같다.

㉠ 평가기준의 명확화

업무평가를 실시하는 기준 즉, 목적이나 평가방법, 평가 요소 등이 명확해야 한다. 평가기준뿐만 아니라 평가사례나 그 수준까지도 명시하여야 하며 그러한 내용을 평가 대상자에게도 반드시 알려주어 평가기준이나 평가방법에 대한 이해부족으로 인하여 불안해하거나 불신하게 되는 경우를 제거하여야 한다.

㉡ 평가기간의 준수

업적이나 근무태도를 중심적으로 보는 고과에 있어서는 특히 평가기간을 준수하여야 한다. 과거의 평가 내용이나 결과를 답습하지 말고 정해진 고과기준을 준수하여 편견을 버리고 객관적으로 평가할 수 있도록 하여야 한다.

㉢ 평가자의 복수화

업무평가는 사람이 사람을 평가하는 제도이므로 편견이나 주관적 판단에 빠지기 쉽다. 그러므로 1인의 평가대상자를 1인의 평가자에게 맡기지 말고 반드시 2인 이상이 평가하게 함으로써 주관이나 자의적 판단에 의한 오류를 최소한도로 줄일 수 있도록 하여야 한다.

㉣ 1차 평가의 존중

아무래도 1차 평가자는 평가대상자의 직속상관이거나 가장 접촉이 많은 사람인

경우가 많다. 그러므로 1차 평가자는 충실한 평가를 할 수 있는 위치에 있으며 가장 바람직한 평가자가 될 수 있다. 따라서 1차 평가자의 의견을 최대한 존중해 주어야 하며, 2차 평가자는 1차 평가의 내용에 편견이나 주관적 판단은 없는지 또는 추상적으로 근거 없이 평가하지는 않았는지 등에 대하여 검토하는 정도로 평가하여야 한다. 만약 수정해야 할 사항이 있으면 1차 평가자와 충분히 상의하여 수정하는 것이 바람직하다.

㉤ 공사의 확실한 구별

업무평가는 개인의 인격이나 사생활을 평가하는 것이 아니라 조직 내에서의 직무수행능력을 평가하는 것이므로 공과 사를 확실히 구분하여야 한다. 특히, 개인적 친분이나 감정 등을 고려하여 평가하는 것은 반드시 피해야 하며 다만, 직무수행과 직접적인 관계가 없는 것이라 하더라도 조직의 명예를 훼손하였다거나 조직에 악영향을 미치는 행위에 대해서는 그 정상에 따라 고려할 필요가 있다.

③ 업무평가상의 오류

앞서 언급하였듯이 업무평가란 사람이 사람을 평가하는 것이기 때문에 아무래도 여러 가지 오류가 발생할 소지가 많다. 평가를 할 때 범하기 쉬운 오류를 살펴보면 다음과 같은 것들이 있다.

㉠ 현혹효과(halo effect)

평가자가 평가대상자의 특정한 면을 기준으로 다른 것까지 함께 평가해 버리는 경향을 말한다. 독자 여러분도 그 사람의 능력이나 자질에 상관없이 외모나 첫인상에 의하여 사람을 평가하는 오류를 경험한 적이 있을 것이다.

㉡ 관대화 경향(leniency tendency)

평가대상자의 실제 능력이나 실적보다 더 높게 평가하려는 경향을 말한다. 조직 내 구성원에 대하여 평가하여야 하므로 인정상 또는 불필요한 오해를 피하기 위하여 후하게 평가하는 경향이 나타나기 쉽다.

㉢ 중앙화 경향(central tendency)

평가의 결과가 평균치나 중앙으로 집중되어 나타나는 경향을 말한다. 극단적인 평가를 피하려고 하는 심리적 영향에 의하여 발생한다.

㉣ 항상오류(systematic errors)

평가목적에 따라 가치판단이 심리적 영향을 받게 되어 나타나는 오류이다. 예를 들면 감시목적의 평가인 경우는 낮게 평가하려는 경향이 있으며, 관리목적인 경우에는 높게 평가하려는 경향이 있다.

이러한 업무평가 상의 오류를 극복하기 위해서는 평가자에 대한 적절한 교육과 상담, 지도 및 의사소통을 통한 비통제적 방법을 이용하도록 장려하여 복수고과제도나 자기고과제도를 활용하고 부서별 성과측정에 의한 차별적 보상제도와 동료 및 하위자에 의한 인사고과제도 등을 적극적으로 도입하여야 한다.

④ 업무평가 방법

㉠ 서열법

서열법(ranking method)은 성적순위비교법이라고도 하며 근무성적이나 능력에 대하여 개인별로 단순히 순위를 매기는 방법이다. 이 방법은 비교적 간단하게 평가할 수 있기 때문에 규모가 작은 조직이나 특정목적을 위하여 일시적으로 사용할 수는 있으나 평가대상자가 많을 때에는 적용하기가 곤란하다.

㉡ 평정척도법

평정척도법(rating scale method)은 전형적인 업무평가 방법으로서, 조직원의 직무목적 달성 정도에 따라 사전에 마련된 척도를 근거로 하여 평가자가 체크할 수 있도록 하는 방법이다. 비교적 간단하기 때문에 평가방법으로서 널리 보급되어 있는 방법이다.

㉢ 대조법

대조법(check list method)은 조직원의 행동양식에 대하여 구체적으로 나열한 평가항목 중 특정조직원이 이에 해당되는 경우가 있으면 그 항목에 체크하는 방법이다. 체크된 항목의 점수는 평가자가 모르게 되어 있고 인사관리부서에서 일괄적으로 점수를 채점하여 각 조직원에 대한 평가를 시행하는 방법이다. 이 방법은 평가자의 의식적 또는 무의식적 오류를 많이 제거할 수 있으나, 평가항목을 결정하기가 어렵기 때문에 적용하기가 쉽지 않다.

ⓡ 강제할당법

이것은 전체의 평정등급을 일정한 척도로 나누고(수 · 우 · 미 · 양 · 가 또는 A · B · C · D · E 등) 각 등급에다 평가대상자의 일정비율을 의무적으로 강제할당하는 방법이다. 이 방법에 의하면 중앙화 경향이나 관대화 경향을 어느 정도 해소할 수 있는 장점이 있다.

ⓜ 자기평가법

평가대상자로 하여금 스스로 평가하여 보고하도록 하는 제도이다. 즉, 평가대상자 스스로 자신의 능력과 직무환경, 교육훈련 등에 관한 희망사항을 기술하여 정기적으로 보고하도록 하는 방법이다.

(5) 보상

보상이란 업무평가를 바탕으로 기관 구성원이 기관에 기여한 대가로 받는 경제적 및 비경제적 반대급부를 의미한다. 이러한 보상은 주로 금전적 형태인 임금이나 봉급 등으로 지급하는 경우가 대부분이나, 때로는 비금전적인 각종 인센티브가 주어지기도 한다.

보상은 보상을 지급하는 기관측은 가능한 한 적게 지급하려고 노력하고, 반면 피고용자는 가능하면 더 받으려고 노력하게 된다. 따라서 양자 모두를 만족시킬 수 있는 관리기술이 필요하다. 특히, 적절성, 공정성 및 합리성의 원칙이 반드시 지켜지는 임금관리의 기술이 필요하다(이봉수 외, 1997; 288).

(6) 인력 유지

합리적인 절차를 통해 유능한 인재를 확보하였다면, 계속 조직에 남아 기여할 수 있도록 승진 및 이직관리 등 인력관리에 힘써야 한다.

승진이란 수직이동으로써 보다 나은 보수, 권한, 조건, 직위로 상향 이동하는 것을 말한다(양춘희, 1997; 325). 이러한 승진은 조직 구성원의 입장에서는 자아발전의 욕구를 충족시키며 조직 입장에서는 효율적인 인적자원 개발의 토대가 된다(김형식 외, 2002; 209).

승진의 방법에는 능력에 따른 합리적 기준에 의해 승진을 결정하는 능력주의 승진과 선임권을 위주로 하는 연공서열주의 승진 두 가지 방법이 있다(김치영 외, 2006; 174). 능력주의는 승진에 있어서 가장 중요한 원칙으로 유능한 인재의 사기증진에는 도움이 되나 능력을 객관적으로 검증하기 어려워 적용상에 어려움이 있다.

반면 연공주의는 근무년수, 학력, 경력 및 연령 등의 조건이 맞으면 자동으로 승진되는 제도로서 객관적이고 안정적이지만 무사안일주의에 빠지게 하는 단점이 있다. 따라서 혈연, 지연, 연공서열 등에 의한 비합리적 승진이 아닌 능력위주의 합리적이고 공정하며 객관적인 승진관리가 매우 중요하다(김형식 외, 2002; 209).

한편 이직이란 기관인력이 여러 가지 이유로 기관을 떠나가는 것을 의미하는데, 사회복지기관의 경우에도 직원 이직에 대하여 적절한 대처가 필요하다. 이직발생의 배경과 이유에 대하여 이해를 하고, 이직하는 개인과 기관 양자 모두의 손실을 최소화할 수 있는 방법이 이직 인터뷰이다(Skidmore, 1983; 209-210). 이직 인터뷰는 이직 대상자의 동의가 있어야만 수행할 수 있다는 한계를 갖고 있지만, 특히 해고와 같은 비자발적 이직인 경우에는 인터뷰 과정을 통해 이직 대상자의 감정을 희석시킬 수 있고 기관입장에서는 미래의 인력관리를 위한 자료로 활용할 수 있다(Weinbach, 1994; 177-178).

이직의 원인으로는 전직, 협의이직 같은 자발적 이직과 해고, 휴직, 정년퇴직과 같은 비자발적 이직이 있다.

3. 수퍼비전

1) 수퍼비전의 개념

수퍼비전(supervision)이란 라틴어의 super(위에서, 능가하여)와 videre(관찰하는, 보는)의 합성어로서, 사회복지에 있어서 수퍼비전은 사회복지조직에서의 직원이 서비스를 효과적이고 효율적으로 전달하기 위하여 지식과 기술을 잘 사용할 수 있도록 도움을 주는 활동을 말한다(신복기 외, 2004).

또한 수퍼바이저(supervisor)란 감독관으로서 다른 사람의 업무수행에 질적인 책임을 갖고 이를 감독하는 자를 의미하는 것으로 수퍼비전을 주는 수퍼바이저의 역할은 수퍼비전을 받는 상대방(supervisee)을 지지하여 용기를 주고 업무와 관련된 정보를 제공하며 상대방의 말을 듣는 것이다(Skidmore, 1990; 206). 따라서 수퍼비전은 잘 훈련되고 경험과 능력이 있으며 전문직업적 태도 및 전문지식과 기술을 갖추고 있는 사람이 경험·지식·기술이 부족한 사람에게 도움을 줄 수 있다는 전제하에 이루어진다. 그러므로 사회복지 조직에서의 수퍼바이저는 직원들의 일을 조직하고, 모니터링하며, 평가하고, 정서적이고 사회적인 지지까지도 제공하며, 업무담당자들의 전문성 개발에도 기여하고 있다(신복기 외, 2004; 287).

이러한 수퍼비전은 전통적으로 그 필요성이 인정되어 왔는데 사회복지기관의 서비스 제공자인 워커의 능력을 향상시키고 이를 통하여 서비스의 질을 향상시키고자 하는 것으로 특히, 실습생의 경우 실습의 효과를 증진시키기 위하여 수퍼바이저로 하여금 수퍼비전을 주도록 제도화하고 있다.

그러나 수퍼비전이 필요 없다고 주장하는 사람들도 있다. 이러한 주장의 근거로는 첫째, 수퍼비전은 전문직의 자율성을 해친다는 것이고 둘째, 수퍼비전은 관료주의적 발상이라는 것이고 셋째, 사회복지사는 일정한 전문적인 훈련을 받고 일정기간 동안 전문직에 종사하면 서비스를 잘 전달할 수 있는 능력이 갖추어지므로 수퍼비전을 받지 않아도 된다는 것이다. 결국 문제는 수퍼비전은 일률적으로 누구에게나 필요한 것이라기보다는 개인의 능력과 업무경험에 따라 수퍼비전의 질이 정해져야 할 것으로 본다(김치영 외, 2006; 150).

2) 수퍼비전의 기능

수퍼비전은 사회복지기관의 서비스의 질을 향상시키기 위하여 서비스 제공자인 워커의 능력을 제고시키기 위한 교육 및 관리 활동을 의미하는 것으로, Kadushin은 수퍼비전의 기능을 행정적·교육적·지지적 기능으로 분류하였다.

이러한 기능에 대하여 간단히 살펴보면 다음과 같다.

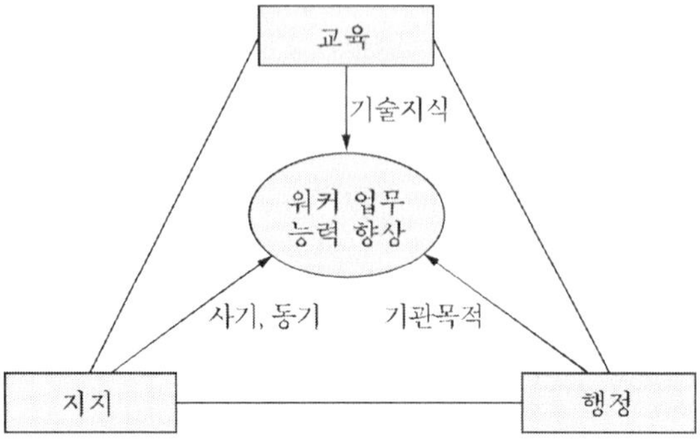

출처 : 김형식 외, 『사회복지행정론』, 2002. p. 210.

〈그림 9-2〉 수퍼비전의 기능

(1) 교육 기능

수퍼비전은 다른 사람을 지도하고 가르쳐 주는 기능을 주요한 기능으로 하고 있다. 교육기능의 목적은 수퍼비전을 받는 사람으로 하여금 전문직업인으로서의 태도를 확립하고 서비스 제공에 필요한 지식과 기술을 향상시키는 데 있다. 이러한 목적을 달성하기 위하여 수퍼바이저는 사회복지철학과 기관의 기본적인 가치 및 정책, 서비스제공에 필요한 사회복지 지식과 기술, 다양한 서비스 실천이론 및 모델, 사용가능한 자원 등에 대한 교육을 실시할 뿐만 아니라 수퍼비전을 받는 사람과 더불어 실제로 실행한 과업에 대하여 잘 된 점과 어려웠던 점에 대하여 함께 토론함으로써 수퍼비전을 제공하게 된다. 이와 같은 수퍼비전의 교육기능은 교육을 통하여 하나의 전문인으로서 워커의 기능을 향상시키는 데 그 초점이 있다.

(2) 행정 기능

행정기능은 수퍼바이저가 조직의 상급자로서 기관의 규정과 절차를 준수하여 서비스를 제공할 수 있도록 하급자에게 지시하고 감독하는 것을 말한다. 이러한 행정적 기능은 업무의 양과 질에 있어서 기관의 목적에 맞는 서비스를 제공하는 것에 초점을 두는 것으로, 그 역할은 ① 직원의 채용과 선발, ② 워커의 임명과 배치, ③ 업무계획, ④ 업무지시, ⑤ 업무위임, ⑥ 업무에 대한 모니터링, ⑦ 업무의 협조, ⑧ 의사소통 촉진, ⑨ 행정적 수장으로서의 역할, ⑩ 변화대행자로서의 역할 등을 수행하여 전반적인 기관 활동에 대한 조정과 통제의 임무를 수행한다.

(3) 지지적 기능

수퍼비전의 지지적 기능은 직원의 사기와 직무만족에 관심을 갖고 사회적 서비스 전달업무를 독려하는 것이다. 즉, 워커에게 스트레스를 유발하는 상황이 어떠한 것인지에 관심을 갖고 스트레스 유발요인을 제거하고, 워커의 동기유발과 사기를 진작시켜 업무만족도를 높이는 데 초점을 둔다. 이와 같은 수퍼바이저의 지지기능은 다수의 경험적 연구(예, Pomeroy, 1980 : Kadushin, 1990)에서 워커의 직무만족에 가장 큰 영향력을 갖는 것으로 분석되었다(김형식 외, 2002: 211).

3) 수퍼바이저의 능력과 역할

(1) 수퍼바이저의 능력

사회복지기관에서 제공하는 서비스의 특성을 감안해 보면 서비스를 직접 제공하는 워커들을 지도 · 감독하는 수퍼바이저의 역할은 매우 중요하다 할 수 있다. 수퍼바이저가 효과적인 수퍼비전을 제공하기 위해서는 다음과 같은 능력이 요구되어 진다(문인숙 외, 1995: 365-367).

① 사회복지사업을 실천하는 직원의 업무를 촉진하는 다양한 실천 능력의 소유

② 사회복지지식의 효과적인 전달능력

③ 직원의 업무수행 평가능력과 직원의 전문적 발전에 필요한 부분에 대한 사정능력의 보유

④ 적당한 권위의 활용 등이다.

(2) 수퍼바이저의 역할

구체적인 일선 수퍼바이저의 역할은 다음과 같다(Bunker & Wijnberg, 1988; 79-116).

① 기관 관리층과 부서간의 관계 조정

② 기관 내 타부서와 교류 촉진 및 갈등 해소

③ 기관 기획활동 참여

④ 부서의 활동성과를 기관 관리층 및 타부서에 대변

⑤ 부서의 과업실행에 대한 전반적 관리

⑥ 부서 구성원들의 팀워크 향상

⑦ 서비스 실천 이론/모델에 대한 지속적 변화 추구

⑧ 워커 개인의 기술/능력 개발

⑨ 워커의 문제해결능력 향상

⑩ 워커에게 위임한 개별적 사례에 대한 목적/임무의 명확화

위에서 제시한 일선 슈퍼바이저의 역할 중 ①~⑤는 수퍼바이저의 행정적 기능을 강조한 것이다. 그리고 ⑥~⑩의 역할은 전문가로서의 워커의 능력향상에 초점을 둔 교육적 목적과 함께 수퍼바이저의 지지적 역할을 강조한 구체적 역할이라고 볼 수 있다(김형식 외, 2002; 212).

4) 슈퍼비전의 유형

수퍼비전의 유형은 수퍼바이저의 개인적 성향과 기관특성 및 상황에 따라서 다양하게 이루어지고 있으며, 수퍼비전의 유형을 구분하기 위한 뚜렷한 기준은 없으나, Watson(1973; 83-86)은 수퍼비전의 유형을 다음의 6개 모델로 구분하여 소개하고 있다.

(1) 개인교사모델

전통적인 방법으로서 수퍼바이저와 워커가 일 대 일의 관계를 통해 수퍼비전이 진행된다. 이 모형은 수퍼바이저와 사회복지사가 개별화된 상황에서 보다 많은 토의시간을 가질 수 있어 초보자에게 크게 도움이 될 수 있는 모형이다(김치영 외, 2006; 157).

(2) 케이스 상담

워커에게 할당된 사례를 놓고 일 대 일 또는 일 대 다수가 사례를 분석한 후 상담을 통하여 워커에게 수퍼비전을 제공하는 방법이다.

(3) 집단 수퍼비전

한명의 수퍼바이저가 다수의 사회복지사를 지도하는 형태로, 일 대 일 관계에서 발생할 수 있는 심리적 갈등을 해소할 수 있고 수퍼바이저의 일방적 교육을 방지할 수 있는 장점이 있다.

(4) 동료 수퍼비전

지정된 수퍼바이저 없이 지식과 기술수준이 비슷한 동료 워커들이 동등한 자격으로 서로의 경험을 나누고 도와주는 형태이다. 사회복지사들이 수퍼바이저로부터 수퍼비전을 받는 이외에 다른 사람들의 경험을 공유함으로써 많은 것을 배울 수 있다는 장점이 있다.

(5) 직렬 수퍼비전

동료 수퍼비전과 비슷한 형태로서 두 명의 워커가 짝이 되어 서로에게 수퍼바이저의 역할을 수행하는 방법이다. 그러나 워커가 경험이 부족하고 지식과 기술수준이 낮으면 발생된 문제에 대한 해답을 찾을 수 없는 것이 단점이다.

(6) 팀 수퍼비전

가능한 다양한 구성원들로 팀을 형성하여 의사일정(agenda)이 구성원들에 의해 사전에 제안되고 구성원들의 상호작용을 통해 한 사례에 대한 결론을 도출한다.

참고문헌

경영학핸드북, 서울대학교 출판부, 1983.

김치영 · 최용민, 『사회복지 행정론』, 21세기사, 2006.

김형식 · 이영철 · 신준섭, 『사회복지행정론』, 동인, 2002.

문인숙 · 김미혜, 『사회복지기관 행정론』, 동인, 1995.

신복기 · 박경일 · 장중탁 · 이명현, 『사회복지행정론』, 양서원, 2004.

양춘희, 『경영학원론』, 선학사, 1997.

오무석 · 조선구 · 주형근, 『사무관리개론 제3판』, 도서출판 두남, 1996.

이봉수 · 김길평 · 김영국 · 이윤철, 『경영학원론』, 명경사, 1997.

한국사회복지사 협의회, 사회복지사와 수퍼비젼, '96년 수퍼바이저 보수교육 교재, 1996.

한재원 · 최기창 · 나승화, 『사무관리개론』, 한올출판사, 1997.

French, W. L., *The personnel management process.* Boston, MA,: Houghton Mifflin Co., 1987.

Skidmore. R. A., *Social work administration : Dynamic management and human Relationships.* Englewood Cliffs, NJ : Prentice-Hall, Inc., 1983.

_______________, *Social work administration : Dynamic management and human Relationships.* 2nd Ed, Englewood Cliffs, NJ : Prentice-Hall, Inc., 1990.

Weinbach, R. W., *The social work as manager : Theory and practice*(2nd Ed), Needham Heights, MA : Allyn & Bacon, 1994.

제10장 재정관리

1. 재정관리의 의의

1) 재정관리의 개념

비영리 사회복지기관이 사회복지서비스를 효과적으로 전달하기 위한 중요한 자원은 인적자원 뿐만 아니라 재정자원도 포함된다. 사회복지조직에서는 정부의 지원과 민간단체 및 개인으로부터 재정자원을 획득하는데, 대부분의 경우 재정이 충분치 못한 형편이다. 또한 사회복지기관은 정부나 민간으로부터 지원받은 재정자원을 효율적으로 사용하고 재정의 사용내역을 투명하게 공개할 책임을 지고 있다.

그러므로 만성적인 재원부족의 현상 속에서 사회복지행정가는 주어진 예산을 보다 효율적으로 활용하기 위하여 예산편성, 예산집행, 회계절차 등과 같은 재정관리 활동에 대한 기본적인 지식과 기술을 소유하고 있어야 한다. 사회복지기관에 대해 재원을 제공하는 지원처가 매우 다양하기 때문에 각각의 재원 지원처가 요구하는 예산과 회계양식 역시 다양하다는 것을 감안한다면 재정의 효율적 활용을 위한 사회복지행정가의 지식과 기술의 필요성은 더 한층 분명해진다(김형식 외, 2002; 225).

이와 같은 재정관리는 사회복지기관이 사회복지서비스를 제공하고 기관을 운영하기 위한 재정자원을 확보하고 이를 효율적으로 사용·관리하는 과정으로 정의할 수 있다. 즉, 재정관리란 조직 목표를 달성하기 위해 필요한 재정자원을 합리적이고 계획적으로 동원하고 배분하고 효율적으로 사용·관리하는 과정을 의미한다(신복기 외, 2004: 294).

일반적인 재정관리의 의미는 좁은 의미와 넓은 의미로 구분해서 설명할 수 있다. 좁은 의미의 재정관리란 자본 운용에 관한 경영자 또는 관리자의 재무활동을 의미한다. 반면, 좀더 넓은 의미에서 본다면 재원의 확보까지를 포함하는 전반적인 재무활동을 의미한다(이종수, 2000: 252).

이러한 재정관리는 예산(재정계획)을 수립하고(예산수립), 예산상의 수입(세입)과 지출(세출)활동을 관리하고(예산집행), 재정자원의 수입과 지출에 관한 사항을 기록·정리하고(회계), 재정관리의 전반적인 과정을 평가(재정평가)하는 절차로 이루어진다(김치영, 2006: 181). 따라서 사회복지기관의 재정관리는 크게 재정획득, 재정 계획, 재정 집행의 세 가지 주요 과정으로 세분할 수 있다(Skidmore, 1983).

2) 재정관리의 중요성

모든 조직이 마찬가지이겠지만 사회복지기관도 재정이 없으면 존립할 수 없을 뿐만 아니라 클라이언트에게 사회복지서비스를 제공할 수도 없다. 그러므로 사회복지기관이 양질의 서비스를 제공하기 위해서는 충분한 재정자원의 확보와 더불어 확보된 재정자원을 투명하고 효율적으로 사용하기 위한 노력을 기울여야 한다.

이러한 사회복지기관의 재정관리 중요성에 대하여 로만(Lohmann, 1980)은 다음과 같이 설명하고 있다(김형식 외, 2002: 126-127: 226 재인용).

첫째, 재정관리는 기관의 생존과 직결되는 사항이다. 기관의 존립을 위해서는 재원의 확보와 조달이 가장 중요한 요인이 된다.

둘째, 재정 운용의 중요성을 강조하는 최근의 경향이다. 국가·지방자치단체 및 민간 기부자 등을 비롯한 재원의 제공자들은 그들이 사회복지기관에 직·간접적으로 제공한 재원이 어떻게 사용되는가에 대해 관심을 갖는다. 기관의 입장에서도 재정의 투명한 운용을 위해서는 재정운영에 대한 원칙 설정과 통제의 노력이 필요하다.

셋째, 재정 운용은 기관의 기획과정과 평가과정에 중요한 영향력을 갖는다. 즉 예산 결정을 바탕으로 기관의 기획노력과 평가의 노력이 시행될 수 있다. 따라서 기관의 미래 활동에 대한 기획과 실행 및 이에 대한 평가의 노력은 근본적으로 기관의 재정관리와 함께 다루어져야 한다.

2. 예산편성

1) 예산의 성격과 기능

예산제도는 중세 영국에서 귀족들로 구성된 의회가 국왕의 징세권 남용을 방지하기 위해서 처음 만들어졌다. 이렇게 중세에 시작된 예산제도는 점점 기술적으로 정비되어 현재에 이르렀으며, 현재는 정부뿐만 아니라 사회복지기관, 병원, 종교단체, 학교 등과 같은 비영리조직에서도 예산을 포함한 사업계획이 승인되어야 비로소 그 조직이 해야 할 일이 결정된다고 할 수 있다.

이러한 성격의 예산은 일반적으로 다음 1년 동안의 재정계획을 의미하는 것으로 기관 활동을 위해 동원하여 사용할 수입과 지출의 명세를 담고 있는 계획서이다. 즉, 예산은 사회복지기관이 일정기간 동안 활동해야 할 목표를 재정적으로 표현한 것이며, 동시에 앞으로 기관이 반드시 수행해야 할 재정활동의 지침이다. 이러한 점에서 기관의 예산은 기관목표의 명확한 설정 없이는 예산이 편성될 수 없다.

우리나라의 사회복지기관 재무 · 회계는 공공사회복지기관의 경우 예산회계법의 적용을 받으며, 민간사회복지기관은 사회복지법인 재무 · 회계규칙의 적용을 받는다.[1] 이 규칙은 총칙, 예산과 결산, 물품, 회계 및 감사 영역으로 구성되어 있으며,

1) 사회복지법인 재무 · 회계 규칙은 1988년 제정되었고 94, 98, 99, 05년에 부분적인 개정이 이루어졌다. 2005년에 개정된 주요내용은 ① 전문개정 ② 전산회계의 도입 등이다.

사회복지기관의 예·결산 및 재정관리에 대한 범위를 규정하여 재무회계 및 후원금 관리의 명확성, 공정성, 투명성을 기함으로써 사회복지법인의 합리적인 운영에 기여함을 목적으로 하고 있다.

예산수립은 단순히 1년간의 수입과 지출의 재정계획을 수립하는 것만이 아니라 다음과 같은 성격도 아울러 가지고 있다는 면에서 중요시 된다(Weiner, 1990 : 김치영, 2006: 182 재인용).

첫째, 예산수립은 정치적 과정이다. 예산은 자원배분이 초점이 되는데 이러한 자원배분에 대한 의사결정은 정치적으로 이루어진다는 의미이다.

둘째, 사업기획 과정이다. 예산수립은 조직의 목표달성을 위한 사업프로그램을 수행하기 위한 것이고, 예산수립의 과정은 목표설정, 대안개발 및 기대효과분석, 효과성 평가기준 설정 등의 사업기획 절차와 병행·통합되므로 사업기획 과정이라 할 수 있다.

셋째, 사업관리 과정이다. 예산수립은 조직의 관리자가 조직 각 단위의 활동과 그 책임자 및 시행일정 등을 검토하므로 사업관리 과정이 된다.

넷째, 회계 절차과정이다. 예산서에는 회계 담당자가 자금의 내적 및 외적 흐름을 통제하고 재정활동을 승인하는 근거가 되므로 예산수립은 회계 절차의 성격을 가진다.

다섯째, 인간적인 과정이다. 예산은 클라이언트와 예산을 집행하는 조직구성원, 지역사회주민들에게 커다란 영향을 미치게 되므로 예산수립을 잘 하려면 이들과 접촉하여 대화하는 기회를 가질 필요가 있기 때문에 예산 수립은 인간적인 과정이라 할 수 있다.

여섯째, 미래를 변화시키는 과정이다. 예산은 장래에 대한 활동계획에 대한 재정계획이므로 미래의 목표를 새로 설정할 수 있고 이에 따른 새로운 활동을 할 수 있기 때문에 미래를 변화시키는 과정이 된다는 것이다.

한편 그로스(Gross et al., 1991) 등은 비영리기관에서 예산의 기능을 다음의 두 가지로 요약하고 있다(383-384: 김형식 외, 2002; 277 재인용).

① 기관 활동에 대한 재정 계획 : 특정(월, 분기, 년 등) 기간 동안의 기관 활동에 대한 구체적인 목적과 목표를 재정적으로 표현한다.

② 재정활동에 대한 감시(monitor)의 도구 : 특정기간 동안의 기관의 재정활동에 대한 감시와 비교의 기능을 수행한다.

2) 예산편성 방법

오늘날 주로 사용되고 있는 예산편성 방법들은 주로 미국 연방정부에서 발달한 방법들을 각 나라 및 조직의 특성에 맞도록 변형하여 발전시킨 것으로서, 사회복지기관에서 활용할 수 있는 예산편성방법을 위주로 설명하고자 한다.

(1) 점증적(Incremental) 예산

1960년대 미국의 공동모금기구에서 주로 활용한 방법으로서 과거의 예산을 바탕으로 미래의 예산을 편성하는 방법으로, 기존예산에 대하여 최소한의 변화를 주어 예산의 현상유지 내지는 안정성 확보에 주력하기 때문에 최저분석이라 불리기도 한다(Lohmann, 1980; 135). 즉, 이 방법은 사회복지기관의 기존사업과 프로그램에 더욱 관심을 갖고 예산을 편성하는 방법으로 계속 사업이나 프로그램이 있는 경우 대부분의 조직에서 이 방법을 많이 사용하고 있다.

이 모델의 근본적 취약점은 지나치게 보수적이며 현상유지를 강조하여 기관의 변화노력에 부정적인 영향을 미칠 수 있는 단점이 있다. 아울러, 기존 사업 및 프로그램에 대한 성과분석을 중요시하지 않음으로써 재정관리에 대한 평가의 필요성을 퇴색시키기도 한다(Lohmann, 1980; 134).

(2) 품목별 예산(Line-item budget)

품목별 예산은 20세기 초 공무원들의 예산지출에 대한 불신이 확산되면서 예산지출에 대한 통제를 강화하고 회계책임을 명백히 함으로써 부정부패를 방지하기 위하여 개발되었다.

이 방법은 지출대상을 품목이나 성질에 따라 분류하여 세출예산을 편성하는 방법이다. 예를 들면 사회복지기관의 경우 품목을 먼저 인건비, 운영비, 시설비 등으로 분리하고 다시 인건비의 경우 급여, 수당 등으로 세분화하여 편성하는 방법이다. 우리나라에서는 세출예산과목에서 장 · 관 · 항 · 세항 · 목이 있는데 이 중 목에 해당하는 것이 품목별 예산이다.

이 방법은 세출항목이 품목별로 표시되어 작성이 용이하고 예산집행 내용을 명확히 보여주며, 지출근거가 명확히 표현되어 예산통제에 효과적이라는 장점이 있으나 다음과 같은 단점도 지적할 수 있다(김문성, 2000 : 남기민 · 최성재, 1993 : 김형식, 2002: 229 재인용).

① 충분한 자료제시의 어려움 : 기관의 사업내용을 구체적으로 알기가 어렵다. 따라서 예산을 어떤 사업 또는 어떤 목적에 사용했는가에 대한 전모를 파악하기가 어렵다.

② 예산의 신축성 저해 : 서비스의 산출이 아닌 투입요소에 초점을 두고 과거 예산을 근거로 예산을 결정하는 점진적 특성으로 인해 예산운영의 신축성을 저해함과 동시에 재정 운영의 경직성을 가질 수 있다.

③ 기능의 중복 발생 : 기관의 부서별로 업무를 추진하는 경우 사업 활동이 중복될 가능성이 많으므로 사업의 효율적 추진 및 타 사업과의 연계가 어렵다

〈표 10-1〉 ○○복지관의 노인교통 지도단속 프로그램의 세입과 세출의 보기

① 세입

과 목			금 액	예산산출근거	
관	항	목			
보조금	보조금	보조금	19,800,000	보조금	19,800,000

② 세출

과목			금 액	예산산출근거
관	항	목		
사업비	사업비	사업비	19,800,000	제복 50,000×100벌=5,000,000 모자 5,000×100개=500,000 차량통제 깃대 5,000×100개=500,000 캠코더 1,500,000×3대=4,500,000 카메라 200,000×10대=2,000,000 인쇄물 제작 200,000×8월=1,600,000 야유회 소계 : 2,000,000 -차량대여비 350,000×2대=700,000 -점심식대 5,000×100명=500,000 -간식비 3,000×100명=300,000 -입장료 2,000×100명=200,000 -기타 소요경비 300,000 발대식 행사비 200,000 활동평가회비 5,000×100명=500,000 우수단원시상비 50,000×10=500,000 상해보험료 25,000×100명=2,500,000

자료 : 신복기외, 2004: 298 수정

(3) 프로그램 예산(Program budget)

프로그램 예산 편성방법은 프로그램 운영의 성과를 성취하는데 필요한 비용을 계산하는데 사용되는 예산편성 방법이다(Kettner, 2002). 이 방법은 품목별 예산이 안고 있는 지출의 이유를 분명히 나타내 주지 못하는 한계를 보완하기 위하여 개발되었는데, 각 프로그램에 대한 구체적 비용의 산출은 전년도 실행 자료를 통하여 계산된다. 사회복지기관의 경우에는 기관 활동을 사업 및 프로그램으로 구분하고 이를 다시 세부적으로 분류하여 각 사업의 단위원가와 업무량을 계산하여 편성하는 과정 중심적 방법을 많이 활용한다(최성재 · 남기민, 1993; 228).

결론적으로 프로그램 예산은 프로그램의 목표를 성취하는데 들어가는 비용을 강조하기 때문에 산출물과 성과(outcomes)를 강조하는 예산수립방식이라고 할 수 있다(지은구, 2005; 329).

프로그램 예산편성 방법은 예산에 대한 정확한 정보제공으로 인하여 프로그램을 감독하고 감시하기가 편리하며, 기관의 활동을 쉽게 파악할 수 있게 한다. 또한 기관 프로그램의 성과를 강조하기 때문에 책임감을 증진시킬 수 있고 사업별 또는 프로그램별로 쉽게 평가할 수 있는 장점이 있다.

그러나 프로그램 예산기법은 단기적 효율성을 지나치게 강조함으로써 프로그램의 장기적인 목표달성을 소홀히 하여 단지 지출비용에 대한 구체적 정보제공에 그칠 우려가 있으며, 예산책정시 프로그램 책임자의 권한이 너무 강력해질 수 있다는 단점이 있다.

따라서, 프로그램 예산은 기관의 프로그램 및 사업에 대한 구체적인 작업계획과 병행되어 작성되어야 할 필요가 있다(김형식외, 2002; 231).

〈표 10-2〉 프로그램 예산의 사례

(단위: 천원)

○○아동복지센터 지출예산 회계연도 : 200x				
비용항목	위탁가정	입양	아동보호서비스	총계
인건비	522,800	237,400	446,600	1,205,800
부가급여	104,560	47,480	89,120	241,160
운영비				
용품	2,500	4,500	5,500	12,500
전화비	1,250	1,500	3,600	6,350
장비사용료	4,500	4,540	3,200	12,240
임대료	3,800	4,600	4,800	13,200
인쇄비	2,500	2,600	2,800	7,900
홍보비	500	100	300	900
회의비	350	200	850	1,400
출장비	31,000	16,000	39,900	86,700
총 프로그램 비용	673,760	318,920	595,470	1,588,150

자료 : Kettner, et al., 1997: 178.: 김형식외, 2002: 230, 재인용

(4) 기획예산

기획예산제도(PPBS : Programming-Planning-Budgeting-System)는 미국의 랜드(Rand) 연구소가 개발하여 1965년 미국 국방부의 예산 편성과정에 채택된 적이 있으나 현재는 사용이 중지된 방법이다.

이 제도는 장기적인 목표를 설정하고 이 목표를 달성하기 위한 장기사업계획을 수립한 후 그것을 실천하기 위하여 연차적인 사업계획과 이를 수행하기 위한 예산을 통합하여 예산을 편성하는 방법이다.

기획예산의 편성절차는 다음과 같다.

① 기관의 장기적인 목표를 확인 개발한다.

② 구체적인 연차별 목표를 잠정적으로 결정한 후 계량화한다.

③ 가용자원, 제약조건 등에 관한 정보를 수집한다.

④ 수집된 정보를 근거로 구체적 목표설정과 우선순위를 정한다.

⑤ 대안을 개발한 후 비용효과분석(cost-benefit analysis)을 통하여 최적안을 선택한다.

⑥ 선정된 대안에 대한 예산을 수립하여 실행가능성을 검토한다.

⑦ 최종 예산을 채택한다.

이 기법의 주요 요소는 기관의 장기 계획, 프로그램 예산, 그리고 비용효과분석 등으로 구성되어 있으며(김문성, 2000: 205), 목표 지향적이고 경제적 효율성을 강조하는 특성이 있다.

이 예산체계는 목표와 사업을 분명히 하고 장기적인 사업계획의 바탕 위에 이루어지기 때문에 사업계획과 예산수립의 괴리를 막을 수 있고 사업의 효과성을 높일 수 있다는 장점이 있다. 그러나 목표설정 과정이 용이하지 않고, 결과에만 치중함으로 과정을 등한시하고 의사결정이 중앙집권화되는 문제점이 있다(김치영외, 2006: 187).

실제 적용과정에서 발생하는 많은 문제점에도 불구하고 PPBS는 점증적인 예산편성과 종합적 예산편성 방식의 논쟁을 주도하면서 재정관리의 근본적 성격에 대한 새로운 방향을 제시한 기법으로 볼 수 있다. 아울러 영기준 예산제도(ZBB)와 같은 비용효과성을 증대하기 위한 여러 가지 방안들을 활용케 하는 요인으로 작용한 것이 PPBS기법이다(Lohmann, 1980: 136-137 : 김형식, 2002: 재인용).

(5) 영기준 예산제도(ZBB : Zero-based-Budget)

영기준 예산제도는 1960년대 초에 미국 행정부의 농무성에서 처음 시험되어 1960년대 중반부터 미국 행정부 내에서 채택되고 있던 기획예산 체계(PPBS)에 통합되어 사용되었고, 1970년대 초에 기획예산 제도가 폐기된 이후에도 미국의 행정부 조직 및 주정부 등에서 사용되었다(김치영 외, 2006; 187).

이 예산편성방법은 전년도 예산을 기준으로 하여 예산을 편성하는 점증적 예산편성방법을 탈피하여 전년도의 사업이나 관행에 구애받지 않고 모든 사업을 재평가하여 예산을 편성하는 방법이다. 즉, 모든 사업을 제로 베이스(Zero-base)에 놓고 매년 모든 사업을 새로 시작한다는 전제하에 사업을 재평가하여 사업의 필요성에 대한 정당성을 확보한 후, 그 우선순위에 따라 예산을 편성하는 방법이다.

그러므로 이 예산제도의 합리적인 예산편성을 위해서는 ① 현재의 사업활동이 능률적이고 효과적으로 이루어지고 있는가, ② 현재의 활동을 축소하여 예산규모를 삭감할 것인가, 혹은 우선순위가 높은 사업에 그 자금을 충당할 것인가에 대하여 관심을 나타내는 것이다(김기태 외, 2005; 206).

이 예산체계의 수립절차는 기본적으로 다음과 같은 네 단계를 거쳐서 이루어진다(김치영외, 2006; 187-188).

① 의사결정 단위의 확인 : 독자적으로 의사결정을 할 수 있는 의미 있는 단위(일반적으로 프로그램 운영팀, 과 등)를 확인한다.

② 의사결정 단위의 분석 : 각 결정단위에서는 사업을 어느 수준에서 어떻게 수행할 것인가에 대한 의사결정 대안을 3가지 정도 개발한다. 이러한 대안은 다른 의사결정 단위의 대안들과 비교하여 예산분배 결정을 할 수 있도록 문서로 정리되어야 하는데, 이는 의사결정 단위의 목표, 활동, 비용과 편익, 업무량, 업무측정, 목표달성을 위한 대안, 업무수행의 예상결과(효과)(각 대안의 수준에서 어느 정도의 효과가 있을 것인가) 등을 분석한 것이다. 의사결정 3가지 대안은 일반적으로 의사결정 단위가 할 수 있는 최저수준의 활동과 소요예산, 현행과 같은 수준의 활동과 소요예산, 현행 수준 이상의 활동과 소요

예산이 된다.

③ 각 대안의 비교 및 우선순위 부여 : 각 의사결정 단위의 대안과 다른 의사결정 단위의 대안들과 비교하여 우선순위를 부여한다.

④ 대안에 대한 예산배정 수준 결정 : 우선순위에 따라 적합한 대안들을 선택한다. 그러나 어떤 결정단위의 대안은 폐기될 수도 있기 때문에 결정 단위마다 반드시 대안이 하나씩 선택되지 않을 수도 있다.

영 기준 예산의 장점은 예산을 절약할 수 있고 자원배분의 효율성을 높일 수 있으며, 예산배정의 탄력성이 높아 외부환경의 변화에 신속히 대응할 수 있다는 점이다. 반면에 지나치게 합리성만을 강조하여 구성원의 심리적, 정치적 요인들을 등한시하고 있으며, 예산의 빈번한 변경은 예산편성에 많은 시간과 정보 및 높은 분석기술이 요구될 수 있다. 특히 매년 동일하게 반복되는 항목까지 처음부터 다시 검토한다는 것은 시간과 노력의 낭비를 초래할 수 있다.

사회복지기관에서 이 제도를 활용한다는 것은 인력부족과 사회복지사의 업무량과다로 인하여 많은 어려움이 따를 수 있다. 그러나 재정관리의 책임성 증진을 위해서 이 제도의 장점을 살려 다른 예산방법과 통합하여 활용할 필요성이 있다(성규탁, 2000; 293).

3) 예산안 편성절차

기관의 재정활동 계획을 문서화한 것이 예산안(budget proposal)인데, 예산안은 금전적인 요인과 시설, 장비 또는 현물 등을 포함하는 비금전적인 요인을 모두 포함한다(김형식 외, 2002; 234).

이러한 사회복지기관의 예산안은 재원 제공자의 요구에 따라 다양하게 만들어질 수 있으나 일반적으로 다음의 요소들로 구성된다(Bruce, 김형식 외, 2002; 235 재인용).

① 프로그램 목적에 대한 개요

② 서비스에 대한 정의

③ 욕구 인구 및 서비스 활용수준에 관한 추정치

④ 프로그램 실행을 위해 소요되는 비용과 그에 따라 요청되는 자금

이와 같은 요소를 포함하는 예산안의 작성과정에 대하여 Gross 등은 다음 그림과 같은 과정을 거쳐 작성하게 된다고 제시하고 있다(Gross, et al., 김형식 외, 2002; 235 재인용).

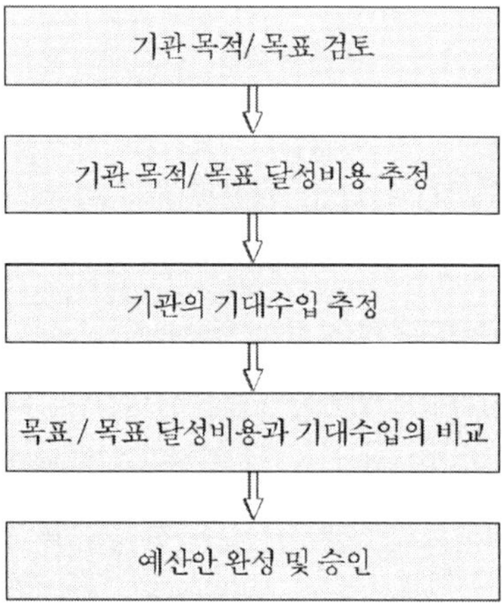

〈그림 10-1〉 예산 편성의 과정

또한 김치영 등(2006)은 예산수립절차에 대하여 다음과 같이 설명하고 있다(pp. 190-191: 요약정리).

① 조직의 단기적 구체적 목표설정 : 먼저 조직이 기존목표를 재검토하고 필요한 경우 새로운 목표를 설정해야 한다.

② 조직 운영에 대한 자료수집 : 조직이 과거 및 현재의 운영전반에 관한 정보를 수집해야 한다.

③ 운영대안의 고려 : 수집된 정보를 기초로 하여 조직의 기존 목표 및 새로 설정된 목표달성을 위해 가능한 대안을 생각해 보는 것이 필요하다. 이때 운영대안들에 대한 비교 가능한 기준을 만들고 그러한 기준에 의하여 각 대안을

고려해야 한다.

④ 조직 활동의 우선순위 결정 : 조직의 장기적 및 단기적 목표와의 관련성, 조직으로서의 필요성, 시급성, 효과성, 효율성, 재정 가능성 등을 비교하여 우선순위를 정한다.

⑤ 우선순위에 따른 예산안(지출 및 수입 예산) 잠정적 확정 : 다양한 수입원에 대한 정보를 수집하여 재정자원의 동원가능성을 검토한 후 지출예산을 잠정적으로 확정한다.

⑥ 재정 원천과의 접촉 및 확인 : 잠정적으로 확정된 예산안을 가지고 가능하다고 생각되는 재정 원천과 접촉하여 수입을 확인해야 한다.

⑦ 예산안 수정 및 확정 : 재정 원천과 접촉하여 수입이 확인되면 수입예산 및 지출예산을 수정(삭감 또는 증액)하여 최종적으로 예산안을 확정하고 이사회에 제출하여 승인을 얻도록 한다.

3. 예산의 집행과 회계

1) 예산집행

예산안이 통과되어 재원을 확보하게 되면 경비를 지출하는 예산집행을 하게 된다. 예산안은 행동을 하기 위한 계획이었지만 이제부터는 계획이 실천되기 위한 지침의 역할을 하게 되는 것이다(박차상, 1999: 511). 아무리 잘 편성된 예산안이라 할지라도 집행과정에 문제가 있다면 예산의 낭비를 초래하고 나아가 조직의 존속마저도 위협받게 된다. 따라서 이때부터 예산은 조직의 업무활동 계획과 자원 확보의 도구에서 조직의 업무수행을 통제하는 수단으로 바뀌게 되는 것이다.

이러한 예산집행 관리 중 가장 중요한 것은 예산액과 실제 집행액을 확인하는 것이다. 사회복지기관을 둘러싸고 있는 환경은 항상 가변적이며, 또한 예산은 미래의 불확실성을 담보하고 예측한 금액이므로 상황에 따라 시의적절하게 변경될 수도 있다. 따라서 예산집행은 예산안에 명시된 목적과 일치하도록 사용하여야 하며, 예산

금액의 한도 내에서 지출이 이루어져야 하는 것이 원칙이지만, 필요에 따라 예산의 전용 또는 예산의 전이가 발생될 수도 있다. 이러한 전용으로 인하여 예산의 유연성과 융통성이 확보될 수 있다.

그러나 예산의 전용은 매우 조심스럽게 이루어져야 하는데 지나치게 빈번한 전용은 예산에 대한 신뢰성을 떨어뜨리고 통제의 기능을 무색하게 할 수 있으며, 또 어떤 경우에는 재원의 제공자가 예산전용이 불가능하도록 지침을 만들어 재원을 제공하기 때문이다. 그러므로 사회복지 행정가는 자금흐름에 대한 정보와 일계표, 시산표 등 회계에 대한 지식 및 재무제표를 이해할 수 있는 능력을 배양해야 할 뿐만 아니라, 재원제공자가 요구하고 있는 자금운용의 지침에 대하여도 정확히 숙지하고 있어야 한다.

2) 회계

1941년에 발표된 미국공인회계사회(AICPA)의 회계용어공보에서 회계란 "재무적 성격을 갖는 거래나 사상을 화폐단위에 의하여 의미있는 방법으로 기록 · 분석 · 요약하고 그 결과를 해석하는 기술"로 정의하고 있다(AICPA, 1941: APB No.1).

그러나 1966년에 발표된 미국회계학회(AAA)의 "기초적 회계이론에 관한 보고서(ASOBAT)"에 의하면 "회계란 정보이용자가 사정에 정통한 판단이나 의사결정을 할 수 있도록 경제적 정보를 식별 · 측정 · 커뮤니케이팅하는 과정이다"라고 정의하고 있다.

앞의 정의에서 보듯이 회계는 기관의 수입과 지출에 관한 기록과 장부 등을 단순히 체계적으로 관리하는 활동에서, 기관을 둘러싸고 있는 정보이용자가 의사결정을 할 수 있도록 정보를 제공해 주는 것으로 발전하였다. 이러한 의미에서 사회복지기관의 회계도 기관을 둘러싸고 있는 이해관계자 즉, 재원제공자, 클라이언트, 감독기관, 사회단체 등에게 투명하고 공정하게 기관의 자금흐름에 대한 정보를 제공해 줄 의무가 있다.

현재 사회복지법인의 회계는 당해법인의 업무전반에 관한 회계(법인회계), 당해법인이 운영하는 사회복지시설에 관한 회계(시설회계), 법인이 수행하는 수익사업에 관한 회계(수익사업회계)로 구분하여 처리하도록 하고 있다(제6조). 그리고 회계는 단식부기에 의하며 다만, 법인회계와 수익사업회계에 있어서 복식부기의 필요가 있는 경우에만 복식부기에 의하도록 규정하고 있어 단식부기와 복식부기가 혼용되어 사용되고 있다(제23조).[2)]

그러나 사회복지기관의 회계관리는 일반적으로 ① 자금이 계획한 대로 지출되고 있는가? ② 지출이 예상된 수입을 초과하지 않는가? ③ 지출의 비용은 적정한가에 대한 관리를 중심으로 수행된다(성규탁, 2000; 298). 이와 같은 회계관리를 효과적으로 수행하기 위해서는 사회복지기관도 기본적으로 복식부기시스템이 도입되어야 한다.

현행 우리나라의 정부예산은 정부 재정활동의 효율성, 투명성, 책임성 제고차원에서 2003년부터 일반회계까지 복식부기제도를 도입하고 있으므로, 사회복지법인의 법인회계에 있어서도 복식부기제도의 도입을 의무화할 필요가 있다. 이러한 의미에서 2005년에 개정된 사회복지법인 재무 · 회계규칙에서 법인의 재무회계에 전산회계시스템을 도입한 것은 매우 의미 있는 일이라 할 것이다(제6조의 2). 복식부기제도가 도입되어야 한정된 자원을 최적의 상태로 분배하며 기관의 인적 · 물적 자원을 효과적으로 지휘 · 통제할 수 있다.

한편, 사회복지법인 재무 · 회계 규칙은 1998년도에 사회복지기관의 재원 중 중요한 비중을 차지하고 있는 후원금에 대하여 후원금 관리에 대한 규정을 신설하였다. 이 규칙에 의하면 후원금이란 아무런 대가없이 무상으로 받은 금품 또는 자산으로 규정하고 있으며, 후원금의 수입 · 지출 내용과 관리에 명확성이 확보되도록 하여야 한다고 명시하고 있다. 또한 시설거주자가 받은 개인결연 후원금을 당해인이 정신질환 기타 이에 준하는 사유로 관리능력이 없어 시설의 장이 이를 관리하게 되는 경우에도 명확성이 확보되어야 한다고 규정하고 있으며, 후원금을 세입 · 세출 예산

2) 단식부기란 가정에서 작성하는 가계부처럼 단순히 현금위주로 현금의 수입과 지출을 기록하는 부기로서 재산의 증감을 파악하기가 어려울 뿐만 아니라 자기검증기능이 없어 부정이 발생할 소지가 높고, 내부통제기능이 없어 감사를 수행하기가 어렵다.

이에 반하여 복식부기는 거래의 이중성과 대차평균의 원리에 차변과 대변이 반드시 일치하여야 하므로 자기검증기능이 높을 뿐 아니라 거래의 원인과 결과가 분명히 기록됨으로써 회계처리가 투명하고, 자산과 부채 등의 변동사항을 정확히 파악할 수 있다는 장점이 있다.

에 편성하여 관리하도록 하고 있다.

최근 사회복지기관이나 시설에 제공되는 후원금이 증가하고 있는 추세를 볼 때, 후원금에 대한 관리규정을 정확하게 숙지할 필요가 있는데, 사회복지법인 재무 · 회계규칙 중 후원금 관리의 명확성 확보를 위한 규정을 살펴보면 다음과 같다.

제41조의4(후원금의 영수증 발급 등) ① 법인의 대표이사와 시설의 장은 후원금을 받은 때에는 「소득세법 시행규칙」 제101조제20호의2에 따른 기부금영수증 서식 또는 「법인세법 시행규칙」 제82조제7항제3호의3에 따른 기부금영수증 서식에 따라 후원금 영수증을 발급하여야 하며, 영수증 발급목록을 별도의 장부로 작성·비치하여야 한다. 〈개정 2009.2.5. , 2012.8.7. 〉

②법인의 대표이사와 시설의 장은 금융기관 또는 체신관서의 계좌입금을 통하여 후원금을 받은 때에는 법인명의의 후원금전용계좌나 시설의 명칭이 부기된 시설장 명의의 계좌(이하 "후원금전용계좌등"이라 한다)를 사용하여야 한다. 이 경우 후원자가 영수증 발급을 원하는 경우를 제외하고는 제1항에 따른 영수증의 발급을 생략할 수 있다.

③ 법인의 대표이사 및 시설의 장은 후원금을 받을 때에는 각각의 법인 및 시설별로 후원금전용계좌등을 구분하여 사용하여야 하며, 미리 후원자에게 후원금전용계좌등의 구분에 관한 사항을 안내하여야 한다.

④ 모든 후원금의 수입 및 지출은 후원금전용계좌등을 통하여 처리하여야 한다. 다만, 물품 형태의 후원금은 그러하지 아니하다.

제41조의5(후원금의 수입 및 사용내용통보) 법인의 대표이사와 시설의 장은 연 1회이상 해당 후원금의 수입 및 사용내용을 후원금을 낸 법인 · 단체 또는 개인에게 통보하여야 한다. 이 경우 법인이 발행하는 정기간행물 또는 홍보지등을 이용하여 일괄 통보할 수 있다.

제41조의6(후원금의 수입 · 사용결과 보고 및 공개) ① 법인의 대표이사와 시설의 장은 제19조 및 제20조에 따른 결산보고서를 제출할 때에 별지 제19호서식에 의한 후원금수입및사용결과보고서(전산파일을 포함한다)를 관할 시장 · 군수 · 구청장에게 제출하여야 한다.

② 시장·군수·구청장은 제1항에 따라 제출받은 후원금수입및사용결과보고서를 제출받은 날부터 20일 이내에 인터넷 등을 통하여 3개월 동안 공개하여야 하며, 법인의 대표이사 및 시설의 장은 해당 법인 및 시설의 게시판과 인터넷 홈페이지에 같은 기간 동안 공개하여야 한다. 다만, 후원자의 성명(법인 등의 경우는 그 명칭)은 공개하지 아니한다.

제41조의7(후원금의 용도외 사용금지) ① 법인의 대표이사와 시설의 장은 후원금을 후원자가 지정한 사용용도외의 용도로 사용하지 못한다.

② 보건복지부장관은 후원자가 사용용도를 지정하지 아니한 후원금에 대하여 그 사용기준을 정할 수 있다.

③ 후원금의 수입 및 지출은 제10조의 규정에 의한 예산의 편성 및 확정절차에 따라 세입·세출예산에 편성하여 사용하여야 한다.

또한 사회복지법인이나 시설은 회계관리를 위하여 현금출납부, 총계정원장, 재산대장, 비품관리대장 등의 회계장부를 두어야 한다(사회복지법인 및 사회복지시설 재무·회계 규칙 제24조).

4. 결산과 감사

1) 결산

결산이란 예산집행의 마무리 단계로, 일정시점에서 그 기간의 재정상태를 적정하게 측정하고 정리하여 수입과 지출을 확정하고 보고서를 작성하는 과정이다. 결산이 필요한 이유는 법인의 경우 이사회의 의도대로 법인이나 시설이 예산을 집행하였는지를 규명하고 흑자나 적자의 크기를 확인하고 결산 결과를 다음해 예산에 반영시키기 위해서이다(김치영 외, 2006; 196).

사회복지기관의 경우 재정 지원처가 다양하므로 각각의 재정 지원처가 요구하는 결산보고서 역시 다양하다(김형식 외, 2002; 242). 사회복지법인 재무·회계규칙에 의하면 정부보조를 받는 법인이나 시설은 세입 · 세출 결산보고서를 작성하여 이사회의 의결을 거친 후, 다음 연도 3월 31일까지 관할 행정기관인 시장 · 군수 · 구청장에게 결산보고서를 제출하여야 한다. 이때 제출하여야 할 서류는 단식부기인 경우에 세입세출결산서, 과목전용조서, 예비비사용조서, 기본재산수입명세서 및 법인세 신고서 등이며, 복식부기인 경우에는 이외에도 대차대조표, 수지계산서, 감사보고서 및 각종 명세서 등 총 22건에 달한다(제20조).

이 과정에서 사회복지기관은 회계관리에 대한 외부 전문가인 공인회계사에게 결산관리를 위임할 수 있다. 이 경우가 기관의 독자적 감사(independent audit)의 형태인데, 독자적 감사는 다음과 같은 이유에서 필요하다(Gross et al., 1991; 453-456, 김형식 외, 2002; 234 재인용).

(1) 신뢰성 있고 명확한 재무제표의 작성

독자적 감사를 통해 가장 확실하게 얻을 수 있는 장점이다. 재무제표의 중요한 기능 중 하나는 일정 회계연도 동안에 기관에서 벌어진 재무와 관련된 거래나 사건을 재원 제공자에게 알려주는 직접적인 의사소통으로 활용된다는 것이다. 독자적 감사에 대한 회계전문가의 참여는 재무제표가 수행하는 의사소통의 기능을 더욱 원활하게 진행될 수 있도록 한다. 이는 궁극적으로는 기관의 신뢰성을 높여줄 수 있다. 아울러 회계전문가에게 보다 명확하고 이해하기 쉬운 재무제표의 작성을 위한 기술적 도움을 얻을 수 있다.

(2) 재정관리에 대한 관리 · 통제 방법의 확보

회계전문가는 독자적 감사를 통해 지출관리 및 장부작성 등 기관의 재정관리를 보다 효율적으로 수행하기 위한 의견을 제공할 수 있다. 특히, 기관의 이사들과 기관행정가들이 참여하는 정기적인 회의에 회계전문가가 참여함으로써 기관의 재정관리에 대한 전반적인 충고와 조언을 제공받을 수 있다.

(3) 각종 세무활동에 대한 기술적 지원확보

사회복지법인이나 기관은 세금의 납부와 같은 각종 세무활동들을 수행한다. 특히 법인이 수익사업을 하는 경우에는 세무절차가 매우 복잡하고 까다롭기 때문에 회계전문가의 전문적 도움은 재정관리의 효율성을 기하기 위해 매우 필수적인 사항이다.

이와 같이 독자적 감사는 사회복지기관에 도움을 줄 수 있는 방법이지만, 회계전문가에게 모든 재정관리를 위임한다는 것을 의미하는 것은 아니다. 즉 각종 회계장부의 기록과 같은 재무제표의 작성은 기관 행정가와 회계담당자의 몫이며, 독자적 감사를 위한 회계전문인의 역할은 기관에서 작성한 재무제표에 대한 전반적인 수정의 노력에 한정되어야 한다는 것이다(김형식 외, 2002; 244).

2) 감사

회계감사란 조직의 수입지출 결과에 관한 사실을 확인 · 검증하고 이에 관한 보고를 하기 위하여 장부 및 기타 기록을 체계적으로 검사하는 행위를 말한다(김치영 외, 2006; 196). 이러한 회계감사의 신뢰성을 높이고 투명성을 확보하기 위해서는 앞에서 언급한 독립된 제3자로부터 독자적 감사를 받을 필요가 있다.

이러한 회계감사의 주요 관심사는 재정기록의 정확성과 표준화된 양식을 얼마나 잘 지켰느냐에 있다. 이것은 일반적으로 사회복지서비스기관에 있어서 지출이 교부금이나 계약의 요구사항을 잘 따랐느냐 하는 것을 포함한다. 그리고 회계감사는 품목중심의 예산제도 하에서 회계기록을 대상으로 지출의 적법성을 검증하는 것 뿐만 아니라 프로그램 중심 예산제도 하에서의 프로그램의 능률성과 효과성을 검증하는 것도 대상으로 할 수 있다(신복기 외, 2004; 318).

현행 사회복지법인 재무 · 회계규칙에 의하면 사회복지법인과 시설은 매년 1회 이상 감사를 받아야 하며, 특히 법인의 대표이사는 시설의 장과 수입원 및 지출원이 사망하거나 경질된 때에는 그 관장에 속하는 수입, 지출, 재산, 물품 및 현금 등의 관리상황을 감사로 하여금 감사하게 하여야 한다. 이 경우에는 감사를 함에 있어서 전임자가 입회하여야 하며, 입회할 수가 없을 경우에는 그 전임자가 지정하거나 법인의 대표이사가 관계직원 중에서 지정한 입회인을 입회하게 하여야 한다(제42조).

또한 감사는 감사복서를 작성하여 서명날인하여야 하며 만약, 감사결과 재산상황 또는 업무집행에 관하여 부정 또는 불비한 점이 발견된 때에는 시장 · 군수 · 구청장에게 보고하여야 한다(제42조).

이러한 감사의 유형에는 규정준수 감사와 운영감사가 있다. 규정준수 감사란 기관의 재정운영이 적절한 절차에 따라 시행되며, 재정이나 다른 보고서들이 적절하게 구비되었는지, 조직에 적용된 각종 규칙과 규제들을 조직이 잘 준수하고 있는지를 확인하는 과정이다(신복기, 2004; 318). 이 방법은 주로 품목별 예산제도에서 활용되는 방법이며, 업무의 효과성이나 능률적인 경비지출 여부를 중시하기보다는 단순히 규칙과 절차의 준수여부만을 감사하는 방법이다. 따라서 지나치게 형식에 집착하는 관료적 병폐를 드러나게 할 수 있는 단점이 있다.

반면 운영감사는 기능별 예산과 프로그램 예산 형식을 토대로 바람직한 프로그램 운영 결과의 산출여부, 목적 성취의 효과성과 효율성 등에 대해 관심을 갖고 규정감사의 약점을 보완하는 감사이다. 따라서 규정 감사보다는 운영감사가 사회복지조직의 감사를 위해서는 보다 적극적으로 활용되어야 할 필요가 있다(김영종, 1998; 146-147). 즉 회계관리에 대한 감사 이외에도 사회복지기관의 감사기능은 재원의 제공자가 의도한 사업과 프로그램이 제대로 수행되었으며, 또 사업과 프로그램이 의도한 목적이 달성되었는가에 대한 평가가 더욱 중요하기 때문이다(Flynn, 1987; 43, 김형식 외, 2002; 245 재인용).

참고문헌

경영학핸드북, 서울대학교 출판부, 1983.

김기태 · 김경우 · 김학만 · 이승현 · 최용, 『사회복지행정론』, 대왕사, 2005.

김문성, 『행정학의 이해』, 박영사, 2000.

김영종, "사회복지조직들의 혁신을 위한 과제와 조건", 사회복지행정학회 추계학술 발표, 1999.

김치영 · 최용민, 『사회복지 행정론』, 21세기사, 2006.

김형식 · 이영철 · 신준섭, 『사회복지행정론』, 동인, 2002.

문인숙 · 김미혜, 『사회복지기관 행정론』, 동인, 1995.

박연호, 『사무관리신론』, 증보판, 법문사, 1993.

박차상, 『현대사회복지행정론』, 학지사, 1999.

보건복지부, 사회복지법인 재무 · 회계규칙, 2005.

성규탁, 『사회복지행정론』, 법문사, 2000.

신복기 · 박경일 · 장중탁 · 이명현, 『사회복지행정론』, 양서원, 2004.

양춘희, 『경영학원론』, 선학사, 1997.

오문석 · 조선구 · 주형근, 『사무관리개론 제3판』, 도서출판 두남, 1996.

이기호 · 박호인 · 권방현, 『경영학원론』, 무역경영사, 2003.

이봉수 · 김길평 · 김영국 · 이윤철, 『경영학원론』, 명경사, 1997.

이종수, 『행정학사전』, 대영문화사, 2000.

이평원, 『행정조직의 이해』, 책과 공간, 2000.

지은구, 『사회복지행정론』, 청목출판사, 2005.

한국사회복지사협회, 사회복지사와 수퍼비젼, '96년 수퍼바이저 보수교육 교재, 1996.

한재원 · 최기창 · 나승화, 『사무관리개론』, 한올출판사, 1997.

Abels Paul, M. Murphy, *Administration in the human services: A Normative Systems Approach.* New Jersey: Prentice Hall, Inc., 1981.

Flynn, J. P., *Licensing and regulation of social service. Encyclopedia of Social Work*(18th Ed), Silver Spring, MD: NASW press, 1987.

French, W. L., *The personnel management process*, Boston, MA.: Houghton Mifflin Co., 1987.

Gross, M. J., Warshauer, W., & Larkin, R. F., *Financial and accounting guide for not-for-profit organization*(4th Ed), New York: John Wiley & sons, Inc., 1991.

Kettner, P. M., Martan, L. L., & Money, R., *Desiging and Managing Programs.* (2nd ed) Newbury, CA: Sage, 1997.

Kettner, P. M., *Achieving excellence in the management of human services organization*. Boston: Allny and Bacon, 2002.

Lohmann, R. A., Financial management an social administration. In F. D. Permutter & S. Slavin (Eds), *Leadership in social administration: Perspectives for the 1980s*. Philadelphia, PA: Temple University Press, 1980.

Skidmore. R. A., *Social work administration : Dynamic management and human Relationships*. Englewood Cliffs, NJ : Prentice-Hall, Inc., 1983.

Skidmore. R. A., *Social work administration : Dynamic management and human Relationships*. 2nd Ed, Englewood Cliffs, NJ : Prentice-Hall, Inc., 1990.

Trecker, H. B., *Social Work Administration : Principles and Practice*, New York: Association Press, 1977.

Weinbach, R. W., *The social work as manager : Theory and practice*(2nd Ed), Needham Heights, MA : Allyn & Bacon, 1994.

Weiner, M. E., *Human service management: Analysis and applications*, Belmont, CA: Wadsworth, 1990.

W. Ehlers, M. Austin & J. Prothero, *Administration for the Human Services*, New York, N.Y : Harper & Row Publishers, 1976.

제11장 정보관리

1. 정보의 개념과 정보사회의 출현

1) 정보의 개념

정보의 개념은 고정불변의 것이 아니라 시대의 변화에 따르는 유동적인 것으로서 정보화 사회의 등장 이후에 크게 변화되었으며, 정보화 사회가 심화되어 가면서 계속 변천되어 가고 있다. Davis와 Olson(1984; 23)은 정보를 '수신자에게 의미있는 형태로 처리된 데이터이며, 현재 또는 미래의 결정이나 행동에서 실제적이거나 인지(perceived)된 가치를 갖고 있는 것'이라고 정의한 바 있다.

정보란 인간의 감각을 통하여 인지되는 알림의 내용으로서 어느 특정한 목적의 달성을 위한 행동의 선택(의사결정)에 도움을 주는 것이다. 정보는 어떤 개인이나 조직의 특정 목적을 위하여 만들어진 기호 및 기호의 체계이며 어떤 의도 하에 정리 또는 가공한 자료의 집합인 것이다. 정보는 자료로 구성된다. 일정한 목적에 기여하는 효용을 가질 수 있도록 자료를 정리 · 정제한 것이 정보이다.

자료는 사람, 물체, 사건, 사상과 의견, 그리고 개념 등을 인간 또는 기계가 감지할 수 있도록 숫자, 문자, 기호와 같은 상징적 부호를 사용하여 형상화한 것이다.

자료는 비조직적인 사실이며 아직 평가가 내려지지 않은 부호의 모임인 것이다. 자료는 정보의 소재이다. 정보는 자료를 처리하여 만들어낸다. 즉 일정한 기준과 약속에 의하여 선별, 전환, 조직화, 모델링 등의 처리과정을 거쳐 판단자료로서 가치가 있는 것으로 승격시킨 것을 정보라고 한다.

2) 정보사회의 출현

현대사회는 자본과 자원이 중요시되는 산업사회(industrial society)에서 정보통신기술의 급진적 발달과 더불어 정보의 가치가 그 어느 때보다도 중요시되는 정보사회(情報社會: information society)로의 전환이라는 역사적 변혁기에 접어들었다.

우리는 정보관리를 위해서 사회복지행정체제를 둘러싸고 있는 정보환경이 사회복지행정과 복지서비스 전달체계에 어떠한 영향을 미치며, 또한 사회복지 서비스의 효과적 전달을 위하여 이런 정보기술을 어떻게 관리·이용할 것인가에 대하여 관심을 가질 필요가 있다.

정보기술의 개념에는 다음의 요소들이 내포되어 있다(총무처 정부혁신기획단, 1997; 520-521).

첫째, 전산화의 개념이다. 종전에 사람이 처리하던 일을 컴퓨터가 대신 처리할 경우 작업의 속도를 향상시키고 오류를 줄일 수 있다. 전산화를 통해 대외적으로 고객에 대해 신속하고 정확한 서비스를 제공할 수 있으며, 대내적으로는 업무능률을 향상시킬 수 있다.

둘째, 데이터베이스의 구축이다. 아무리 최신 기종의 컴퓨터라도 사실 판단 또는 의사결정에 도움이 될 수 있는 자료를 사람이 알아볼 수 있는 형태로 정리·입력되지 않으면 무용지물인 것이다. 따라서 서류의 형태로 보관되어 있던 자료의 전산입력, 새로운 자료의 수집·입력, 각 부서와 기관에 분산되어 있는 자료의 통합, 입력된 자료를 쉽게 찾을 수 있는 검색체계 등 효율적인 데이터베이스 구축은 컴퓨터의 효과적인 활용에 필수적이다.

셋째, 정보공유 및 통신의 개념이다. 개개의 컴퓨터는 설치되어 있는 부서 또는 직원만이 이용할 수 있다. 전화선이나 기타 통신수단에 의해 하나의 컴퓨터를 여러 부서에서 활용할 수 있게 되고 멀리 떨어져 있는 기관끼리 데이터베이스의 정보를 공유할 수가 있다. 서울에 거주하는 자가 타 지역에서 주민등록초본을 발급받거나 원격지의 기관장이 상급기관장을 방문하지 않고도 전자결재시스템을 통해 결재를 받을 수 있는 것은 이와 같은 컴퓨터 상호간의 통신이 가능하기 때문인데, 이를 위해서는 기존의 전화케이블을 활용하거나 근거리통신망 등의 시설을 설치하여 컴퓨터 네트워크를 구축해야 한다.

넷째, 정보기술의 가장 큰 장점은 업무처리가 신속하고 편리해진다는 것이다. 멀리 떨어진 행정기관을 찾아가지 않고도 컴퓨터와 통신회선을 이용해 일을 처리할 수 있고 행정기관을 찾아가는 경우에도 기다리는 시간을 줄일 수 있다. 그뿐만 아니라 인건비 절감과 하나의 기관이 수집한 정보를 여러 기관이 공유함으로써 비용 절감을 꾀할 수 있다. 정보기술은 업무 부담가중 및 행정서비스의 수준 저하의 문제를 해결하는 효과적인 수단이 될 수 있다.

3) 사회복지행정과 정보화의 관계

종래에는 행정을 둘러싼 정보에 관한 문제는 보통 정보와 행정과의 관계에 그치고 시민과 정보, 사회와 정보와의 관계에 관한 문제들은 소홀히 취급되어 왔다. 그러나 정부와 국민간에 진실된 정보의 유통이 있어야 한다는 것은 오늘날 민주행정의 핵심적인 요소이다. 그러므로 사회복지행정에 관한 사실들을 있는 그대로 지역사회나 고객들에게 널리 알리고 제공하여야 한다. 만약 정부와 국민 사이에서 사회복지에 관한 정보의 흐름을 막고 방해하는 벽이 가로놓여 있을 경우, 이는 진정한 복지사회나 복지국가의 발전을 저해하는 요소가 될 것이다.

그러므로 '정보 없이는 참여 없음'(no participation without information)이라는 이념으로 시민이나 고객의 알 권리를 보장해야 하며, 이를 위해 정보의 공개가 보장·확대되어야 한다. 따라서 행정과 정보의 관계는 정부의 홍보형, 정보수준에서의 대응형 정보수준으로의 전환이 필요하다(방석현, 1989; 65).

현대사회는 정보화가 진행될수록 정보의 교류가 질적으로나 양적으로 증대되고, 그 전달 기능의 신속성은 시·공간적 거리를 좁혀 줌으로써 정보사회는 인류 전체의 상호이해와 사회복지향상의 촉진제의 역할을 하게 될 것이다. 그리고 시민의 삶의 질도 향상될 것으로 기대된다. 정보사회에서 사회복지정보체계가 필요한 이유를 좀더 구체적으로 기술하면 다음과 같이 요약할 수 있다(전재일 외, 2000; 409-412).

첫째, 사회복지정보체계는 정보사회에서 제공될 수 있는 다양한 복지 서비스(원격진료·상담·교육·쇼핑·뱅킹·재택근무 등)를 모든 사람에게 제공함으로써 시민이나 고객의 참여기회를 넓혀준다.

둘째, 사회복지정보체계는 정보사회에서 다양한 사회복지기관 및 자원을 상호연계(networking)시켜 줌으로써 서비스 전달체계의 효율성을 향상시킨다.

셋째, 사회복지정보체계는 정보사회에서 서비스제공자와 소비자간의 의사소통장애를 제거함으로써 복지서비스에의 참여기회를 확대한다.

넷째, 사회복지 정보체계는 정보사회에서 사회적 약자를 포함한 모든 시민들의 삶의 질을 향상시킬 수 있는 기회를 제공한다.

이제 우리도 선진국에서와 마찬가지로 정부와 국민간의 정보교류를 보장하기 위한 제도적 장치를 강구함으로써 복지국가의 실현은 물론, 복지사회를 한층 더 활발하게 전개시켜 나갈 수 있을 것이다.

2. 사회복지정보 서비스

현대 정보사회에는 사회복지서비스를 위한 정보제공 방법이 달라져야 할 것이다. 왜냐하면 정보사회에서는 국민들의 보건·의료 혹은 사회복지분야에 대한 새로운 서비스의 요구증대, 지역간·계층간 균형 있고 신속한 서비스에 대한 요구증대, 전국민 건강보험, 국민연금, 공공부조, 사회보험 서비스 등에 따른 효율적인 업무처리 수단으로서 정보통신기술에 대한 수요가 증대되어 가고 있다. 따라서 사회복지 전반에 대한 정보 서비스는 크게 의사소통 서비스와 정보제공 서비스 및 응용 서비스 등으로 나눌 수 있을 것이다(나운환, 1998; 147-148).

1) 의사소통 서비스

의사소통 서비스는 가장 좁은 의미의 통신 서비스에 해당하는 정보전달 서비스이다. 이는 개인 대 개인, 개인 대 다수, 다수 대 다수 등의 형태로 의사전달의 내용이 저장된 상태 혹은 실시간으로 표현이 가능하게 되었다. 또한 의사소통방법으로는 전자메일, 실시간 대화나누기(chatting), 전자게시판 등이 있다.

의사소통 서비스는 복지 서비스의 잠재적 고객, 사회복지기관, 사회사업가, 자원봉사자, 일반시민 등 누구나 자유롭게 서로 정보를 제공하고 의견을 교환하는 데 이용될 수 있다. 이러한 서비스는 사회복지 자원을 동원하거나 복지 서비스를 전달하는 기초적인 방안으로 활용될 수 있다. 예를 들면, 보건복지부 홈페이지에서 정책입안자와 고객 혹은 사회복지기관의 전문가들이 사회복지 분야에 대한 의견교환이나 공청회 등을 통해 상호간에 의사교환이나 정보교환이 이루어지고, 이를 바탕으로 정책입안이 이루어진다면 하나의 가상공간(cyber space)에서 사회복지기능을 활성화시키는 계기가 될 수 있다.

2) 정보제공 서비스

정보제공 서비스는 일상생활에 필요한 다양한 정보를 간편하고 신속하게 제공하는 서비스로 대부분의 정보 사이트와 통신 서비스업체는 분야별 전문자료를 다양한 유형으로 정보를 제공하고 있다. 사회복지분야에서도 일반정보와 마찬가지로 분야별 · 고객별로 다양한 정보를 체계적으로 제공하여야 한다.

예를 들면, 정부의 사회보장제도 안내, 즉 병 · 의원과 지역보건센터 · 식품위생 · 의약품 · 건강보험 · 국민연금 등에 관한 내용, 민간 사회복지기관에서 제공하는 서비스와 프로그램 정보, 실업자를 위한 구인 · 구직 서비스, 혹은 일반 시민들을 위한 복지참여 안내 등 다양한 정보제공 서비스가 강구될 수 있다.

3) 응용 서비스

응용 서비스는 정보통신 기술의 획기적 발전으로 서비스가 가능한 새로운 형태의 서비스이다. 이러한 서비스는 과거에는 제공하기 어려웠던 서비스를 정보통신기술의 발달로 시·공간을 초월한 새로운 개념의 서비스에 응용되는 것이다. 예를 들면, 정보통신기술의 발전으로 의료복지상담·진료·교육·고용 등에서 획기적인 서비스가 가능하게 되었다. 의료적 소외지역과 대규모 의료시설을 연계해서 원격진료 서비스를 제공할 수 있으며, 고객의 복잡한 신상문제를 실시간으로 상담할 수 있는 원격상담이 가능하고, 가상공간에서 다양하게 제공되고 있는 가상교육 프로그램과 장애인·노인·가정주부 등에게 재택근무의 기회가 주어질 수 있다. 이러한 응용 서비스는 복지수요와 수준을 증대할 수 있는 미래형 서비스로 다양하게 개발되어야 할 분야이기도 하다.

3. 사회복지행정의 정보화 기능

1) 정보화 기능의 의의

현대사회에서는 정보기술을 이용한 전산망 구축과 사회복지행정 사무의 자동화, 전산화 등과 같은 사회복지행정의 정보화를 통하여 시민들이나 고객들의 다양한 욕구를 수용할 필요성이 높아지고 있다.

정보화가 사회복지행정에 미치는 영향을 우선 개괄적으로 살펴보면, ① 사회복지행정 업무의 처리속도는 물론, 시간·예산·인력 등 사회복지업무의 향상을 도모할 수 있도록 사무자동화기기 또는 새로운 정보처리 및 네트워크 등 정보체계기술의 도입을 촉진시키고, ② 사회복지행정 정보망의 활용으로 주민들의 의견이나 생각을 신속하게 청취할 수 있으며, 또 고객이나 서민의 사회복지행정 참여의 기회를 신속·확대할 수 있고, ③ 사회복지정책 결정이나 의사결정을 위한 정보수집과 처리 시스템의 도입으로 합리적 결정을 가능케 하며, ④ 사회복지행정의 대민봉사에 있어서 신속·정확한 복지서비스 기능이 창출될 수 있다. ⑤ 또한 사회복지통합관리망을 활용함으로써 서비스의 누락, 중복과 낭비를 막을 수 있으며, 수요자 중심의 서비스 제공이 가능하게 된다.

2) 정보화의 기능

(1) 정보화의 순기능

정보화의 순기능을 직무내용, 의사결정, 대민 서비스의 종합화 등으로 나누어 살펴보면 다음과 같다.

① 직무내용

정보기술의 발달은 인간이 하던 일을 대신 수행하는 것부터 시작된다. 사회복지행정 사무의 자동화·전산화 등 사회복지행정의 정보화는 직무내용은 물론, 인력구조나 조직구성원에게 큰 변화를 가져온다. 예컨대, 사회복지행정 사무의 자동화(OA)는 일반 행정사무의 노동력 절감 및 정보수집의 신속화를 가져온다. 특히 사회복지행정사무의 컴퓨터 활용은 정보자료처리의 단순한 육체적 작업을 줄여 주고, 대신에 정보자료의 활용으로 조직구성원들의 업무내용을 향상시켜 준다.

② 의사결정

사회복지행정의 전산화는 여러 가지 방법으로 의사결정과정에 큰 변화를 가져다 준다.

첫째, 수집 가능한 정보의 폭을 넓혀 줌으로써 의사결정의 질을 높여준다.

실무에 직접 필요한 정보를 시의적절하게 최소비용으로 공급해 줄 수 있을 뿐만 아니라 컴퓨터를 이용하여 빠른 속도로 정보를 분산하여 줌으로써 신속한 의사결정을 가능하게 해 준다(유평준, 1990: 728).

둘째, 정보분석 능력을 향상시켜 의사결정의 질을 향상시켜 준다. 이때 분석능력은 특히 컴퓨터를 이용한 모델링(modeling)에 의해 향상될 수 있는데, 컴퓨터 모델링은 모든 전개과정을 모니터링하면서 여러 가지 대안들의 결과를 측정하고 관련

상황을 예측할 수 있는 능력을 제고시켜 줌으로써 의사결정의 질적 향상에 이바지한다.

셋째, 어떤 문제를 언제 결정할 것인가 하는 의사결정 스케줄을 사전에 전산화하여 자동으로 관리함으로써 효과적인 의사결정을 내릴 수 있게 한다. 정보의 공동이용은 시 · 공간을 초월한 의사결정을 가능하게 할 수 있다(김도훈, 1988: 311).

③ 대민 서비스의 종합화

사회복지행정은 정보체계화기술의 도입에 의하여 사회복지 서비스의 제공이 신속 · 정확하게 이루어지고 새로운 사회복지서비스의 기능이 창출되어 모든 면에서 정확한 사회복지 서비스를 고객이나 주민에게 제공할 수 있다.

온라인 시스템(on line system)의 도입을 통하여 종합창구의 실현이 가능할 뿐만 아니라 사회복지행정 서비스를 가까운 주변에서 받을 수 있다. 단말장치의 설치와 이것을 조작할 수 있는 사람이면 누구나 그 자리에서 각종 증명서의 발급이나 사회복지행정정보의 제공이 가능해지기 때문이다.

(2) 정보화의 역기능

컴퓨터를 중심으로 하는 정보기술의 발달로 사회복지행정은 물론, 사회에 많은 영향을 미쳐 왔는데, 여기에서는 주로 조직구성원들에게 미치는 역기능적인 영향들을 중심으로 살펴보고자 한다(김기태 외, 2005: 225-226).

첫째, 컴퓨터의 사용은 구성원들의 육체적 · 정신적 불편이나 질병을 유발시킬 수 있다.

둘째, 인간성의 상실이다. 행정체제가 정보화되면 될수록 조직구성원들은 컴퓨터에 몰두하게 되고, 컴퓨터와 대화하는 데 점점 더 많은 시간을 보내게 될 수 있다. 따라서 인간과의 대화는 더 줄어들고, 인간은 기계화되어 갈 것이다. 그리고 컴퓨터의 "예 또는 아니오"라는 대답은 우리들의 일상생활에서도 흑백논리에 따라 기계적으로 생각하고 판단하는 사고를 가져오게 할 것이다. 따라서 인간은 인간이 만들어 낸 기계에 의하여 소외당하게 될 것이며, 인간성을 상실한 무감각한 기계의 부속품으로 전락될 위기에 봉착할 수도 있을 것이다.

셋째, 개인정보의 프라이버시 유지는 오랫동안 전산화와 관련된 문제이다. 여기에서 중요한 것은 정부기관을 비롯한 금융 및 각종 기관에서 시민들의 개개인에 대한 신상명세서의 전산화가 악용될 경우에는 개인의 인권 및 사생활의 침해를 가져올 가능성이 대단히 높다. 특히 사회복지적 측면에서 보면 개인에 대한 신상자료를 보호하는 것은 곧 클라이언트에게는 인간으로서의 존엄성을 지키는 일이 될 것이다.

지금까지 정보화가 가져올 수 있는 순기능과 역기능을 살펴보았는데, 정보사회에서는 이에 대한 긍정적인 면은 물론이고, 부정적인 면도 올바르게 인식하고, 이에 대한 제도적인 장치를 강구하면서 바람직한 방향으로 정보관리의 효율화를 위한 방안을 모색하여야 할 것이다.

4. 관리정보체계와 정보관리

1) 관리정보체계의 의의

관리정보체계(Management Information System: MIS)란 행정이나 경영에서 이에 필요한 정보를 신속히 제공하기 위하여 설계된 종합정보체계이다. 이와 같은 관리정보체계는 다음과 같은 여러 가지 개념으로 정의되고 있다.

첫째, MIS란 행정이나 경영에서 계획 · 실시 및 통제의 기능을 원조하기 위해 필요한 정보를 적시에 제공함을 목적으로 하여 설계된 보고체계이다.

둘째, MIS란 행정이나 경영의 의사결정에서 객관적으로 판단된 정보를 조직적으로 수집하고, 이를 가공 · 축적하여 관리의 요구에 따라 적시에 제공하는 인간과 기계의 공식적 조직이다.

셋째, 행정 또는 경영의 최고 관리층이 의사결정에 필요한 판단정보의 요구시에 즉시 제공할 수 있도록 조직된 종합관리정보체계이다.

이상의 세 가지 정의에서 나타난 바와 같이 "MIS란 행정이나 경영에 필요한 정보를 제공할 목적으로 설계된 종합적 체계이며, 이 체계는 반드시 전산기기의 수반을 전제로 한다. 그리고 필요한 정보란 관리자의 의사결정에 필요한 정보를 말한다. 따라서 MIS란 의사결정에 필요한 정보자료를 수집하고 가공 · 축적하여 이를 체계화하고 언제든지 관리자의 요구에 응하여 제공할 수 있는 조직과 장치"라고 할 수 있다(김기태 외, 2005: 227-228).

2) 관리정보체계의 특성

오늘날 우리들의 생활에서 주요한 부분을 차지하고 있는 정보의 관리는 조직에 있어서도 예외일 수는 없다. 특히 조직에 있어서 조직의 내·외부적으로 관련된 정보의 효율적 관리는 그 조직의 성패를 좌우한다고 하여도 과언이 아니다. 왜냐하면 이제 정보는 조직에 있어서 자본이나 노동에 못지않은 귀중한 자원이 되었기 때문이다.

(1) 인간과 기계의 종합적 관리체계의 실현

MIS는 전산기기를 이용하는 EDPS와 제휴하며, 이와 긴밀한 연관성을 유지한다. 즉 MIS를 관리의 여러 가지 분야에 활용함으로써 사람과 기계의 종합적 관리체계(man machine system)를 실현할 수 있다. 이 말은 업무 가운데 기계가 처리할 수 있는 업무는 기계에게 맡기고, 인간이 처리할 수 있는 업무는 인간이 처리하는 분업화된 시스템이라는 말이다. 컴퓨터라고 하여 인간이 할 수 있는 모든 일을 완벽하게 수행할 수 없기 때문이다. 예컨대, MIS에서 인간이 할 수 있는 일은 자료입력에서부터 업무분석 그리고 결과의 이용에 이르기까지 다양하다(안문석, 1989: 197).

(2) 정확한 정보제공

정확한 정보란 주관성이 배제되고 객관성이 입증되는 과학적인 정보를 의미하며, 이것은 전산기기를 활용하는 관리정보체계에서 용이하게 해결할 수 있다. 정확한 정보를 활용한다는 것은 문제해결에 있어서 매우 중요한 과제이다. 예컨대, 정보가 빈약하거나 부정확한 경우에는 의사결정의 부정확으로 시행착오를 가져오게 된다. 이때 비용과 노력의 낭비는 물론, 선의의 수요자에게 커다란 손실을 가져오게 된다.

(3) 정보의 수집·가공·축적

정확한 정보를 수집하고 가공하여 축적함으로써 필요한 정보체제를 이룬다. 조직 내에서 정보가 어떤 특정부분에 한정되거나 고립되는 것을 방지하고, 전체적인 체제 밑에서 상호 유기적 관련을 갖도록 한다.

(4) 신속한 정보제공

정보를 미리 수집 · 축적 · 가공하여 두었기 때문에 정보가 필요한 때에는 준비된 정보를 신속하게 제공할 수 있다.

3) 정보자원관리

(1) 정보자원관리의 정의

컴퓨터의 사용과 정보화는 사회의 전반적인 현상으로, 사회복지영역에서도 전산화와 정보의 중요성은 이미 널리 인식되어 있다. 사회복지뿐만 아니라 사회의 모든 영역에서 제한된 재원과 경비의 절감이라는 압력을 계속 받고 있다. 이는 정보자원관리(information resources management)의 중요성을 과거 어느 때보다 부각시키고 있다(강용규 외, 2008; 225).

정보자원(information resources)이란 정보 그 자체와 그것을 다루는 기술, 즉 컴퓨터 하드웨어와 소프트웨어, 통신, 사무자동화체계와 인적 · 재정적 자원을 포괄한다. 그동안 정보자원관리는 사회복지 분야에서 중시되지 않았지만 관리업무에 필수적인 기능 중 하나라고 할 수 있다.

정보자원관리(IRM)란 '조직의 정보시스템과 관련된 하드웨어, 소프트웨어, 인력, 데이터베이스, 원거리 통신시스템, 조직구조와 절차 등을 관리하고 조정하는 것'(문신용, 1999; 5)으로 이전의 정보시스템적 사고와 달리 정보를 다루는 하드웨어 및 소프트웨어와 같은 정보기술 자체의 관리에 대한 관심보다 정보자원 자체에 대한 관리에 초점을 맞추고 있다. Scott(1986)는 정보자원관리를 하나의 실체라기보다는 하나의 개념 · 사고방식 · 견해로 인식해야 한다면서 정보시스템의 구성요소인 하드웨어와 소프트웨어보다는 정보시스템의 처리의 산물인 정보 자체에 초점을 두고 주관심사를 정보기술 자체보다는 정보 자체의 관리에 두어 전체적인 관점에서 정보를 조직화하고 통합화하는 접근법이라 주장하였다(문신용, 1999; 5-6 재인용).

Kresslein와 Marchand(1987)는 정보자원의 개념을 다음의 5가지로 요약하고 있다(문신용, 1999; 6-7).

① 정보는 전략적 경영자원의 하나로 인식되어야 한다.

② 정보자원에 대한 책임소재를 명확히 규정하고 그와 관련된 권한과 의무의 계통을 상세히 정의하여야 한다.

③ 정보자원계획은 조직의 전략계획과 밀접하게 결합되어 있어야 한다.

④ 여러 가지 정보자원 관련 기술은 그 생산성의 극대화를 위하여 통합적으로 관리되어야 한다.

⑤ 정보자원관리에서는 조직의 모든 구성원 각자가 효과적인 정보 생산자이며, 동시에 정보 소비자가 될 수 있다.

(2) 정보자원관리의 필요성

정보자원관리의 필요성을 정보자체의 요인, 합리적 의사결정의 필요성, 정보서비스 욕구의 증가로 나누어 살펴보면 다음과 같다.

① 정보 자체의 요인 : 과학기술의 급격한 발달과 매스컴 전달체계의 확산으로 인하여 수많은 정보의 홍수 속에서 필요한 정보의 입수가 곤란해져 풍요 속의 빈곤현상을 가져왔다. 이에 정보의 양을 조절하기 위한 체계 및 제어장치의 설치가 필요하게 되었다.

② 합리적 의사결정의 필요성 : 조직 활동에 있어서 적절한 판단과 의사결정에 도움이 될 수 있는 정보를 수집, 가공, 처리하여 필요한 경우에 제공하게 하는 시스템이 필요하게 된 것이다.

③ 정보서비스 욕구의 증가 : 신기술·신제품 연구에 필요한 모든 정보를 적절한 때에 입수하여 연구자에게 제공해 주는 전문적인 정보서비스가 요구되었다.

(3) 정보자원관리의 구성요소

정보자원관리의 구성 체계는 첫째는 정보자원을 정보 자체로 보느냐 아니면 정보기술 혹은 정보시스템으로 인식하느냐의 차이이며, 둘째는 접근방법의 차이이다. 즉 관리적 방법과 정보시스템적 접근방법이다. 관리적 접근방법은 조직이 효율적이고 효과적인 목적 달성을 위하여 정보 및 정보기술의 관리뿐만 아니라 예산, 인력, 조직관리 등과의 연계에 비중을 둔다. 그러나 정보시스템적 접근방법은 정보자원관리의 효율성 및 효과성에 비중을 두고 정보시스템 기능간의 연계성을 강조한다(강용규 외, 2008: 227).

정보자원관리의 실현을 위한 핵심적인 요소는 다음과 같다(문신용, 1999: 10-11).

① CIO : 조직 전반에 걸쳐 정보기술, 정책, 계획, 관리, 구매에 관하여 책임을 담당하는 CIO(Chief Information Officer)가 선정되어야 한다.

② 계획 : 조직의 목적을 반영하고 중앙 및 분산기술을 포괄하며, 최종 사용자를 포함한 신기술의 잠재성을 평가할 수 있도록 정보시스템 및 기술에 대한 계획을 수립하여야 한다.

③ 보안 : 접근 통제, 데이터 보안, 보안인식 제고, 재난복구계획 등이 포함된 종합적인 보안대책이 마련되어야 한다.

④ 기술 통합 : 정보처리, 정보통신 및 사무자동화를 포함한 정보기술에 대한 종합적이고 통합적인 접근방법이 이루어져야 한다.

⑤ 자문위원회 : 고위관리자와 사용자에게 시스템 및 기술적인 문제에 대해 자문할 수 있는 자문위원회가 조직되어야 한다.

⑥ 통합모델: 문서처리절차, 개발방법론, 시설 및 정보의 목록, 조직 전반에 걸친 기술표준, 자동화개발 도구 등에 관련된 통합모델이 정립되어야 한다.

⑦ 정보 통합 : 데이터 및 응용시스템의 통합으로 사용자간에 데이터가 공유되어야 한다.

⑧ 데이터 관리 : 데이터 사전의 활용 및 데이터 소유권에 대한 관리 등 조직 전반에 걸친 데이터 구조 및 데이터 관리기능이 설정되어야 하고, 이는 데이터베이스(D/B) 관리자에 의해서 관리되어야 한다.

(4) 효율적인 정보자원관리를 위한 요인

효율적이고 성공적인 정보자원관리를 위해 필요한 요소들은 다음과 같다(문신용, 1999: 12-13).

첫째, 정보자원관리의 변화가 관리층 특히 최고 관리층의 리더십과 지휘하에 이루어져야 한다. 최고 관리층의 관여는 정보자원관리에 관련된 의사결정을 통합하는 것을 정당화하고 벤치마킹을 통해 정보자원관리의 수행기준을 정한다. 또 정보자원관리에 대한 책임을 조직라인에 부과하며, 장 · 단기 전략 모두를 사용한다.

둘째, 정보자원관리에 대한 의사결정을 전략적인 관리과정에 통합한다. 대부분의 조직은 계획 · 예산 · 성과평가로 이어지는 전략적인 관리과정이 있는데, 여기에 정보자원관리를 적용하고 통합하는 것이 바람직하다는 것이다.

셋째, 성과관리를 통해 조직의 임무목표와 정보자원관리의 결과를 연결하는 것이다. 즉 성과측정을 통해 정보자원관리가 조직목표 달성에 어느 정도 기여했는가를 알아보아야 한다는 것이다.

넷째, 성공적인 조직에서는 정보자원관리와 관련된 비용을 단순히 비용적인 차원이 아닌 조직에 장기적인 효용을 주는 투자로 간주한다. 구체적으로 재무, 인사, 정보자원관리와 관련된 프로젝트의 승인 여부를 기여도, 위험, 편익과 비용을 기준으로 결정한다.

다섯째, 정보자원관리를 효율적으로 수행하기 위해 조직의 전반에 걸쳐 BPR (Business Process Reengineering)과 같은 혁신적인 조치를 수반한다. 성공적인 조직은 정보기술의 도입과 함께 업무의 재설계(redesign)를 수행한다. 현재의 업무와 성과를 측정하고, 자원의 한계와 개선 가능성을 인식한 후 정보자원관리와 연계하여 업무를 개선하는 것이다.

여섯째, 조직의 리더십과 기술적인 요소를 고려하여 정보자원관리의 담당자와 인간관계를 효율적으로 정립한다. 즉 '고객과 공급자 관계'를 통해 서로 협력하고, 라인조직에 있는 구성원들은 정보자원관리 담당자의 지원을 받아 실제로 프로그램을 수행하고 조직목표 달성에 대한 책임을 지게 된다. 또한 정보자원 관리기술의 개발을 위해서 양측이 모두 참여하여 서로 보완하게 된다.

참고문헌

강용규 외, 『사회복지행정론』, 공동체, 2008.

김도훈, "정보사회와 행정," 성균관대학교 사회과학연구소편, 『행정학개론』, 대영문화사, 1988.

나운환, 『복지정보체계론』, 홍익재, 1998.

문신용, "공공정보자원관리의 활성화 방안". 한국행정연구원, 1999.

박연호 · 오세덕, 『현대조직관리론』, 법문사, 1996.

방석현, 『행정정보체계론』, 법문사, 1989.

유평준, "행정전산화의 조직내적 동기와 영향간의 관계". 한국행정학보, 제24권 제2호, 1990.

전재일 외, 『사회복지정책론』, 형설출판사, 2000.

총무처 직무분석기획단, 『신정부혁신론』, 동명사, 1997.

한국정보산업협회, 정보화의 신전개, 1987.

Davis, G. B. & M. H. Olson, *Management Information Systems*. New York: McGraw-Hill, 1984.

Scott, G. M., *Principles of Management Information Systems*. New York: McGraw-Hill, 1986.

Stair, Ralph M., *Principles of Management Information Systems: A Managerial Approach*. M. N.: Boyd & Fraser Publishing Company, 1992.

제12장 서비스의 질 관리

사회복지서비스 실천에서 서비스 질 관리에 관한 문제는 흔히 간과되기 쉽다. 서비스가 제공되기만 하면 수요자인 클라이언트는 언제나 넘쳐날 것이라는 생각 때문이다. 지금까지 사회복지분야에서는 서비스의 수요가 공급을 초과해 왔던 것이 사실이고, 그로 인해 서비스의 활용과 질 관리에 대해서는 높은 관심을 기울이지 않았던 것도 사실이다.

서비스 활용(utilization)이란 주어진 서비스에 대해 얼마만큼의 클라이언트를 확보할 것인가와 같은 단순한 문제가 아니다. 서비스 활용에 있어서의 보다 중요한 문제는, 어떻게 하면 한정된 자원을 클라이언트들에게 효율적으로 제공할 수 있을까에 대한 관심이다. 한정된 희소 자원을 어떻게 하면 최대한의 효용을 발휘할 수 있도록 활용할 수 있을까 하는 문제가 서비스의 질 관리에서 논의의 초점이 된다.

1. 서비스의 개념과 특성

서비스란 일반적으로 상대방에게 무형적이고, 소유권의 이전이 없는 행위나 효용을 제공하는 행위를 말한다. 대부분의 서비스에 공통적으로 적용할 수 있는 특성은 크게 4가지로 정의되어진다(김연성 외, 2002; 41-43 : 강용규 외, 2008; 236-237).

1) 무형성(intangibility)

이 특성은 서비스업과 제조업을 구별하는 가장 분명한 차이점이다. 보통 재화는 유형적이기 때문에 만지거나 감촉을 느끼거나 냄새를 맡아볼 수도 있다. 그러나 서비스는 다르다. 서비스 제공에 있어 유형적 대상이 사용되거나 수반되는 경우가 있지만 서비스 그 자체는 손에 잡을 수 없는 무형적인 것이다. 대부분의 서비스는 일종의 수행(performance)이다. 실제의 서비스 산출물은 리포트 속에 기록되어 있는 전문적 지식이나 아이디어이다. 이러한 특성의 결과로 인해 재화의 구입은 곧 소유를 의미하나 서비스는 구매한다고 해서 그것을 소유할 수는 없다.

2) 동시성(simultaneity)

이는 서비스가 갖는 또 하나의 대표적 특성으로서, 서비스의 생산과 소비는 따로 나누어질 수 없다. 서비스는 생산됨과 동시에 소비되어지기 때문이다. 또한 서비스는 고객이 없이 이루어질 수 없으며 고객이 서비스 편익을 누리기 위해서는 서비스 현장에 참여해야 한다. 따라서 서비스 제공자와 고객 간의 상호작용은 서비스 마케팅의 중요한 특성이 된다. 즉 서비스를 성공적으로 생산하기 위해서는 서비스 제공자와 고객 간에 상호작용이 요구되며 고객과 서비스 제공자 공히 서비스의 성과에 중요한 영향을 미치게 된다.

3) 소멸성(perishability)

서비스가 갖는 또 다른 특성 중 하나는 나중을 위해 보관하거나 다른 곳으로 이동할 수 없다는 점이다. 호텔 숙박이나 변호사 상담에서처럼 고객이 제공받는 서비스는 제공과 동시에 소멸되기 때문이다. 따라서 재고(inventory)의 대상이나 개념이 없다. 서비스업에서는 재고를 가질 수 없으므로 수요관리는 매우 어려운 과제로 부상한다. 따라서 서비스관리자들은 자신의 서비스 공급능력에 맞는 정교한 수요대응전략을 수립해야 한다. 따라서 수요와 공급간의 균형을 유지할 수 있는 세심한 마케팅 전략을 필요로 한다.

4) 변동성(variability)

마지막으로 서비스는 보통 공급자나 수요자가 모두 사람이며 이들은 서로 상호작용을 하게 된다. 또한 서비스는 아무리 같은 회사나 같은 직원에 의해 제공된다 하더라도 매번 달라지며 예측할 수 없다. 이러한 변동성의 의미는 두 가지 측면에서 살펴볼 수 있다. 우선 아무리 똑같은 서비스를 받아도 이를 받는 고객들은 저마다 각각 다르게 느낀다는 점이며, 다른 하나는 같은 사람이라도 매번 100% 똑같은 서비스를 수행할 수는 없다는 사실이다.

서비스 경영에 있어 무엇보다 중요한 것은 바로 현장에서 고객과 접촉하며 직접 서비스를 제공하는 직원들에 대한 교육과 훈련이다.

2. 서비스 접근성과 활용비용

서비스 접근성(accessibility)이란 조직의 관점에서는 적절한 서비스를 적절한 시간에 적절한 사람에게 주선하기 위한 시도로서, 개인들의 서비스 활용에 대한 장애를 만들어 내기도 하고 혹은 없애기도 하는 모든 의도적인 활동을 말한다. 그러므로 서비스 접근성을 관리하는 문제는 그래서 욕구와 서비스를 일치시키는 작업과도 같다. 즉 욕구를 갖는 표적 인구집단과 서비스를 실제로 이용하는 클라이언트 인구집단이 일치하도록 만드는 노력인 것이다(김영종, 2006; 394-397).

1) 서비스의 과소활용

서비스 과소활용(underutilization)이란 욕구를 가진 인구가 서비스 접근에 어려움을 겪는 경우를 말한다. 특히 서비스 제공능력이 있는데도 불구하고 이러한 서비스의 과소활용이 발생한다면, 이것은 한 조직이나 전달체계가 클라이언트의 욕구를 불충족시키고 있는데 대한 주요 원인으로 간주된다. 조직이나 전달체계가 서비스 활용을 증대시키기 위해 기울이는 대부분의 전략적 노력들은 과소활용의 개선과 관련되어 있다. 또한 비록 외형적으로 과소활용이 개선된 것처럼 나타나지만, 실제로 대상 표적인구 집단의 욕구 불충족은 그대로 남아 있을 수도 있다.

2) 서비스의 과다활용

서비스의 과다활용(overutilization)은 욕구에 해당되지 않는 사람들이 서비스를 이용하는 경우에 나타난다. 서비스의 과다활용은 단순히 서비스 능력을 초과해서 서비스가 활용되는 정도를 말하는 것은 아니다. 대부분의 경우는 수요자의 기대와 공급자의 기대가 맞지 않을 때 발생한다. 한 프로그램이 구상하고 의도했던 바가, 개인들의 기대와 동기에 의해서 발생하는 "표현된 욕구(expressed need)"와 다를 수 있는 경우들을 포괄해서 지칭하는 것에 가깝다.

3) 접근효과성 지표

접근효과성 지표는 서비스 활용에 있어서 욕구를 가진 인구들이 얼마나 적합하게 서비스에 접근했는지를 나타내는 것이다. 이 지표의 구성에서 알 수 있듯이, 접근효과성은 '1'을 이상적인 상태로 한다. '1'보다 낮을수록 접근효과성은 그만큼 떨어진다는 것을 뜻한다.

접근성을 통해 서비스의 활용을 관리하는 데 있어서의 핵심은 과소활용과 과다활용으로 인한 오류들을 동시에 줄이는 것에 있다는 점이다. 이에 대해서는 다음의 서비스 활용과 비용의 문제를 검토하는 것이 필요하다.

접근성 오류는 서비스 활용에 대해 다음과 같은 문제 상황들을 유발하게 되며, 문제 상황들은 각기 그에 따르는 다음과 같은 사회적 비용들을 수반하게 된다(김영종, 2006; 397-399).

(1) 과소활용에 따른 비용

욕구를 갖고 있으면서도 서비스를 받지 못한 사람들이나 해결되지 않은 사회적 문제들 때문에 발생하는 비용이다. 이것은 서비스를 필요로 하는 사람들을 정확하게 찾아내지 못하기 때문에 발생하는 것인데, 이러한 비용은 욕구를 가지고서 서비스를 받지 못하는 개인들이 있음으로 인한 직접적인 비용들뿐만 아니라, 그러한 사회문제를 해결하지 못함에 따라 사회 전체적으로 비용이 발생해서 돌아간다.

(2) 과다활용에 따른 비용

기회비용(opportunity cost) 혹은 잠재적인 개인적·사회적 급여의 상실을 의미한다. 왜냐하면 유용한 서비스 자원들이 실제로 필요로 하는 사람들에게 가지 않고 필요 없는 사람들에게 사용됨으로써, 자원이 보다 생산적으로 사용될 수 없었기 때문이다. 이 비용은 욕구를 가졌으면서도 서비스를 거부당한 개인들과 전체사회에도 귀속된다.

(3) 행정 비용

욕구를 규정하는 것과 관련해서 프로그램 활용을 선택적으로 촉진하거나 혹은 억제하는 노력에 드는 비용을 말한다. 즉, 과다활용과 과소활용을 줄이기 위한 행정적인 노력에 투입되는 비용이다. 인력, 유통, 정보시스템, 절차 등과 관련한 비용들이 여기에 속하고, 이러한 비용은 기관과 프로그램의 예산 증가 형태로 전체사회와 서비스를 찾는 사람들에게로 돌아간다.

이러한 세 가지 비용들은 서로 독립적이지 않으며 보통은 상호의존적으로 나타난다. 수요자와 공급자들 간의 욕구에 대한 정의를 일치시키기 위한 노력은 필연적으로 행정 비용을 증가시키지만, 과다활용과 과소활용의 문제로 인한 비용들은 감소하게 된다. 행정 비용이 일정할 경우에는 과소활용에 따르는 비용과 과다활용의 비용이 서로 역상관 관계에 처한다. 과다활용을 줄이기 위한 노력과 비용은 대개 과소활용에 따르는 비용을 증가시키고, 반대의 경우도 마찬가지이다. 각각의 활용 오류들에 따르는 비용을 추적하고 확인하는 것은 그리 쉽지 않다. 그 중에서도 직접적인 지출을 수반하지 않는 과소활용과 관련한 비용은 특히 추상적이어서 그 추적이 더욱 어렵다. 그래서 정책입안자들과 일반인들은 사회복지서비스의 과다활용과 관련한 비용을 과소활용의 비용보다 더 크게 느끼게 된다. 복지 활동에 대한 이념이 부정적으로 형성된 사회에서 과다활용 비용에 대한 우려가 특히 더 심하게 나타난다. 그 이유를 다음과 같이 제시해 볼 수 있다.

첫째, 일반인들에게는 과소활용에 따르는 비용을 해결되지 않은 욕구를 가진 개인들의 문제 비용뿐만 아니라 미해결된 사회문제가 장차 사회에 끼치게 될 비용 부담까지도 포함해서 계산하는 것이 결코 쉽지 않다.

둘째, 납세자들을 포함한 주된 자원공급자들의 입장에서는 장차 불확실한 비용보다는 현재 발생하는 비용이 더 크게 느껴진다. 과다활용의 비용은 눈에 쉽게 띄지만, 과소활용의 비용은 장기적으로 발생하므로 현재 크게 느껴지기는 힘들다. 교육, 복지, 환경 등과 관련한 비용들에서 이러한 문제들이 공통적으로 나타난다. 그 중에서도 특히 복지는 과다활용 비용에 대한 제약을 더 심하게 받는다.

사회복지의 전문적 행정관리자들은 이러한 서비스 활용의 문제들과 그에 따르는 제반 비용들을 분리해서 파악할 수 있어야 한다. 또한 사회복지 외부의 현실이 과다활용에 따른 비용에만 치중되기 쉽다는 것을 간파하여, 그로 인한 문제와 과소활용에 따르는 비용의 심각성을 알려서 반영될 수 있도록 하는 것이 중요하다. 이러한 활동들은 단순히 클라이언트에 대한 서비스의 활용 증대라는 목적에만 기여하는 것이 아니라, 장기적으로는 납세자들을 포함한 자원제공자들의 비용을 절감시키는 목적에도 기여한다. 바람직한 사회복지행정의 방향은 바로 이러한 두 가지의 목적들을 적절하게 결부시키는 데 있다.

3. 서비스 활용과정의 장애와 활용전략

1) 서비스 활용과정의 장애

서비스 활용과정이란 한 개인이 자신이 필요로 하는 서비스를 활용하기 위하여 극복해야 할 일련의 장애들로 구성된 것이다. 이상적으로는 이러한 장애들은 욕구를 갖지 않은 사람들의 서비스 활용을 억제하고, 욕구를 가진 사람들의 활용만을 보호하는 것이어야 한다.

개인들이 서비스 활용과정에서 다양한 장애요소들을 직면하게 된다. 욕구를 가진 사람과 갖지 않은 사람들이 모두 서비스 활용에 대해 관심을 갖고 접근한다. 각각의 사람들은 서비스 활용에 이르기까지 수반되는 다양한 장애 요소들을 극복해야 한다. 이때 서비스 활용에 대한 장애 원인이 복합적으로 구성되어 있음을 깨닫고, 그로 인해 어떤 개별적인 원인만으로 서비스 활용의 문제를 판단할 수는 없음에 유의해야 한다.

서비스의 공급자의 입장에서는 각 장애요인들을 체계적으로 검토해 보는 것이 필요하다. 이에 서비스 활용과정에서 나타날 수 있는 장애요인들을 제시해 보면 다음과 같다(김영종, 2006; 401-406).

(1) 동기 · 인지 · 지식

개인들이 서비스를 이용하기 위해서는 먼저 동기(motivation)가 발생해야 한다. 서비스를 찾고자 하는 동기는 자신이 문제를 갖고 있다는 것과 외부의 도움 없이는 스스로 문제를 해결할 수 없다는 인지(perception)를 통해 발생한다. 문제에 대한 인지와 동기가 이루어졌다면, 어디에서 도움을 찾아야 할 것인지를 아는 지식(knowledge)도 필요하다. 이러한 초기의 과정이 어떻게 보면 서비스 활용에 있어서 가장 중요한 단계이다.

개인들은 자신이 스스로 해결할 수 없는 문제가 발생할 때, 1차적으로는 주위에서의 비공식적이고 개인적인 도움을 먼저 구한다. 미국 사회의 연구들은, 중산층에 속하는 보통의 개인들은 자신이 스스로 다룰 수 없는 문제에 대해 공식적인 제도권의 도움(서비스)을 구하려고 하는데, 다음과 같은 인지 요인들이 작용한다.

- 문제의 심각성에 대한 인지 정도
- 도움에서 기대되는 급부에 대한 인지 정도
- 도움을 구하는 과정에서 당면하게 될 장애들에 대한 인지 정도

위의 요인들에 덧붙여서 "촉발 작용" 혹은 일련의 돌발적 사건 등도 중요하게 작용한다. 촉발(triggering)은 행동 개시를 하게 만드는 신호로써, 대개는 친구나 친척 등과 같은 일차적 관계(primary relationship)를 형성하고 있는 사람들이 제공하는 정서적인 재가(sanction)를 통해 출발한다. 그들로부터 일종의 "한번 해 보라"는 신호가 기존의 인지들에 덧붙여 촉발 작용을 일으키는 것이다.

공식적인 서비스를 찾기까지 사람들에게 나타나는 이러한 과정은, 휴먼서비스를 기획·관리하는 모든 행정관리자들이 중요하게 다루어야 할 것들이다. 아직까지도 사회복지서비스들에 대해 스티그마(stigma)가 작용하고 있는 현실을 감안할 때, 제도권의 서비스를 우선해서 찾기보다는 가능하다면 주위의 비공식적인 도움 구하기를 우선할 것이라는 점은 쉽게 추정할 수 있다.

(2) 지리적 장애

지리적 장애는 물리적 거리가 서비스의 이용에 미치는 영향을 말한다. 개인의 서비스 이용은 서비스 기관과 이용자의 거주지간 지리적 거리에 역으로 작용한다. 거리가 멀수록 이용이 감소하는 현상이 나타난다. 모든 잠재적 서비스 이용자는 이러한 지리적 장애를 염두에 두는데, 다음과 같은 비용들을 고려한다.

- 나들이 준비 시간, 서비스 시간, 이를 합친 전체 경과 시간
- 낯선 장소에 가는 데 따르는 심리적 부담
- 차비 등과 같은 실질적인 경비

지리적 장애는 반드시 절대적인 물리적 거리와 정비례하지는 않는다. 사람들이 느끼는 '거리감'이 매개 작용을 하기 때문이다. 예를 들어, 유사한 서비스를 제공하는 대안적인 시설들이 지역 내에 존재하는지, 대중교통 수단의 빈도나 노선은 적절한지, 보완적인 시설들이 그 기관에 인접해 있는지 등에 의해서 이용자들이 기관까지의 거리에 대해 느끼는 '거리감'은 명백히 달라질 수 있다. 물리적으로는 가깝지만 버스를 두 번이나 갈아타고 가야 하는 곳보다는, 물리적 거리는 더 멀지만 지하철을 통해 바로 갈 수 있는 곳에 대한 거리감이 더 가깝게 느껴질 수 있다. 즉, 절

대적인 거리가 지리적 장애로 작용하는 정도는 환경 여건에 따라 가변적이 될 수 있다는 것이다. 따라서 지리적 장애 원인에 대한 확인은 단순히 물리적 거리가 아니라 거리감에 대한 초점을 두는 것이 필요하다.

(3) 심리적 장애

도움을 청하는 과정에서 극복되어야 할 또 하나의 장벽은 심리적인 것이다. 초기에 갖게 되는 두려움들을 극복했다고 해서 심리적인 어려움들이 모두 해결되었다고 볼 수는 없다. 예를 들어, 다음과 같은 다양한 두려움들이 있을 수 있다.

- 어리석게 비추어지지는 않을까에 대한 걱정
- 개인적인 문제를 낯선 사람들에게 누설해야 된다는 것에 대한 꺼림칙함
- 서비스 활용에 따르는 사회적 스티그마(stigma)
- 서비스 활용으로 신체에 해가 미치지는 않을까에 대한 두려움

이러한 장애들은 도움을 청하기로 이미 작정하고, 최초의 접촉이 이루어졌다고 해서 저절로 사라지는 것은 아니다. 심리적 장애는 서비스 활용 이전 과정에서 계속적으로 다른 장애요인들과 상호작용하면서 남아 있게 된다. 지식과 동기, 인지의 과정에서뿐만 아니라 지리적 장애에 대한 판단과 같은 경우에도, 심리적 장애는 그것들을 증폭시키거나 혹은 감소시키는 역할을 한다.

(4) 선별기준 장애

어떤 서비스 형태에서도 이용자를 선별하는 기준들은 갖고 있으며, 이러한 선별기준들은 명시적이거나 묵시적으로 서비스 접근에 대한 장애요인으로 작용한다. 즉, 이용요금, 이용자 자격요건, 서비스 이용절차, 욕구를 파악하기 위한 진단기준 요건 등은 클라이언트의 서비스 접근에 대한 장애요인으로 작용한다.

(5) 자원의 가용성

대부분의 사회복지서비스 조직들은 한정된 예산의 압박을 받고 있다. 정부 예산의 경우 대부분 고정되어 있거나, 서비스 수요의 변동에 크게 구애받지 않고 점증

적으로 증액이 이루어지는 것이 보통이다. 심지어 국민기초생활보장과 같은 공공부조 프로그램에서도, 공급될 자원의 한도를 미리 결정해 두고 수요를 이에 맞추는 경우가 나타난다. 수요는 무한하다는 가정에서 공급될 자원의 할당에 맞추어서 수요와 서비스를 맞추어 나가는 것이다. 이런 경우 자격요건에 충족되는 모든 잠재적 클라이언트들이 반드시 서비스에 연결된다는 보장을 하기가 힘들다.

한편 이와 반대의 경우로, 예산이 증가되어 공급 능력이 증가하는 데도 오히려 수요가 따라오지 못하는 경우가 발생할 수 있다. 이런 경우에는 잉여 자원을 쓰기 위해 활용을 증대하는데 노력을 경주하기도 한다. 즉, 서비스에 접근하는 잠재적 수급자들의 욕구와는 무관하게 서비스 공급자들이 갖는 자원의 가용성 정도에 따라서 접근 장애물이 높게 설치되기도 하고 낮추어지기도 한다는 것이다. 이러한 이유로 인해서, 자원의 가용성 장애는 앞서 선별 기준의 자격요건 및 절차 장애들과 함께 "관료제적 장애"라고 볼 수 있다.

결론적으로, 사회복지서비스의 활용을 극대화하려는 시도는 단순히 서비스 수급자들의 수를 확보하기 위한 것이 아니다. 한정된 사회적 자원을 보다 높은 효용성을 갖는 클라이언트들에게 연결해 주고자 하는 것이다. 서비스 활용을 극대화하기 위해서는 먼저 서비스 활용의 과정, 즉 접근성의 과정을 두고서 파악하는 것이 필요하고, 그에 따른 장애들을 적절히 이해해야 한다. 서비스 접근의 장애들은 만약 그것들이 적절히 계획되고 관리될 수만 있다면, 서비스 활용을 극대화하는 전략들의 근간이 된다.

2) 서비스 활용의 전략

사회복지서비스에 관련된 전문직들에서는 클라이언트를 서비스의 '수혜자(受惠者)'로 간주하는 경향이 있다. 사회복지 클라이언트의 대부분이 무상으로 서비스를 제공받으므로, 그들을 쉽게 '혜택받는 사람들'이라고 규정해 버릴 수 있다. 즉, 클라이언트는 서비스 활용에 따르는 비용부담을 지지 않는다는 뜻이다. 그러나 점차 이러한 인식들이 변화되어야 할 필요성이 커지고 있다. 사회복지 클라이언트들도 서비스 활용에 따르는 비용을 갖고 있다. 비록 직접적으로 표출되는 비용은 아니지만, 기회비용과 같은 것들이 실질적으로 발생한다.

어떤 집단이나 개인들을 법적으로 보장했다고 해서, 서비스 활용이 충분히 이루어질 것으로 확신할 수는 없다. 동일한 욕구라 해도 개인이나 집단의 성격 차이로 인해 서비스 활용의 정도가 달라질 수 있다. 서비스 조직들의 환경 차이에 의해서도 활용 정도가 달라질 수 있다. 사회복지서비스의 활용을 극대화하려면, 이처럼 서비스 제공자와 이용자들간의 욕구의 합치점을 찾기 위한 노력들이 필요하다. 서비스 접근성을 강화하는 것이 주로 이에 해당하는데, 서비스 이용자들의 입장에서는 서비스 활용에 따른 자신들의 기회비용이 줄어들게 됨을 의미하는 것이다.

서비스 접근성을 증진시키는 것은 그 자체만으로도 일종의 중요한 사회서비스가 될 수 있다. 접근성을 개선하여 서비스 활용을 증대시키는 전략들은 다음과 같은 것들로 구성된다(김영종, 2006; 410-420).

(1) 아웃리치 전략

아웃리치(outreach, 출장서비스)는 서비스 이용자들이 스스로 알고 찾아오기를 기다리는 것이 아니라, 서비스 기관이나 담당자들이 적극적으로 이용자들을 찾아 나서는 시도를 말한다. 아웃리치의 용도는 다양한데, 예를 들면 다음과 같다.

- 단순한 정보제공
- 욕구사정 활동과 연계
- 서비스 활용에 대한 동기부여 및 참여 유도
- 인테이크(intake)에 대한 보조
- 서비스 종료 후의 후속확인(follow-up) 절차

아웃리치를 하는 업무자들은 전문적 휴먼서비스 직원들과 지역 주민들 사이의 격차를 메워 주는 역할을 한다. 이러한 서비스 조직과 지역사회 사이의 교량 역할을 수행하기 위해서는 잠재적 서비스 이용자들의 집단의 일원이라면, 사용자와 제공자 간의 문화적 괴리가 훨씬 효과적으로 극복될 수 있을 것이다.

(2) 정보&의뢰 시스템

정보&의뢰(I&R, Information and Referral) 시스템은 지역사회의 크기에 상관없이 어떤 서비스 프로그램들에서도 본질적으로 필요한 것이다. 일반적으로 클라이언트는 자신에게 적합한 서비스와 서비스 조직들을 스스로 찾아내기가 어렵다. 그래서 유사하게 인식되는 서비스를 접촉하게 되는 경우가 많다. 마치, 외과수술이 필요한 사람이 아무 병원이나 찾아 가는 것과 같다. 이 경우에 자신들의 서비스와 일치하지 않는 클라이언트를 접촉하게 된 기관이나 프로그램에서는 이를 다른 적절한 서비스의 종류와 소재를 파악해서 의뢰해 주는 것이 필요하다. 이와 관련되는 것을 정보&의뢰 시스템이라 한다.

효과적인 정보&의뢰 시스템에 핵심적으로 포함되어야 하는 것들은 다음과 같다.

- 기관 소재 : 지역사회 내에서 사회 서비스들을 제공하는 기관들의 명단
- 서비스 프로그램 : 현재 제공되고 있는 서비스들의 구체적인 성격
- 자격요건 : 서비스 수급자가 되기 위한 자격요건들(연령, 소득, 거주지, 장애여부, 고용여부, 혼인, 성별 등)

한 지역사회 내에서 효과적인 정보&의뢰 시스템을 만들어내는 데에는 많은 문제들이 작용할 수 있다. 공동 출자된 기관을 운영하거나 혹은 단순히 각종 정보의 교환 관계를 형성하는 것만 하더라도 조직들 간의 협력은 그리 쉽지 않다. 비록 기관들이 이러한 협조 관계를 유지할 의사가 충분히 있다고 해도, 실제로 효과적인 정보를 산출하고 유지하는 작업은 기술적으로 쉽지 않다. 다양하고 복잡한 클라이언트들의 욕구에 대응하여 지역사회 내에서 적합한 서비스를 신속히 찾을 수 있게 하는 정보시스템을 갖추기란 기술적으로 어려운 일이며, 잦은 서비스 프로그램들의 변경으로 인한 지속적인 정보의 갱신 문제 등도 실질적인 운영상의 문제로 나타날 수 있다. 그럼에도 불구하고 지역사회의 각종 서비스들이 공통적인 사회복지의 목적을 실현하기 위해서는 이러한 정보&의뢰 시스템을 통해 서비스의 활용을 증대시키는 노력을 할 필요가 있다.

(3) 홍보전략

서비스 접근성을 높여 활용을 증진하는 또 다른 방법은 서비스 프로그램과 그 자격요건들을 해당 지역사회에 널리 홍보(advertizing)하는 것이다. 서비스 제공자의 관점에서는 명백한 것처럼 보이지만, 잠재적인 서비스 이용자들의 입장에서는 프로그램의 존재를 인지하는 것이 쉽지 않은 경우가 많다.

프로그램에 관한 정보를 보급하는 수단으로, 일반적으로는 다음과 같은 홍보의 방법들이 많이 사용된다.

- 대중매체(TV나 라디오, 신문, 잡지 등)에 뉴스나 선전의 형태로 게재
- 안내소책자, 전단, 소식지 등을 통한 광고
- 대중 연설이나 발표회를 통해 프로그램 소개
- 기관이나 전문가들의 회합시에 프로그램에 대한 안내
- 지역사회 주민들을 초청하거나 기관 견학 등을 통해 프로그램 안내

다양한 대중을 대상으로 하는 대중매체(예 ; 라디오 광고)나, 직접적인 정보전달 수단(예 ; 아웃리치)을 이용하는 것 중에서 어느 것이 가장 효과적인지에 대한 일괄적인 답은 없다. 효과적인 방안의 선택은 표적집단 혹은 잠재적 클라이언트들의 특성과 기관의 환경적인 조건들을 고려해서 결정하는 것이다. 일반적으로는 한 가지의 방법에 집중 투자하는 것보다는 한 가지 이상의 방법을 혼합하여 사용하는 것이 보다 효과적이라고 알려져 왔다.

보다 적극적으로 지역주민들에게 접근하기 위해서는 다음의 방법들이 보다 유용할 수 있다.

- 각 가정에 전단지를 배포
- 직접 가정 방문을 실시(전문가 혹은 자원봉사자)
- 지역사회의 사정을 잘 아는 사람들(예 ; 이장, 동장, 골목가게 주인 등)에게

부탁
- 현지에 출장소나 지소 등과 같은 아웃리치 센터를 설립
- 해당 지역의 주민을 준전문가로 활용

이러한 방법들은 보다 직접적으로 잠재적 이용자들을 향해서 프로그램이 손을 뻗치는 것으로, 비록 그에 따른 비용은 더 커질 수 있지만 일반적인 정보 전달의 매체들에서 소외되어 있는 사람들에게는 분명히 더 효과적일 것이다. 대개 이러한 방법들은 서비스의 과소활용에 대한 대책에 소용되는 것으로, 특히 사회복지서비스의 활용을 증대시키는 방법으로는 더욱 유용성이 크다.

대부분의 사회복지조직들은 구태여 의무화되어 있지 않다면 적극적으로 클라이언트를 찾아 나서지 않으려는 경향이 있다. 프로그램 정보에 대한 활발한 전파로 인해 서비스의 이용이 증가하게 되면 기존에 할당된 서비스를 자원들로는 감당할 수 없게 되는 경우가 발생하기 때문이다. 이와 같은 자원의 제약성이 대부분의 사회복지서비스들을 홍보에 무관심하게 만드는 주된 이유가 되고 있다.

그럼에도 불구하고, 사회복지서비스기관이 잠재적 클라이언트들을 찾아나서야 하는 이유는 명백하다. 통상적인 프로그램 정보의 전파 수단만으로 확보되는 클라이언트들은 오히려 사회복지서비스의 목적에 합당하지 않을 가능성이 높다. 아무리 많은 수의 클라이언트를 확보한다고 하더라도 그것이 진정으로 서비스의 활용도를 높이는 것과는 아무런 관련이 없을 수도 있다.

사회적으로 소외되어 있는 클라이언트를 찾아나서는 작업은 제한된 사회복지 자원의 효용성을 극대화하기 위한 노력이다. 사회복지전문직과 기관들의 사회적 효용성 역시 이러한 노력을 통해 인정받을 수 있다는 점에서, 최적의 클라이언트 집단에 접근하기 위한 최적의 홍보 전략을 모색하는 것은 대단히 중요하다.

(4) 서비스 조직의 개선전략

서비스 활용의 증대라는 목적을 달성하려면, 적정한 클라이언트의 발굴과 확보만으로는 한계가 있다. 궁극적으로는 이미 확보된 클라이언트들을 대하는 서비스 조직들의 자세가 매우 중요하다.

한 서비스 기관이 자신에게 주어진 예산 능력 밖의 서비스 활용에 직면하면, 초과되는 서비스들을 거부할 수밖에 없다. 이런 경우에 비용이 많이 들고 성공할 가능성이 낮은 소수의 케이스들은 버리고, 다수의 성공 가능성이 높은 케이스들을 선택하는 것이 그 조직으로서는 서비스에 대한 사회적 책임성을 가시화하는 데 도움이 될 것이다. 그러나 이것은 관료제적 조직의 관점에서는 효과적일 수 있으나, 사회복지적 관점에서는 이것이 명백한 "병폐"임에 분명하다.

또한 기관들은 공급을 초과하는 수요에 대해 서비스 활용을 줄이려는 전략을 취할 수 있다. 서비스 접근성과 관련된 다양한 장애들을 강화하거나 혹은 추가로 설치함으로써 서비스의 활용을 줄일 수 있다. 다음은 이와 관련된 예들이다.

- 만원사례-추가적으로 들어오는 서비스 지원서들을 반려
- 대기 시간 늘림
- 서비스 운영 시간을 단축
- 아웃리치 중단
- 사전 예약 제도의 도입
- 다른 기관들로 클라이언트를 돌리기

반대로, 실제 서비스 수요가 예상했던 서비스 수요를 밑도는 경우도 있다. 이런 경우에 대부분의 조직들은 할당된 예산을 모두 사용해야 다음 해의 예산 편성에 문제가 없다는 점 때문에, 서비스의 활용 수준을 억지로 높이기 위해 노력한다. 문제는 이러한 노력들이 진정한 욕구를 가진 사람들을 서비스에 연결시키는 데 실패할 뿐만 아니라, 서비스 이용자들의 기대치를 불공정하게 높여 서비스 이용을 강요하게 되는 결과를 초래하기도 한다. 이로 인해 남용되는 자원들은 보다 유용한 다른 서비스들에 쓰여야 할 비용을 의미하는 것이다.

사회복지조직들이 서비스 활용 수준을 조작하는 것은 자신들의 생존에 일시적으로 도움이 될지 모르나, 그로 인해 전체사회에 대해서는 한정된 사회적 자원의 남용이라는 해를 끼치는 것이다. 사회복지조직들에서 서비스의 제공 능력과 실질적인 활용 간에 불균형이 초래된다면, 사회적 비용은 반드시 발생한다. 공급에 비해 수요

가 초과하면 서비스 이용자의 입장에서는 대기 시간의 증가 혹은 만원사례 등의 형태를 통해 공급 부족에 따른 비용을 부담하게 된다. 공급이 수요를 초과할 경우에는 오·남용을 포함한 활용되지 않은 서비스로 인한 자원 낭비의 비용 부담을 서비스 제공자(납세자 포함)들이 안게 된다.

서비스 활용의 증대를 위한 1차적인 노력은 서비스 조직들의 관료제적 병폐를 극복하는 데 초점을 두어야 한다. 이를 위해서는 사회복지전문직의 역할이 매우 긴요하다. 사회복지조직을 관료제적인 행정 논리에 함몰되지 않도록 하여, 사회복지서비스 본연의 목적과 지향을 지켜 나가게 하는 것이 전문직 행정 관리자들이 존립하는 이유이다.

(5) 클라이언트와의 신뢰 구축 전략

보다 장기적인 관점에서 서비스 활용을 증대시키기 위해서는 사회복지서비스의 본질적인 측면에 주목해야 한다. 앞에서 제시한 활용 증대의 전략들이 접근성에 주로 초점을 맞추었다면 이 전략은 서비스 과정에서 클라이언트와의 신뢰 구축을 통해 서비스 활용을 높이고자 하는 것이다. 기존의 클라이언트들에 대해 서비스의 이미지를 개선하는 것이 보다 장기적이고 본질적으로 서비스 활용을 증진시키는 전략이라는 것이다.

대부분의 대인적 사회복지서비스들은 서비스 제공자와 클라이언트의 긴밀한 대인적 관계 그 자체가 서비스의 핵심이고, 이 관계에서는 양자간에 신뢰가 형성되지 않으면 효과성을 성취하기가 힘들다. 서비스 제공자는 클라이언트의 사적인 영역에 클라이언트로부터의 신뢰 없이 뛰어들 수 없고, 클라이언트 또한 서비스 제공자가 도덕성을 갖춘 채 서비스에 참여한다는 신뢰를 확신할 수 있어야 한다. 비록 이러한 신뢰는 서비스 제공자와 클라이언트간의 직접적인 대면관계에서 발생하지만, 이런 관계를 용이하게 만들어 주는 것은 서비스 프로그램의 환경 설정에 달려 있다. 특히 다음 사항들이 신뢰 형성을 위해 중요하다고 알려져 있다.

① **인테이크 과정의 적절성** : 신뢰는 클라이언트의 기대와 프로그램 목표간에 일

치감이 존재할 때 가장 쉽게 형성되므로, 이를 위해 강력한 인테이크 및 사정 절차가 필요하다. 클라이언트의 욕구와 기대를 정확하게 파악하고, 그에 따른 서비스 프로그램의 적합성을 판단한다. 이를 통해 과다하지도 과소하지도 않은 적절한 수준의 기대를 클라이언트들로 하여금 갖게 하는 것이 프로그램에 대한 신뢰를 제공하는 것이다.

② **서비스 제공자의 전문적 재량권** : 사회복지서비스 실천의 과정은 단선적인 과정이 아니다. 애당초 설정했던 목표들이 케이스가 진행되어 감에 따라, 혹은 서비스 제공자와 클라이언트 양자 간의 합의나 상황의 변화에 따라 수정될 수도 있다. 따라서 이러한 상황들에 대처하기 위해서는 개별 케이스들의 서비스 목표나 방법에 관해 서비스 제공자가 나름대로의 재량권을 행사할 수 있어야 한다. 그것이 보장이 될 때 클라이언트는 서비스 제공자에 대해서 신뢰를 가질 수 있으며, 그러한 신뢰관계가 곧 서비스 프로그램에 대한 신뢰로서 확대된다. 따라서 전체적인 서비스 프로그램의 목적을 벗어나지 않는 한도 내에서, 적절한 전문적 재량권을 서비스 제공자에게 귀속시킬 필요가 있다.

③ **클라이언트의 자율권** : 사회복지서비스에서는 클라이언트의 자발적인 참여와 협조가 서비스의 효과성을 산출하는 데 중요한 요건이 된다. 특히 대인적 사회복지서비스에 있어서는 이러한 원칙이 매우 중요시된다. 클라이언트의 참여를 증진함으로써 이들이 서비스에 대해 보다 높은 신뢰를 갖는데 도움을 주기 때문이다. 클라이언트의 자율권 보장은 자신들의 치료 계획에 적극적으로 참여할 수 있는 역할을 보장한다거나, 서비스나 정책 혹은 절차 등에 대한 클라이언트의 피드백 기회를 보장해 주는 것 등으로 실현될 수 있다.

서비스 제공자와 클라이언트의 대면적 관계 자체가 핵심적인 서비스를 형성하는 사회복지서비스 프로그램들에서는, 클라이언트들을 통해 형성되는 서비스의 이미지가 장기적인 서비스 프로그램의 활용도를 높이는 데 결정적인 영향을 미친다. 따라서 클라이언트와의 신뢰 구축을 단순한 가치나 자세의 전환으로 볼 것이 아니라, 서비스 환경 속에 내재되어야 할 일종의 서비스 활용을 위한 구체적인 전략의 일환으로 인식하여야 한다.

4. 서비스의 질 관리방안

서비스의 질 관리방안을 단기적인 관점과 장기적인 관점으로 나누어 제시하면 다음과 같다(강용규 외, 2008; 246-248).

1) 단기적인 관점

사회복지행정서비스의 질을 개선시키기 위해서는 몇 가지 노력이 필요하다. 즉 고객이 기대하는 서비스의 수준을 이해하고 파악하기 위한 자료를 수집하는 일, 각 업무 단계별로 서비스의 질 요구사항을 정의하여 관리하는 일, 서비스의 질 기준을 설계하고 그에 따른 실행을 하며 서비스의 전달 시스템을 체계적으로 관리하는 일 등을 하여야 한다. 그 구체적인 내용은 다음과 같다.

첫째, 고객의 서비스에 대한 기대를 이해하고 확인하는 일이다. 즉 자료 수집을 위한 도구를 설계하는 일이 필요하다. 그리고 프로세스 흐름도를 작성하고 정보, 고객, 자원 등 각 투입요소를 검토하여야 한다.

둘째, 각 프로세스 단계별 서비스 품질 요구사항을 정의하는 일이다. 서비스 전달 시스템을 설계하고, 이를 바탕으로 대기시간, 투입 질 규정, 산출 질 규정, 불만 고객의 수, 절차 및 체크리스트에 대한 운영기준 설정 등을 실시한다.

셋째, 서비스의 질 기준을 설계하고 실행하는 일이다. 서비스에서 질 기준이란 서비스 표준화가 전제되어야 한다. 서비스 표준화가 가장 어려운 점은 고객이 생각하는 표준이 무엇인지 알아내어 정하는 것이다. 고객이 원하지 않는 표준의 설정은 고객의 욕구, 우선순위, 기대수준을 무시한 것으로 고객 불만을 유발하는 요인이 된다.

넷째, 서비스의 질 전달 시스템의 설계에 피드백하기이다. 이상의 과정을 통해 얻은 결과를 환류시켜 개선을 유도하는 활동을 함으로써 서비스의 질을 개선하는 프로세스를 마무리한다.

2) 장기적인 관점

사회복지기관이 서비스의 질을 향상시키기 위해서는 단기적인 관점에서 뿐만 아니라 장기적인 관점에서 사회복지행정기관의 문화, 조직 내 인간관계, 그리고 정보통신기술을 비롯한 기술의 전략적 활용에서 그 길을 찾을 수 있다. 즉 사회복지행정기관의 문화를 서비스의 질 향상에 적합하게 변화시키고, 조직구성원들이 참여할 수 있는 분위기를 마련하며, 서비스 질의 향상을 위한 기술을 체계적으로 활용하여야 한다.

사회복지행정서비스는 서비스 자체의 질과 성과보다는 고객에 대한 즉각적인 대응이 중요하고, 신뢰를 바탕으로 하며, 고객의 입장에서 이루어져야 한다는 것을 의미한다. 이는 서비스를 공급자 위주에서 수요자 위주로 보는 발상의 전환이 이루어지고 있다는 것이다. 이러한 발상의 전환은 행정서비스에 대한 국민의 인식, 공무원과 국민 상호작용방식 및 서비스가 조직되는 방식을 변화시키고 있을 뿐만 아니라, 서비스의 공급유형과 전달방식도 변경시키고 있다.

참고문헌

강용규 외, 『사회복지행정론』, 공동체, 2008.

김연성 외, 『서비스 경영-전략 · 시스템 · 사례-』, 법문사, 2002.

김영종, 『사회복지행정』, 학지사, 2006.

이환범 · 최준호, 『신 행정서비스론』, 도서출판 영남사, 2000.

Gates, Bruce, *Social Program Administration: The Implementation of Social Policy.* Englewood Cliffs, NJ: Prentice-Hall. 1980, pp. 142-170.

McKinlay, John, 'Some Approaches and Problems in the Study of the Use of Services-an Overview,' *Journal of Helth and Social Behavior*, 13, 1971, pp. 119-138.

제13장 사회복지서비스 전달체계

1. 사회복지서비스 전달체계의 개념

사회복지서비스 전달체계란 '지역사회적 맥락에서 사회복지 급여를 공급하는 자들간의 조직적인 연계 및 공급자와 소비자들간의 조직적 연결'로서 정의된다(김영종, 2001: 371). 사회복지전달체계는 사회복지급여나 서비스의 공급자와 수요자를 연결시켜 주는 틀을 의미한다. 공급자는 전달체계를 통하여 수요자에게 사회복지 급여나 서비스를 제공하고, 수요자는 전달체계를 통하여 원하는 급여나 서비스를 제공받는다.

사회복지급여나 서비스의 전달경로는 수요자를 파악하고, 수요자가 원하는 것이 무엇인지 파악하는 단계에서부터 시작된다. 공급자는 수요자가 원하는 급여나 서비스가 무엇인지를 파악하는 수요자 욕구조사를 실시하여야 한다. 공급자는 욕구조사의 결과에 따라 정책결정을 하고 전달 경로를 통하여 수요자에게 서비스를 제공한다. 수요자는 급여나 서비스를 전달받고 피드백을 공급자에게 제공하면 공급자는 수정하고 보완하여 다시 전달체계를 거쳐 수요자에게 제공하는 반복과정을 거친다(허만형, 2005: 242-243).

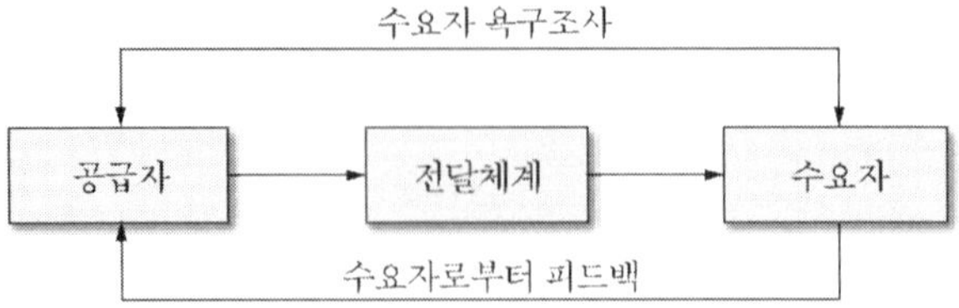

자료 : 허만형(2004), p. 243.

〈그림 13-1〉 사회복지전달체계의 모형도

〈그림 13-1〉에서 보는 바와 같이 사회복지급여나 서비스의 공급자는 국가나 지방자치단체와 같은 공공기관일 수도 있고, 건강보험관리공단 또는 국민연금관리공단 및 근로복지공단과 같은 해당 부처 장관을 보험자로 하는 특수법인의 성격을 띤 기관일 수도 있다. 또한 한국복지재단과 같은 사회복지법인일 수도 있고, 순수한 민간차원의 사회복지기관일 수도 있다. 사회복지서비스의 공급자는 급여나 서비스를 필요로 하는 클라이언트 또는 일반 국민에게 제공하는 기능을 수행한다. 사회복지서비스의 수요자는 사회복지급여나 서비스를 제공받고자 하는 사람(클라이언트 및 일반국민)을 의미한다.

2. 사회복지서비스 전달체계의 구성

사회복지서비스 전달체계에는 사회복지서비스를 기획 · 지원 · 관리하는 행정관리체계와 서비스를 직접적으로 전달하는 기능을 수행하는 집행체계로 구분할 수 있다. 행정관리체계는 해결하고자 하는 사회문제를 위한 다양한 정책대안을 강구하고, 이를 아젠다(agenda)과정을 거쳐 목표를 설정하고, 효율적이고 효과적인 정책결과를 위해 전반적인 기획과 자원동원, 운영 및 감독 등을 주로 담당한다. 집행체계는 사회복지서비스를 실제로 전달하는 행정조직으로서 행정관리체계가 달성하고자 하는 목표를 제일선에서 집행한다. 따라서 행정관리체계와 집행체계는 상호보완적인 하나의 총체적인 전달체계를 구성하고 있으며, 양 체계가 어느 정도 효과적으로 운영되느냐에 따라 사회복지서비스의 질에 영향을 미친다.

1) 사회복지서비스 전달체계의 원칙

사회복지서비스 전달체계를 구축하고 이를 집행할 때 고려되어야 할 원칙을 살펴보면 다음과 같다.

(1) 전문성의 원칙

전문성의 원칙은 사회복지서비스의 핵심적인 업무로서 반드시 전문가가 담당해야 한다. 업무의 성격상 전문성을 덜 요하는 것은 준전문가(para-professional)가 담당하고, 비숙련업무 및 일반 행정업무는 비전문가(non-professional) 또는 경우에 따라서 자원봉사자가 담당하도록 한다.

(2) 통합성의 원칙

클라이언트의 문제는 많은 경우 복합적이고 상호 연관되어 있기 때문에 이러한 문제를 해결하기 위한 서비스간의 연계 및 통합적인 접근을 검토하여야 한다. 서비스가 연관성을 갖고 통합적으로 제공되기 위해서는 최고 행정관리자에 의해 서비스들이 제공되어야 한다. 뿐만 아니라 서비스 제공 장소들이 지리적으로 접근성이 용이해야 하며, 서비스 및 프로그램 또는 조직간에 상호 유기적인 연계와 협력체계가 구축되어야 한다.

(3) 포괄성의 원칙

인간의 욕구와 문제는 다양할 뿐만 아니라 한 가지 문제는 다른 여러 가지의 문제와도 연관되어 있는 것이 일반적이기 때문에 다양한 욕구, 다양한 문제를 동시에 또는 순서적으로 해결하기 위해서 다양한 서비스를 필요로 한다. 서비스의 포괄성을 달성하기 위해서는 한 사람의 전문가가 여러 문제를 다루거나(일반화 접근방법: generalistic approach), 각각 다른 전문가가 한 사람의 문제를 다룰 수도 있고(전문화 접근방법: specialistic approach) 또는 여러 전문가들이 한 팀이 되어 문제를 해결(집단 접근방법: team approach)할 수도 있다. 복합적이고 다양한 문제를 가진 개인의 문제를 해결하는 데 있어서 한 전문가가 책임을 지고 계속적으로 필요한 서비스와 전문가를 찾아 연결시켜 주고 적절한 서비스를 받을 수 있도록 하는 사례관리방법(case management)도 있다.

(4) 적절성의 원칙

사회복지서비스는 그 양과 질, 제공하는 기간이 클라이언트의 욕구 충족과 서비스의 목표달성에 충분해야 한다. 이러한 적절성의 원칙은 재정형편상 제대로 지키기 어려운 경우가 많고 그 적절성의 수준에 대해서도 논란이 있을 수 있다.

(5) 연속성의 원칙

사회복지서비스 전달체계 내의 모든 기관과 프로그램들이 서로간에 얼마나 밀접하게 근접해 있는지를 나타내는 것이다. 한 개인이 필요로 하는 다른 종류의 서비스와 질적으로 다른 서비스를 지역사회 내에서 계속적으로 받을 수 있도록 그러한 서비스들이 상호 연계되어야 한다. 연속성의 원칙이 잘 적용되기 위해서는 같은 조직 내의 서비스 프로그램간의 상호협력이 잘 이루어져야 할 뿐만 아니라 지역사회 내의 사회복지서비스 조직간에도 유기적인 연계가 잘 이루어져야 한다.

(6) 평등성의 원칙

사회복지서비스는 기본적으로 성별, 연령, 소득, 지역, 종교, 지위 등에 관계없이 모든 국민에게 무차별적으로 제공되어야 한다. 현대 사회는 예기치 못하는 사회적 변동에 의하여 개인의 경제적 형편에 관계없이 모든 사람 또는 가족에게 다양한 사회문제가 발생하고 있는데 국가는 사회복지서비스를 이런 모든 사람들에게 평등하게 제공하여야 한다.

(7) 책임성의 원칙

사회복지서비스 조직은 국가(사회)가 국민의 권리로 인정한 사회복지서비스를 전달하도록 위임받은 조직이므로 서비스의 전달에 책임을 져야 한다. 서비스가 클라이언트 및 일반 국민의 욕구에 적절히 대응하는가, 전달절차가 적합한가, 서비스가 효과적이고 효율적인가 등을 클라이언트나 서비스의 공급자에 대하여 책임을 져야 한다.

(8) 접근성의 원칙

사회복지서비스를 필요로 하는 사람들이 서비스를 활용하는데 아무런 장애가 없어야 한다. 클라이언트가 서비스에 접근하는데 주요한 장애요인으로 발생하는 서비스에 대한 정보의 결여나 부족, 원거리 또는 교통의 불편 등으로 인한 접근성의 차단 및 곤란, 자신의 문제 노출에 대한 두려움과 수치심 등 심리적 장애, 수급요건의 까다로움 등 선정 절차상의 장애, 금품이나 상담자의 부족 등의 자원부족 등이 있다.

2) 공공사회복지서비스 전달체계

(1) 공공 사회복지서비스 전달체계의 운영주체

공공 전달체계의 대표적인 주체는 중앙정부 및 지방자치단체이다. 중앙집권국가에서 지방은 중앙정부의 위임사무를 집행하는 지방행정기관에 불과하지만, 지방자치를 실시하는 국가 또는 연방제 국가에서의 지방은 고도의 자치권을 바탕으로 독자적인 사회복지급여 및 서비스를 제공하기도 한다. 따라서 지방이 독자적인 사회복지행정을 실시할 경우 중앙정부와 새로운 관계설정이 필요하고, 이러한 관계설정의 향방에 따라 공공분야의 사회복지서비스 전달체계도 달라질 수밖에 없다.

미국의 경우 주(州)차원에서 상당한 자율성을 갖고 운영되는 고용보험의 경우 현재 추가적인 분권화가 추진되고 있는데, 부시행정부는 연방고용보험(Federal Unemployment Tax Act : TUTA)세의 세율을 현재의 0.8%에서 2003년 0.6%, 2005년 0.4%, 2007년에 0.2%로 낮추고, 고용보험 및 고용서비스의 관리운영과 관련된 재원조달의 책임을 연방정부에서 주정부로 이관하는 방안을 추진하고 있다. 이렇게 될 경우 연방정부는 나머지 0.2%를 갖고 각 주에 대한 긴급자금 지원이나 연방정부의 업무를 수행하는 데 따르는 지원금으로 사용할 계획이다(황덕순, 2003; 56-57).

정부간 관계유형은 종속형, 대립형, 파트너형으로 구분할 수 있다.

종속형은 중앙정부에서 결정된 사회복지급여나 서비스가 광역자치단체를 경유하여 기초자치단체에 시달되고, 기초자치단체에서는 사회복지대상자에게 전달되는 경로를 갖게 된다. 광역자치단체나 기초자치단체는 최소한의 자치권만을 갖는 것이 특징이다.

대립형은 중앙정부나 광역자치단체가 독자적으로 국민에게 사회복지급여나 서비스를 제공한다. 중앙정부는 직접 사회복지대상자에게 급여나 서비스를 제공하고, 광역자치단체는 중앙정부와 무관한 상태에서 사회복지정책을 결정하며, 제공하기로 결정된 급여나 서비스를 사회복지대상자에게 제공한다.

파트너형은 중앙정부, 광역자치단체, 그리고 기초자치단체가 독자적으로 사회복지대상자에게 급여 및 서비스를 제공한다. 독자적으로 급여나 서비스를 제공하지만 파트너로서의 협의체계를 유지한다. 협의체계가 유지되면 제공되어야 할 서비스의 공백이 최소화될 뿐만 아니라 중복급여 문제가 발생하지 않게 된다. 파트너형은 중앙정부가 일관성 있게 국민들에게 필요한 사회복지급여와 서비스를 제공할 수 있고, 지방자치단체는 지역사회의 사회경제적 여건을 고려하여 지역특성에 알맞은 사회복지급여와 서비스를 제공할 수 있다. 파트너형은 공공기관간의 경쟁과 협력을 동시에 이끌어낼 수 있는 모형이다.

(2) 공공 사회복지서비스 전달체계의 구조

현대사회에서 사회복지서비스는 공식적으로 조직된 활동으로 관련 법률에 의하여 제도화된 것으로 일정한 조직체계를 통하여 전달된다. 우리나라의 공공 사회복지행정 또한 헌법 및 사회보장기본법, 정부조직법, 해당 부처의 규정에 따른 조직구조를 갖고 있다.

사회복지서비스 업무와 직접적인 관련이 있는 보건복지부를 중심으로 사회복지서비스 전달체계를 살펴보고자 한다. 중앙정부 차원에서는 보건복지부 사회복지정책실에서 정책수립을 맡고 있으며, 지방자치단체의 사회복지서비스 전달체계는 IMF 구조조정 이후 복지와 환경, 보건, 여성 관련 부서를 통합하여 자치단체별로 그 명칭을 달리하여 운영하고 있으며, 행정자치부의 지방조직인 시(특별시 · 광역시) · 도 단위에 사회복지국(가정복지국) 등을 설치하고 있다. 그리고 행정자치부의 지방 하부조직인 시 · 군 · 구에는 사회복지과 또는 가정복지과를 두고 있으며 그 아래에 사회복지계, 가정복지계, 부녀복지계, 청소년복지계 등이 설치되어 있다. 이들의 업무는 일선조직인 읍・면・동 단위의 사회복지담당이나 사회복지전담공무원으로 이어진다.

중앙 및 지방자치단체의 사회복지서비스 행정업무를 보조하며, 중요사항을 자문하거나 심의하기 위하여 전달체계의 각 단계(중앙, 시・도, 시・군・구)마다 위원회를 두고 있다. 중앙정부의 국무총리실 산하에 사회보장위원회, 아동정책조정위원회, 보육정책조정위원회, 장애인정책조정위원회와 보건복지부 산하에 중앙생활보장위원회, 중앙정신보건심의위원회 등이 있다. 지방자치단체에는 시・도에 사회복지위원회, 지방생활보장위원회, 지방보육정책위원회, 시・군・구에는 지역사회복지협의체, 지방생활보장위원회, 지방보육정책위원회가 있다. 읍・면・동에는 명예직이며 무보수 봉사직인 복지위원과 아동위원이 있다.

〈표 13-1〉 공공 사회복지서비스 전달체계

법률명	전담행정기관	전담행정공무원	보조기관
사회복지사업법	보건복지사무소	사회복지전담공무원	복지위원
국민기초생활 보장법	시・도지사, 시장・군・구청장	사회복지전담공무원	
아동복지법	아동보호전문기관	아동복지지도원	아동위원
영유아보육법	중앙 및 지방보육정보센터	보육전문요원	
노인복지법		노인복지상담원	노인종합복지관
장애인복지법		장애인복지상담원	장애인종합복지관
한부모가족지원법		모부자복지지도원	
성매매방지 및 피해자보호법	성매매피해상담소	상담원	
정신보건법		정신보건전문요원	

자료 : 박석돈(2007), p. 37 재구성.

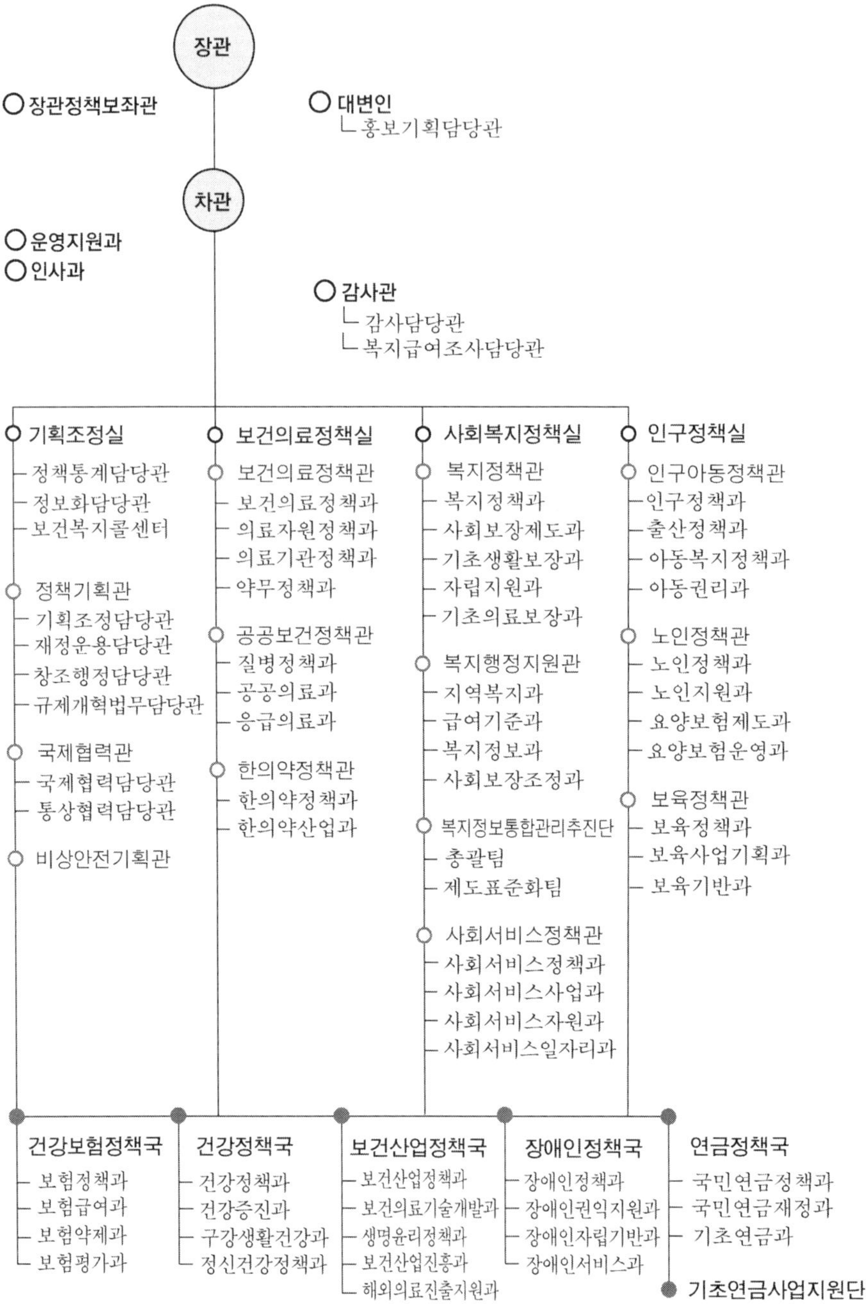

〈그림 13-2〉 보건복지부 조직도

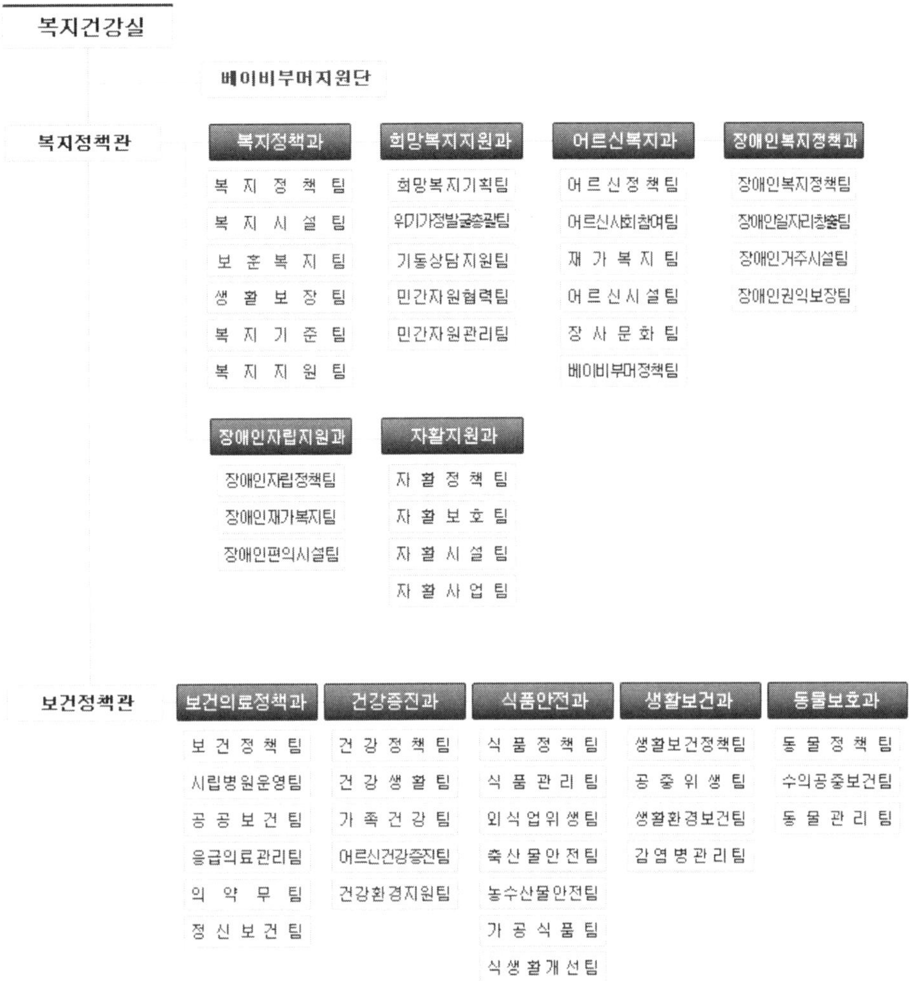

〈그림 13-3〉 지방자치단체(서울특별시) 복지조직도

3) 민간 사회복지서비스 전달체계

(1) 민간 사회복지서비스 전달체계의 운영주체

민간 사회복지서비스 전달체계는 기업복지재단, 자원봉사단체, 사회복지협의회, 지역사회복지협의체, 이용 및 생활시설, 단체, 개인 등 다양성을 기반으로 한다. 다수의 조직이나 프로그램, 단체, 개인들이 서비스 전달과 관련해서 나름대로의 역할과 기능들을 각각 수행하고 있다. 이에 동원되는 자원들은 대부분 자발적인 성격을 띠고 있으므로, 민간 전달체계를 통해서 안정적이고 일관적인 서비스의 공급을 기대하기는 어렵다. 그러나 다양한 주체들이 존재하기 때문에 급변하는 사회적 환경에 탄력적으로 적응해 나가는 데에는 공공 전달체계 보다는 유리한 측면이 있다.

(2) 민간 사회복지서비스 전달체계의 필요성

민간 사회복지서비스 전달체계는 공공 사회복지서비스 전달체계를 보완하는 역할을 하며 다음과 같이 그 필요성을 들 수 있다(최성재 · 남기민, 2001: 95-96).

첫째, 정부에서 제공하는 급여 및 서비스를 받지 못하는 계층에 대한 서비스를 제공한다. 수혜자격이 있음에도 불구하고 수적인 제한으로 공공 서비스를 받지 못하거나 자산 정도와 연령 미달이나 초과 등으로 필요한 서비스를 받을 수 없는 사람들에게 서비스를 제공하기 위하여 필요하다.

〈표 13-2〉 민간 사회복지서비스 전달체계

운영형태	사회복지서비스	비고
기업조직	퇴직금 제도, 출산휴가제도	국가가 법으로 의무화, 국가의 감독
비영리조직	이용시설, 생활시설	국가의 재정지원 및 감독
영리조직	사설 어린이집, 기업형 노인시설	국가가 법으로 의무화, 국가의 감독

둘째, 공공전달체계에서 제공할 수 없는 서비스를 제공한다. 개인의 여러 문제나 욕구를 충족시켜 줄 수 있는 다양하고 질 높은 서비스를 제공하기 위해서 필요하다.

셋째, 동일한 종류의 서비스에 대한 선택의 기회를 제공한다. 클라이언트로 하여금 그들의 기호나 지역적 · 시간적 여건에 따라 선택할 수 있는 기회를 제공할 뿐만 아니라 공공 서비스기관과 민간 서비스기관간의 경쟁을 유발하여 서비스의 질을 높일 수 있다.

넷째, 사회복지서비스의 선도적인 개발과 보급을 위해 필요하다. 민간 서비스기관은 공공 서비스기관에 비해 행정적 융통성이 있고, 의사결정도 신속히 이루어질 수 있으므로 환경의 변화나 클라이언트의 새로운 욕구에 민감히 대응하여 새로운 프로그램을 개발하고 평가하여 보급하는 일을 하기에 유리하다. 즉 공공 서비스기관이 새로운 사회복지서비스 도입을 위한 정보 제공과 선도 역할을 하기 위해서도 민간 서비스기관의 서비스가 필요하다.

다섯째, 민간의 사회복지 참여욕구를 수렴하기 위해 필요하다. 많은 사람들이 사회복지활동에 자원봉사자로, 재정적 후원자로 또는 운영자로 참여하기를 원하게 되는데 이러한 참여욕구를 민간 서비스기관에서 적절히 수렴하거나 민간 서비스기관의 설립을 통해서 충족시킬 수 있다.

여섯째, 공공 서비스기관의 사회복지활동에 대한 압력단체의 역할을 한다. 민간조직은 비슷한 서비스를 제공하면서 공공기관의 활동과 서비스를 감시할 수도 있고, 정부가 수행해야 할 서비스를 찾아내거나 확인할 수 있기 때문에 정부가 서비스를 개선하거나 새로운 서비스를 도입하도록 압력을 가할 수 있다.

일곱째, 국가의 사회복지비용을 절약할 수 있다. 민간 사회복지서비스 기관에 의한 사회복지활동은 바로 정부가 비용을 투입하여 수행해야 할 일을 대신 수행하게 됨으로 정부의 사회복지비용을 절약하는 효과를 가져온다.

(3) 민간 사회복지서비스 전달체계의 구조

민간 사회복지조직은 "영리를 목적으로 하지 않는 주민조직과 그리고 사회복지법인, 재단법인 및 사단법인, 종교단체, 법정단체 및 기타 특수법인, 등록단체나 그 법인 또는 단체가 사회복지사업을 목적으로 운영하는 시설과 기관"을 총칭하는 것으로 본다(이정호, 1987: 49).

〈그림 13-4〉 한국어린이재단 조직도

3. 사회복지전달체계의 문제점과 개선방향

1) 공공 사회복지서비스 전달체계

(1) 문제점

공공부조와 사회복지서비스의 업무에 관한 정책결정은 보건복지부에서, 집행은 행정자치부 산하의 지방자치단체인 시 · 도 및 시 · 군 · 구에서 담당함으로써 이원화된 체계를 구축하고 있다. 그러므로 전달체계 조직구조상의 문제와 서비스 제공상 책임성, 전문성, 효율성, 효과성 등이 미흡한 것으로 나타났다. 공공 사회복지서비스 전달체계의 문제점을 정리해 보면 다음과 같다.

첫째, 일선 행정체계의 획일성으로 사회복지전담공무원이 전문성을 발휘하여 자율적으로 업무를 수행하기가 곤란하다.

둘째, 상의하달식의 수직적 행정체계로 인하여 지역적 특성과 주역주민의 욕구를 반영한 사회복지서비스를 제공할 수 있는 환경이 조성되어 있지 못하다.

셋째, 사회복지서비스 업무가 시·군·구, 읍·면·동 단위의 별개의 행정단위체계로 수행되고 클라이언트 대상별로 별도 관리가 이루어짐으로 사회복지 대상자에 대한 원스톱(one-stop) 서비스가 곤란하여 급여 및 서비스의 효율성 및 제도간의 연계성이 부족하다.

넷째, 취약계층의 자립·자활을 가능하게 하려면 욕구사정 및 상담 등의 전문적 대인서비스가 필요하고 사후보호(after care)가 이루어져야 하나 현재 배치된 사회복지전담공무원의 업무과중과 주변 여건의 미성숙으로 이를 실행하기 어려운 실정이다.

다섯째, 일반 행정공무원인 상급자가 사회복지 각 분야에 대한 마인드 및 이해부족으로 전문적인 지도·감독이 어렵고, 동료간의 전문적인 사례에 대한 회의(conference)를 통한 업무의 질적 향상이 어렵다.

여섯째, 사회복지대상자 및 지역사회주민들이 표출하고 있는 또는 잠재해 있는 사회복지적 욕구를 심각한 사회문제로 인식하지 못하고 이에 대한 국가 및 지방자치단체의 투자가 부족하다는 점과 욕구의 결핍 및 부족을 가족이 1차적으로 책임져야 한다는 가족주의적 복지관으로 공공의 사회복지서비스의 개입을 쉽지 않게 한다는 점이 사회복지서비스 제도 및 전달체계의 발달을 지연시켰다.

일곱째, 정부 각 부처에 산재해 있는 사회복지 관련 위원회의 활동이 부진한데, 각종 위원회가 법률적 강제성을 띤 의결권을 가진 위원회가 아니라 단순한 자문·심의기구에 불과하기 때문에 거의 형식적으로 운영되거나 심지어 구성되지 않은 경우도 있어 유명무실하게 운영된다는 점이다.

여덟째, 전달체계상의 전문 인력의 부족으로 사회복지서비스의 질을 저하시키거나, 업무의 과중함으로 인하여 담당 공무원의 소진(burn out)현상과 사기 저하를 가져와 사회복지서비스의 효과성을 약화시키는 결과를 초래한다는 점이다.

(2) 개선방안

공공 사회복지서비스 전달체계의 문제점을 개선하기 위한 방안을 다음과 같이 제시할 수 있다(김형식 외, 2001).

첫째, 서비스 전달체계의 단순화로서, 전달체계의 과다한 계층적 접근방법에 의한 보고, 지시, 감독, 통보 등을 완화하여 계층의 단계를 줄여 보다 신속한 행정이 이루어지도록 한다.

둘째, 사회복지서비스 업무를 중앙정부에서 지방자치단체로, 상급기관에서 하급기관으로 이양한다. 중앙 및 상급기관에서 업무를 기획, 조정, 통합하고, 고도의 전문성과 기술을 필요로 하는 것 이외에는 가능하면 많은 업무를 지방자치단체 및 하급기관으로 이전토록 한다. 이러한 업무개선은 획일적이며 상의하달식의 수직적인 행정체계에서 탈피하여 지방의 특성에 알맞은 사회복지서비스 전달이 가능하게 된다.

셋째, 사회복지서비스 전달체계를 수직적이고 지시적・감독적・후견적 관계에서 상호보완적・수평적・협동적 관계로 전환한다. 사회복지서비스 전달체계의 필요성은 지역사회 주민들의 복지적 욕구를 공공 서비스기관의 책임 아래 효율적이고 효과적으로 충족시키는데 있다.

넷째, 중앙정부 및 지방자치단체에서 담당하고 있는 업무 중 민간부문에 이양할 수 있는 업무는 민간 사회복지서비스 전달체계의 활성화를 위하여 이양하도록 한다. 이를 통하여 민간 사회복지서비스 조직인 사회복지시설이나 기관의 활성화 방안을 모색해야 한다.

다섯째, 사회복지서비스의 효과성과 효율성을 위해 과감하게 통・폐합하고, 관련 위원회가 상시적으로 운영될 수 있도록 조직, 전문인력, 재정을 할당하여 활성화시켜야 한다.

여섯째, 전문 인력을 충원하여 사회복지대상자에 대한 서비스 제공이 효율적으로 이루어질 수 있도록 사회복지서비스 전달체계 내에 사회복지전담공무원을 확대・배치해야 한다.

일곱째, 이상과 같은 개선점들을 체계적으로 실현하기 위해서는 서비스를 통합적으로 제공할 수 있어야 하며, 이를 위해서는 보건복지부 외청조직으로 사회복지청

(중앙)-지방사회복지청(시 · 도)-사회복지지사무소(시 · 군 · 구)의 설치가 조속히 이루어져야 한다.

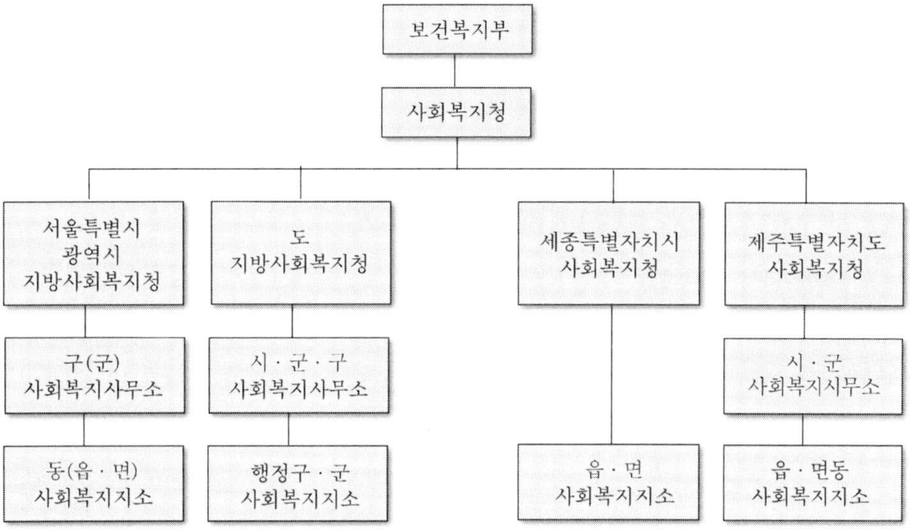

〈그림 13-5〉 사회복지청 조직도(안)

2) 민간 사회복지서비스 전달체계

(1) 문제점

민간 사회복지서비스 전달체계의 문제점을 조직구조적 측면, 관리운영적 측면, 전달인력적인 측면으로 구분하여 살펴보면 다음과 같다(신복기 외, 2002; 171-173).

① 조직구조상의 문제점

첫째, 대부분의 민간 사회복지기관이나 시설들이 그 운영에 필요한 재정의 상당부분을 정부의 재정보조에 의존하고 그 운영에 있어서 지도 · 감독을 받아야 하기 때문에 클라이언트의 요구보다는 정부의 '지시'에 따르는 경향이 많아 민간부문의 장점인 자율성과 창의성이 크게 제약을 받고 있다.

둘째, 민간 사회복지시설 중 생활시설은 아직도 정부의 지원수준이 낮고, 시설의 종별·지역별 분포가 불균형하며, 재정상태 및 전문인력 확보가 매우 미비한 실정이다. 이용시설인 사회복지관의 경우에도 도시지역에 편중, 분포되어 있으며 전문인력의 부족과 재정의 취약성으로 포괄적인 프로그램을 지속적으로 제공하지 못하고 있다.

셋째, 민간 사회복지시설 중 생활시설은 지역사회에 기반을 두고 지역사회 주민의 참여와 함께 시설의 개방화·사회화가 이루어져야 함에도 불구하고 그렇지 못한 실정이다. 또한 시설의 서비스와 지역사회의 서비스가 제대로 연계되지 않아 사회복지대상자가 통합적인 서비스를 받는데 한계가 있다.

② 관리운영상의 문제점

첫째, 사회복지조직의 협의기구들이 조정자로서의 역할과 기능을 충분히 수행하지 못하고 있다. 이용시설의 경우 서비스 제공기관간의 협의조정체계가 구축되어 있지만 서비스간 연계가 부족하여 프로그램의 중복과 누락현상이 발생하고 있다.

둘째, 생활시설의 경우 대부분 만성적인 재정부족을 경험하고 있으며, 이로 인하여 서비스 및 프로그램의 내용 부실, 열악한 근무환경 및 시설환경, 이용접근성의 차단, 홍보의 부재 등으로 클라이언트의 자립·자활 등과 같은 목표를 달성하기 어려운 실정이다.

③ 전달인력상의 문제점

첫째, 생활시설의 경우 대부분 예산부족으로 적합한 전문 인력을 고용할 수 없거나, 근무환경의 열악함으로 사회복지사들이 취업을 기피하고 있어, 전문적인 프로그램을 실시하는 데 어려움이 있다.

둘째, 민간 사회복지조직의 경우 근무하고 있는 직원들의 처우가 일반 기업체나 유사 조직에 비해 낮고, 반복적이고 고된 업무 및 장시간 근무 등 열악한 근무환경으로 인하여, 사회복지서비스 전달체계의 원칙인 전문성과 책임성을 추구하는데 한계가 있다.

(2) 개선방안

첫째, 유사한 협의회 등을 통합하여 효율적인 사업수행을 가능하도록 한다. 즉 사회복지협의회 및 지역사회복지협의체 등과 같은 유사한 업무와 기능을 수행하는 조직체를 통합하여 실질적인 연락기능, 조정기능, 정책기능, 대표기능 등을 수행할 수 있게 한다.

둘째, 체계적이고 투명한 경영을 하도록 한다. 민간 사회복지사업의 공정성 및 윤리성, 자주성 확보, 민주적인 경영조직의 확립, 재정적 기반 확립을 위하여 지역사회와 연계되어야 하며, 개방적인 운영을 통하여 신뢰와 호응, 지지를 얻도록 한다.

셋째, 전문성을 강화해야 한다. 사회복지사의 이직과 전직, 소진을 막고 사회복지 대상자에게 전문적인 서비스를 기획·실천할 수 있도록 전문적인 환경을 구비한다.

넷째, 정부재정에 의존하지 않고, 민간 사회복지서비스 기관이 자립하기 위하여 지역사회 주민의 참여를 통한 다양한 복지자원을 동원할 수 있어야 한다. 정부의 보조금으로는 보다 효과적인 사업을 수행하는데 한계가 있으므로, 다양한 자원동원 방안을 강구하여 공동모금(community chest)을 활성화하고, 기업과 종교단체의 참여를 적극 유도하고, 자원봉사자들을 효율적으로 관리한다.

참고문헌

김영종, 『사회복지행정론』, 학지사, 2001.

김형식 외, 『사회복지행정론』, 동인, 2001.

박석돈, 『사회복지서비스법』, 삼영사, 2007.

신복기 외, 『사회복지행정론』, 양서원, 2002.

이정호, "한국 사회복지행정 조직체계의 개선방안에 관한 연구", 경희대학교 박사학위논문, 1987.

최성재 · 남기민, 『사회복지행정론』, 나남출판, 2001.

황덕순, 사회안전망체계의 국제비교연구(Ⅱ) : 미국, 한국노동연구원 고용보험연구센터, 2003.

허만형, 『사회복지행정론』, 법문사, 2005.

제14장 프로그램 개발과 평가

사회복지 프로그램은 사회복지행정의 실천을 위한 주요 도구이다. 사회복지행정은 사회복지정책이나 그 목적들을 서비스 실천으로 연결하는 과정으로 그러한 과정에 대한 구체적인 설계가 사회복지 프로그램을 통하여 나타난다(김영종, 2001; 247). 사회복지대상자에게 프로그램을 적용한 후 나타난 결과에 대하여 효과성, 효율성, 책임성 등으로 분류하여 평가하며 피드백을 통한 프로그램의 수정·보완·개발을 가능하게 한다.

1. 프로그램의 개발

1) 프로그램의 기획

프로그램이란 '의도된 계획에 따라 어떤 목적을 달성하기 위해 인적·물적 자원을 활용하는 일련의 집합적인 행동들'이라 할 수 있다. 프로그램은 특정 목적을 달성하기 위하여 일정한 방향으로 행동하도록 한 것들의 집합체인 것이다. 이와 같이 프로그램은 그 성격상 집합적 활동이며 일련의 진행과정에 따라 인간과 환경간의 다양한 상호작용을 보여주는 역동적인 활동이다(강용규 외, 2007; 274).

사회복지 프로그램은 현대사회의 복잡성, 사회복지 기능의 확산 그리고 그러한 기능을 실현하기 위한 실천활동을 위해서 필요하다. 기획・실행・평가 및 수정 등을 포함하는 실천활동은 사회복지서비스 조직과 프로그램을 통해 수행된다. 그 가운데에서 사회복지적 목표를 달성하는 데에 프로그램이 직접적으로 관여하기 때문에 프로그램의 유지와 관리가 사회복지행정의 과제가 되기도 한다.

사회복지서비스를 위한 프로그램은 사회복지대상자들의 욕구충족을 돕고자 하는 것으로, 개인・가족・집단 및 지역사회의 변화와 발전을 도모하기 위한 구체적인 수단이며, 매개체이다.

무엇인가 실행하기에 앞서 구체적인 행동을 하기 위해 계획을 수립해 나가는 일련의 과정을 기획(planning)이라고 한다.

Skidmore에 따르면 기획은 목적과 표적물(targets)을 기대하는 과정이고 그리고 목적과 기대에 도달하기 위해 하나의 계획을 준비하는 과정이라고 한다. Gilbert와 Specht는 기획이란 몇몇 행동 대안들을 선택하는 데 있어 가치선호의 적용, 통찰력, 체계적인 사고, 조사 등에 의해서 미래에 일어날 것 같은 일들을 통제하고 문제를 해결하기 위한 의식적인 시도라고 하였다. Dror는 기획이란 최적의 수단을 가지고 목적을 성취하기 위해 지시된 미래의 행동을 위한 일련의 결정을 준비하는 과정이라고 정의하였다. Webber는 기획이란 미래의 목표와 미래의 행동노선에 관한 합리적인 과정이라고 하였다(지은구, 2005; 22).

프로그램 기획은 하나의 과정이고 계속적인 수정과 보완을 행하는 과정이라는 점과 또한 프로그램 기획을 위한 준비단계에서 예측 가능한 문제점들을 미리 제거하여 보다 유용한 프로그램 기획이 되도록 하는 것이 무엇보다 중요하다. 그러므로 프로그램이 적용 대상에게 있어 그 기능을 충분히 발휘하도록 하기 위해서는 명확한 논리를 갖추어야 한다.

〈표 14-1〉 빈약한 프로그램과 충실한 프로그램의 비교

빈약한 프로그램	충실한 프로그램
• 직원과 관리자는 가장 작은 것에서 가장 많은 것을 요구 • 직원과 클라이언트의 기대, 목적이 명확하지 않음 • 다른 기관, 직업, 클라이언트, 대중이 갈등이 있는 프로그램의 목적, 원인에 대해 명확히 알지 못함 • 기부금 제공자는 과업들의 비현실적인 기대를 알기 어려움 • 조직의 힘에 비해 실천이 개선되지 못함 • 창의적인 프로그램의 개입이나 탐색이 회피되고 선택되어짐	• 사려깊은 설계를 통해서 결점들을 약화 • 프로그램의 효과성을 높임 • 프로그램의 능률성을 높임 • 직무만족의 수준을 높임 • 조직체로부터 많은 지지를 확보할 수 있음 • 조직의 실천행위를 개선할 수 있음

자료 : 박차상(1999), pp. 402-403.

따라서 프로그램이 잘 기획되기 위해서는 다음과 같은 원칙에 입각해야 한다.

첫째, 프로그램 기획은 소정의 계획된 변화(planned change)를 이끌어낼 수 있는 방향에서 이루어져야 한다. 즉 계획된 변화의 원칙이란 프로그램 대상자로 하여금 의도적인 변화를 유발하도록 하는 원리가 반영되어야 한다는 것을 의미한다. 프로그램 기획에서는 클라이언트에게 어떠한 변화가 일어나야 할 것인지 그 목적과 목표를 명확히 설정해야 한다.

둘째, 프로그램 기획은 사회복지의 가치에 근거해서 기획되어야 한다. 즉, 인간의 존엄성, 자유, 평등, 사회정의, 경제정의, 민주주의 등에 근거하여 프로그램이 만들어져야 한다.

셋째, 프로그램 기획은 사회복지서비스기관, 사회복지사, 사회복지 대상자간의 유기적인 결합관계에 의해서 이루어져야 한다. 여기서 결합의 원칙이란 사회복지공급자와 수요자 사이의 긴밀한 상호작용에 의하여 프로그램이 만들어져야 한다는 것을 말한다.

넷째, 프로그램 기획은 민주적인 절차에 의하여 이루어져야 한다. 민주주의의 원칙이란 의사결정과정인 기획과정에서 사회복지조직, 사회복지사, 사회복지대상자의 개방적이고 자유로운 참여에 의한 민주적인 의사결정을 통해 합리적인 결과를 도출

해야 한다는 것을 말한다.

2) 프로그램 개발시 고려 요소

사회복지 프로그램은 참여자가 잠재능력을 가지고 있고 시간의 경과에 따라 성장·변화할 수 있다는 기본 전제하에서 만들어져야 할 것이다. 따라서 프로그램 관리자들은 이러한 전제를 고려하여 프로그램을 개발하여야 한다. 프로그램 개발에 고려해야 할 요소로는 5P(Person, Problem, Purpose, Process, Place)를 들 수 있는데, 그 요소를 다음과 같이 정리·요약할 수 있다(신복기 외, 2002: 380-382).

(1) Person : 능력수준과 흥미에 대한 적합성

프로그램 내용은 무엇보다도 사회복지 대상자를 고려하여 선정되어야 한다. 프로그램의 내용에는 사회복지 대상자의 필요, 흥미 및 능력수준 뿐만 아니라 친밀감도 고려되어야 한다. 따라서 프로그램의 대상자는 물론 참여자 및 그 가족들을 포함하는 것이 보다 바람직하다.

(2) Problem : 프로그램의 통합성

프로그램의 통합성이란 프로그램에 참여하는 대상자의 문제해결이나 목표달성을 위한 단편적인 프로그램이 아니라 인간의 경제적·사회적·심리적·문화적 제반 측면들을 통합적으로 고려하는 프로그램이다. 예를 들어 ADL 및 IADL상 문제가 있는 노인의 경우 신체질환의 장애로의 이환을 방지하고, 신체 및 심리적 기능을 강화하여 가정과 지역사회에 복귀할 수 있도록 할 뿐만 아니라 사회적 관계망 유지와 회복, 정서적인 안정에 도움이 될 수 있도록 대인적 서비스도 고려되어야 할 것이다.

(3) Purpose : 합목적성 및 목표의 일관성

프로그램 내용은 목표에 입각하여 결정되어야 한다. 사회복지 대상자로 하여금 협동심을 고취시킨다는 목표를 세워놓고 그 내용에는 경쟁상대의 활동내용만을 포함시킨다면 프로그램의 내용과 목적이 일치하지 못한 경우이다. 따라서 프로그램 내용에 지나치게 치중하여 수단이 목적이나 목표에 전도되는 '목표전치'현상이 발생하지 않도록 유의하고 프로그램을 진행하는 도중에 목적과 목표에 대한 중간점검이 필요하다.

(4) Process 프로그램의 지속성과 네트워크화

프로그램은 지속적이고 제도적인 안정성을 가져야 한다. 프로그램들은 일시적이고 일회적인 것이 아니라 장기적이고 체계화된 일정한 계획 아래 지속적이고 제도적인 것이 되어야 한다. 또한 프로그램 내용의 구성에 있어서도 지식, 이해, 기능, 태도 등의 측면을 프로그램에 반영하여 공통의 목표를 달성할 수 있도록 기여해야 한다. 예를 들어, 비행청소년이나 범죄자의 재범방지나 원만한 사회복귀 및 갱생을 위하여 공공시설, 기업, 민간 및 종교단체 등과 같은 다양한 인적·물적자원을 연결시키는 체계적인 서비스 지원 시스템의 구축을 통하여 프로그램 네트워크가 형성되도록 한다.

(5) Place : 지역성

프로그램 실시기관의 지역적·문화적 상황이 다르기 때문에 프로그램의 내용 선정에서도 지역적 특성을 반영하고, 각 지역의 독특한 특성을 발굴해 내는 것이 중요하다. 특히 해당지역의 문화적 특성이나 전통, 관습, 방언 등을 발굴하여 프로그램명이나 집단명으로 활용할 때 프로그램 참여자나 팀 구성원 및 지역사회 주민들이 프로그램에 보다 쉽게 접근할 수 있고 호감을 가지며, 많은 호응을 불러일으킬 수 있는 이점이 있다.

3) 프로그램의 종류

사회복지서비스기관에서 실시할 수 있는 프로그램은 다양하다. 기관의 사회적 환경과 지역사회의 상황을 고려하여 프로그램을 운영할 수 있다.

(1) 가정복지사업

① 가정문제 상담

저소득층 자녀의 자녀문제, 건강문제, 취업문제 등에 관한 의견을 교환하고, 이들의 가정문제를 예방 · 치료하거나 자립능력을 배양하기 위하여 필요한 제반 서비스를 제공하거나 다른 서비스체계와 연계 · 알선하여 주는 종합적 상담사업이다.

② 직업 · 부업기능훈련

저소득층의 자립능력 배양과 가계소득 향상에 기여할 수 있는 기능훈련을 실시하여 자격증 취득, 소득수준 향상을 기하도록 한다.

③ 교양교육 및 취미교실

가정관리, 자녀양육, 사회생활 등에 필요한 교양교육을 실시하고 자아개발, 여가선용, 사회활동 참여 등에 도움이 되는 취미활동을 안내 · 지도하는 사업이다.

④ 보건의료서비스

시설 내 일정한 시설을 갖추고 지역사회의 자원봉사 의료인력(의사, 간호사, 약사, 물리치료사 등)을 동원 · 활용하여 저소득층 주민들에 대한 보건교육 및 상담, 의료서비스 등을 제공하거나 다른 의료기관으로 이송하여 진료를 받을 수 있도록 하는 서비스이다.

(2) 아동복지사업

① 방과후 교실

주거환경이 열악하여 가정에서 학습하기 곤란한 아동들에게 일정한 학습공간을 마련하여 학습참고서 및 교양도서 등을 구비하여 열람할 수 있도록 하며 필요한 경우 학습내용 등에 대하여 지도하여 주는 사업이다.

② 부모상담 및 교육

아동의 건전한 성장과 발전을 도모하기 위하여 부모의 역할과 자세 등의 교육을 실시하는 사업이다.

③ **청소년상담 및 교양교육**

청소년 문제의 예방 및 치료, 건전한 사회성 계발과 진로지도 등을 위하여 상담 및 교육을 실시하는 사업이다.

④ **청소년 사회교육**

청소년의 건전한 사회성 계발을 위한 교육을 실시하고 비행 등을 예방·치료하며, 자립·자조의식과 사회적응능력 등의 함양을 위한 각종 교육을 실시하는 사업이다.

⑤ **청소년 기능교실**

경제적인 사정으로 사설교육기관 등 타 기관의 활용이 어려운 청소년들에게 자기개발 및 취업 등에 도움이 될 수 있는 훈련을 실시하는 사업이다.

(3) 노인복지사업

① **노인사회교육 및 여가지도**

노인들의 원만한 가족관계 유지, 여가선용 및 사회의 변화에 대한 이해 등에 필요한 사회교육을 실시하고 건전한 취미생활을 지도하는 사업이다.

② **불우노인 결연**

부양할 가족이 없는 독거노인 및 단독세대노인 등과 지역사회 주민을 연결하여 줌으로써 경제적·정서적으로 지원을 하는 사업이다.

③ **노인부업**

노인들의 건전한 여가선용과 용돈 확보 등에 도움이 될 수 있는 부업실을 운영하되, 부업의 종류는 노인들의 신체적 특성과 수입 정도 등을 고려하여 운영하는 사업이다.

④ **노인 식사 및 목욕서비스**

부양가족이 없거나 신체적·경제적 사유 등으로 결식하는 노인이나 목욕탕을 이용하기 곤란한 노인에게 식사 및 목욕서비스 등을 제공하는 사업이다.

⑤ **노인가정봉사원파견**

일정기간 교육·훈련을 받은 가정봉사원을 생활유지능력이 없는 노인가정에 정기적으로 파견하여 일상생활에 필요한 가사서비스 등을 제공할 수 있도록 연계하여 주는 사업이다.

(4) 장애인복지사업

① **장애인서비스 알선 및 이송**

장애인과의 상담을 통하여 사회복지시설의 서비스를 받게 하거나, 그렇지 못할 경우 전문서비스기관에 의뢰·이송하여 적절한 서비스를 받을 수 있도록 연계하여 주는 사업이다.

② **자립작업장 설치·운영**

장애인의 신체적 특성, 작업능력 등을 고려하여 생산·조립 가능한 품목을 선정하여 작업장을 운영함으로써 자립기반을 조성할 수 있도록 지원하는 사업이다.

③ **재가장애인서비스**

교육·훈련을 받은 자원봉사자를 거동이 불편한 장애인 가정에 정기적으로 파견하여 필요한 서비스를 제공할 수 있도록 연계하여 주는 사업이다.

(5) 지역복지사업

① **평생교육 실시**

지역사회 주민들에게 공동체 의식과 사회복지사업에 대한 참여의식 및 건전한 시민정신을 함양할 수 있도록 각종 평생교육을 실시하는 사업을 말한다.

② **자원봉사자 양성**

지역사회 주민들을 자원봉사자로 모집·양성하여 그들이 보람을 창출할 수 있는 분야에서 활동할 수 있도록 연계하여 주는 사업이다.

③ **후원자 개발**

지역사회에서 복지사업에 관심이 있는 주민들을 후원자로 개발하여 이들이 매월

정기적으로 제공하는 후원금품을 부양가족이 없는 노인, 장애인, 소년소녀가장세대 등 취약계층에 전달하는 사업이다.

④ **주민 편의시설 제공**

사회복지시설의 유휴공간을 주민들에게 제공함으로써 시설과 지역사회가 상호간에 공감대를 형성하여 원활하게 교류하여 지역사회의 복지를 증진하기 위한 사업이다.

4) 프로그램에 활용할 자원

(1) 기본 전제

사회복지서비스 기관에는 항상 자원의 부족을 경험하고 있는데, 자원을 필요로 하는 대상자는 많고 자원은 한정되어 있기 때문이다. 부족한 자원의 충원을 중앙정부 및 지방자치단체에게만 전적으로 의존할 수 없으므로 지역사회 내에서 적극적으로 자원을 개발하도록 해야 한다. 이를 위해서는 몇 가지 사항이 전제되어야 한다.

첫째, 지역사회의 자원 뿐만 아니라 정부 분담금도 증액되어야 한다. 사회복지사업은 개인을 비롯한 민간의 사업이 아닌 헌법상으로 정부의 사업이기 때문이다. 최소한의 정부분담금 수준이 아닌 전문 인력을 충분히 고용・배치할 수 있는 인건비와 원활한 프로그램 진행을 위한 운영관리비가 지원되어야 한다.

둘째, 사회복지서비스기관은 지역사회가 안고 있는 사회문제의 예방과 문제해결을 동시에 수행하는 곳이라는 사실을 인식해야 한다. 이를 통하여 사회복지시설에 대한 인식전환이 이루어져 지역사회 주민으로부터 후원 및 기부가 자발적으로 이루어질 수 있도록 해야 한다. 결과적으로 사회복지시설과 지역사회는 상호호혜적인 상태 속에서 발전이 이루어져야 한다.

(2) 자원의 개발 방법

① **우편발송**

지역사회 내 자원을 개발하기 위한 가장 손쉬운 방법 중의 하나가 "DM(Direct

Mail)"이다. 이것은 전통적인 방법 중의 하나로서, 자원 개발을 위해서 사용할 경우 몇 가지 유의해야 한다. 첫째, 발송대상자 명단을 인구학적 배경(성, 연령, 교육, 지역, 종교), 사회경제적 배경(직업, 소득), 후원관련 사항(후원여부 및 후원정도) 등을 검토하여 체계적으로 관리해야 한다. 둘째, 우편발송은 겉봉투의 디자인, 내용, 관련 인쇄물 등으로 구성되어 있는데, 디자인과 형식, 글의 내용을 잘 선택하여 후원자 및 기부자가 내용을 읽고 흥미를 유발하여 지원하고자 하는 마음을 갖도록 하며 구체적인 방법을 생각할 수 있도록 해야 한다.

② 인터넷 홍보

우리나라의 인터넷 보급률은 세계 1위로 알려져 있으며, 어떠한 통신매체보다 빠른 파급 효과와 영향을 주고 있다. 인터넷 사용은 꾸준히 증가할 전망이며, 인터넷을 통한 자원의 개발은 발전할 가능성이 매우 높다. 인터넷을 통한 홍보의 성공 관건은 비용이 많이 들지는 않지만, 시설을 소개하고 홍보하는 사업내용이 인터넷 사용자로 하여금 관심을 가질 수 있도록 디자인되어야 한다는 점이다. 뿐만 아니라 후원의 방법이 간결하고 용이해야 한다.

③ 행사 및 이벤트

행사나 이벤트는 잘 진행하면 후원의 효과가 상당히 큰 방법이지만, 비용이 소요되고 준비를 위한 인력을 많이 필요로 하기 때문에 사회복지시설에서 쉽게 사용하지 못하는 방법이다. 행사나 이벤트에는 일일찻집, 자선음악회, 후원자 초대의 밤, 전시회, 바자회 등 다양한 것들이 있다. 이 가운데 어떤 행사가 지역사회 주민들이 쉽게 접근할 수 있을 것인지를 고려하여 결정하도록 한다.

④ 각종 지원 프로그램 응모

각종 기업 및 기업복지재단, 사회복지공동모금회의 프로그램 지원사업에 응모하는 방법이다. 사업공모를 통해 지원받기 위해서는 응모를 낸 기업이나 재단에 사업계획서를 잘 작성해서 사업의 타당성과 필요성을 인정받아야 한다. 그런데 사회복지시설에서는 특히 생활시설의 경우 이용시설과 비교해 볼 때 사업계획서를 작성하기 위한 인력과 기술이 충분하지 못한 경우가 많다. 그러므로 사업계획서 작성 기법을 익혀 다양한 응모 기회를 활용하여 지원을 받을 수 있도록 해야 한다.

⑤ **ARS 모금**

ARS 모금방법은 전화자동응답시스템을 이용하여 후원자가 은행에 직접 가지 않고 해당 사회복지시설에 후원금이나 기부금을 납부할 수 있도록 하는 제도이다. 사회복지시설에서는 시설의 ARS 번호를 홍보함으로써 이를 통해서 시설의 인지도를 높일 수 있고, 지역사회로부터 각종 기부와 후원을 받을 수 있게 된다. 이 모금을 위해서는 시설에서 ARS 장비를 갖추어야 한다.

(3) 자원의 종류

사회복지서비스기관에서 활용할 수 있는 자원은 매우 다양하다. 이들 자원들 중에서 인적자원과 물적자원이 현실적으로 시설에서 가장 많이 활용되고 있다. 사회의 변화와 발전에 따라 정보·기술 자원과 제도 자원 및 조직자원의 개발과 활용에도 관심을 기울여야 할 것이다. 자원의 그 종류를 질적 차이에 따른 분류 방식으로 구분해 보면 다음과 같다(박태영, 2003; 244-245).

① **인적자원**

-시설이용자와 그 가족

-자원봉사자

-사회복지 관계자 : 관련 행정공무원, 타 사회복지시설직원, 전문가, 실습생 등

-지역사회 주민

② **물적자원**

-재정

㉠ 공공재정 : 정부보조금, 프로젝트 지원금 등

㉡ 민간재정 : 사회복지공동모금회 지원금, 기업재단 지원금, 후원금, 기부금 등

-시설 설비 : 공공 및 민간시설 설비, 강당, 운동장, 수영장, 캠프장, 각종 체육시설, 차량 등

③ **정보자원**

-인근 지역사회 정보·기술 : 풍습, 혈연, 종교, 자원분포 상황(인구, 산업체, 학교, 각종 단체 등), 특별한 사항 등

-국내 정보 · 기술

-해외 정보 · 기술

④ **제도자원**

-지방자치단체의 조례, 규칙, 판례 등

-사회복지서비스 법률 및 제도

-사회복지 관련 법률 및 제도

⑤ **조직 자원**

-각종 종교단체 : 교회, 성당, 사찰 등

-각종 교육단체 : 초등학교, 중 · 고등학교, 대학교, 각종 평생교육기관 등

-각종 자생단체 : 동문회, 동호회, 계, 자원봉사단체 등

-기타 : 노동조합, 시민단체 등

2. 프로그램 개발의 과정

(1) 사회문제 분석

사회복지 프로그램은 기본적으로 사회문제를 다루거나 해결하는 그리고 사람들의 욕구를 다루거나 또는 해결하는 일련의 활동들의 총체이자 하나의 제도이다. 따라서 사회문제를 확인하고 이를 분석하는 것이 중요하다. 이는 프로그램이 성취해야 할 목적을 형성하는 데 기초가 되기 때문이다. 즉, 궁극적으로 사회적 개입이 필요한 부분을 확인해 내는 작업이다.

사회문제 분석에서 고려해야 할 차원은 첫째, 사회문제에 대한 정의(구체적이고 측정 가능한 용어로 진술), 둘째, 그 문제의 원인과 결과에 대한 분석, 셋째, 그 문제와 관련하여 지향해야 할 이념과 가치(ideology & values)에 대한 규정, 넷째, 그 문제의 존재로 인하여 이득을 보는 사람들(gainers)과 피해나 고통을 당하는 사람들(losers)의 확인 및 그 이득과 피해(고통)의 유형들에 대한 확인 등이다(김영숙 외, 2003: 100).

(2) 욕구사정

욕구(needs)란 사람들이 가지고 있지 않은 것을 의미한다. 욕구는 종종 박탈이나 또는 문제로서 표현되기도 하지만 사실 욕구란 인간들이 꼭 가지고 있어야만 하는 것 또는 꼭 만나야 하는 조건을 나타낸다.

욕구는 차별과 불이익 그리고 사회적 배제의 사회구조적 욕구분석이 중심인 사회적 수준의 욕구(social level of need)와 개인들의 경쟁력 강화 그리고 개인적 문제 해결의 기술적 기법들이 강조되는 개인적 수준의 욕구(individual level of need)로 분류할 수 있다.

욕구사정은 사회문제의 정의와 의미 그리고 행동에 대한 포괄적인 이해를 바탕으로 출발한다. 표출된 욕구가 정확히 이해되고 분석되었다고 할지라도 특정문제의 해결을 원하는 사람들의 욕구가 명확해지지 않았기에 문제를 가지고 있는 사람들의 욕구가 무엇인지 정확하게 밝히는 작업이 중요하다.

(3) 대상자 선정

프로그램을 기획하는 데 있어 세 번째 단계는 프로그램을 이용하고 서비스를 받는 대상자를 선정하는 일이다. 모든 사회복지 프로그램은 특정한 문제를 가지고 있는 사람들의 욕구를 해결하기 위하여 기획된다. 사회복지시설이 지역사회 주민 전체를 대상으로 할 것인지 아니면 욕구사정 결과 특별한 욕구결핍상태에 있는 특정계층에게만 프로그램을 제공할 것인가는 대상자 선정상의 문제이다. 즉, 욕구가 있는 모든 지역주민들에게 프로그램이 제공될 것인지 아니면 특정 연령에 속하는 일부 집단에게만 프로그램을 제공할 것인지 등은 프로그램 제공자의 관리 측면과 재정적인 여건, 서비스의 효율성 차원에 기초하여 결정해야 하는 것이다.

(4) 프로그램 가설의 설정

사회복지서비스기관에서 운영할 프로그램 기획시 가설을 설정하는데, 이는 가설을 설정함으로써 프로그램을 기획할 때 프로그램이 나아갈 방향, 범위, 목적 그리고 효과에 대한 진술을 미리 규정함으로써 프로그램과 관련이 있는 사회복지사나 서비스 이용자 또는 재정후원단체 등이 프로그램의 성격을 보다 확실하게 인지하고 프로그램의 구체적인 내용을 파악할 수 있게 돕는다.

프로그램 가설을 설정할 때 고려해야 할 조건들 중의 하나는 문제를 변화시키거나 해결할 수 있는 기술 또는 지식의 부족이나 결여가 지적될 수 있다. 문제의 인과관계를 규명하는데 있어 현재 가지고 있는 기술수준이나 지식의 정도 가지고는 해결될 수 없는 문제들이 나타나게 된다. 따라서 프로그램 가설 설정시 위의 문제들에 대한 적절한 심사숙고가 필요하다.

(5) 프로그램 목적과 목표의 결정

프로그램의 목적(goals)은 프로그램이 성취하려는 것을 보여주는 하나의 진술이자 서비스 이용자들을 위한 바람직한 결과를 나타내 준다. 프로그램의 목적은 다음과 같은 효과 또는 기대를 생각해 볼 수 있다.

첫째, 지역사회 주민들의 잠재능력을 개발시켜 줌으로써 사회를 변화시킬 수 있는 힘을 갖게 한다.

둘째, 지역사회 및 주민들의 힘을 고취시켜, 스스로의 문제를 해결할 수 있도록 한다.

셋째, 긍정적이며 바람직한 상태로 지역사회 및 주민들을 변화시킨다.

넷째, 특정 인구집단의 욕구나 사회문제에 대해 지역사회 주민들에게 교육함으로써 욕구를 자발적으로 표출시켜 불만이 결집되지 않도록 한다.

목표(objectives)는 사회복지시설 이용자들이 제공받아야 하는 분명한 혜택으로 목적을 성취하기 위한 구체적인 행동이다.

(6) 프로그램 내용의 구체화

프로그램 내용의 구체화는 프로그램 계획을 수립하기 위한 과정의 실행단계로서, 구체적으로 문제해결을 위한 욕구를 가지고 있는 사회복지시설 이용자들에게 서비스와 기술을 어떻게 제공할 것인지 그리고 어떤 구체적인 서비스나 혜택을 제공할 것인지 등과 관련한 세부적인 틀을 결정하는 단계이다. 프로그램의 내용을 구체화하기 위해서는 제공될 혜택 및 서비스를 결정하는데 프로그램에 제공하는 서비스의 유형으로는 현금, 물질적 재화나 상품, 전문적 서비스, 보조금 등이며 이와 같은 서비스를 제공하기 위하여 다음 단계로서 예산을 책정해야 한다.

(7) 프로그램의 실행

사회복지서비스기관의 사회복지사들이나 프로그램 계획가들은 서비스 제공기관에서 제공하는 프로그램을 통하여 제공된 서비스나 혜택이 어떤 기대된 효과를 가져올 것인가를 확인하는 과정이 필요하다. 실제적으로 프로그램은 실행되기 위하여 계획되어지는 것이며 프로그램의 실행을 통하여 서비스 이용자들의 욕구 또는 문제가 해결되게 된다. 프로그램을 수행하는데 있어 가장 중요하게 고려되어야 하는 것은 자원과 서비스 이용자의 만족이라고 할 수 있다. 자원의 측면에서 서비스제공기관이나 사회복지사 및 직원들은 안정적인 자원을 확보하고, 보다 효율적인 자금운용으로 많은 혜택을 줄 수 있는 방안을 찾기 위해 끊임없이 모색할 것이고, 또한 혜택이 실질적으로 사회복지시설 이용자들에게 돌아가서 그들의 만족 또는 복지가 증진될 수 있도록 노력을 기울일 것이기 때문이다.

Gilbert와 Terrell은 사회복지기관들이 클라이언트들의 프로그램에 대한 재화, 서비스 그리고 정보에 대한 접근을 조절하기 위해 사용할 수 있는 프로그램 서비스 전달 요소들은 다음과 같다고 한다(지은구, 2005; 254).

첫째, 지지

둘째, 조정

셋째, 시민참여

넷째, 서비스를 전달하기 위해 이전 서비스를 받았던 클라이언트를 직원으로 채용하기

다섯째, 서비스 신청자격에 대한 소득관련 제한.

(8) 프로그램의 평가

프로그램 평가는 프로그램이라고 불리는 조직화된 노력이 도움을 필요로 하는 사회복지서비스 이용자들에게 적절하게 적용되었는지를 확인하는 행동이라고 볼 수 있다. 프로그램을 평가하기 위해서 가장 먼저 사회복지사에게 필요한 것은 프로그램의 평가가 무엇을 의미하는지를 아는 것이다.

프로그램 평가는 휴먼 서비스(Human service)가 필요한지 아닌지, 서비스가 계획대로 제공되었는지 아닌지, 그리고 서비스가 합리적인 비용으로 욕구에 있는 사

람들의 문제를 해결하는데 실제적으로 도움이 되는지 아닌지를 결정하기 위한 조사 방법과 기술의 모음이 프로그램 평가라고 정의할 수 있다.

3. 평가

프로그램을 평가하는 이유에는 여러 가지가 있지만, 그러한 이유를 정리하면 다음과 같다. 그것은 ① 프로그램에 대한 공적인 인정의 충족, ② 프로그램 재정의 결산, ③ 프로그램 정보요구에 대한 대응, ④ 행정적인 의사결정에의 참고, ⑤ 프로그램 개발에 직원들의 참여 유도, ⑥ 의도하지 않은 효과들에 대한 학습 등이다.

프로그램 평가는 ① 프로그램 개시 직후, ② 프로그램 진행 도중, ③ 프로그램 종료 후에 할 수 있다. 그런데 대개의 평가는 프로그램 종료 후에 이루어지지만, 새로운 정보나 상황변화에 적응하기 위해서 프로그램 개시 직후 및 진행 도중에 이루어질 필요가 있다. 초기 및 중간 평가를 통하여 수립된 계획에 따라 목표달성을 위하여 다각적인 노력을 시도하고 최종평가가 이루어져야 한다(강용규 외, 2007; 283-284).

1) 평가의 개념

(1) 평가의 의의

평가란 프로그램이 그 목적을 충족함에 있어서의 전반적인 효과의 사정(assessment) 또는 보편적인 목적의 충족에 있어 둘 또는 그 이상의 프로그램의 상대적 효과의 사정이라고 할 수 있다.

오늘날 사회복지서비스기관들이 직면하고 있는 과제 중의 하나가 운영과 관련된 책임성과 효과성의 문제이다. 평가는 하나의 긍정적 통제와 환류체계로서, 서비스 전달과 프로그램 개발 및 설계의 향상을 가져오게 하는 중요한 정보를 획득할 수 있는 기회를 사회복지서비스기관들에게 제공해 주기 때문에 조직의 운영 혹은 조직의 목표달성을 위해 수행하는 다양한 프로그램에 대한 평가는 사회복지서비스기관이 반드시 수행해야 하는 중요한 업무이기도 하다.

평가는 분명한 목적을 가지고 시작하고, 프로그램의 결과에 대한 실증적 자료를 제공함으로써 프로그램의 현재 또는 미래의 방향에 대한 합리적인 결정을 내리도록 하는 것이 주 목적이다. 평가는 사회복지서비스기관의 정책결정자로 하여금 합목적적인 결정을 내릴 수 있도록 정보를 제공해야 된다는 관점에서 수행되어야 한다.

(2) 평가의 필요성

평가의 필요성에 대하여 Walter H. Ehlers 등은 다음과 같이 요약하고 있다(장인협·이정호, 1999: 126).

① 평가는 기관의 목적이 성취되는 정도를 확인하기 위하여 필수적이다.

② 비판적인 평가는 서비스를 향상시키는 객관적이고 체계적인 수단이다.

③ 평가는 변화하는 사회상황 내의 변화하는 인간의 욕구에 대하여 서비스를 지속적으로 재정향(reorientation)시키는 필수적인 융통성을 보장한다.

④ 평가는 모든 재정적 원천과 조세부담자 혹은 기부자 등에 의하여 요구되는 사회적 책임의 한 형태이다.

사회복지프로그램의 평가목적에 대하여 장동일(2006)은 다음과 같이 정리하고 있다.

① 프로그램 기획에서 설정된 목표가 어느 정도 달성되었는가를 점검하기 위해서이다.

② 프로그램의 실시과정에 나타나는 서비스 전달과정의 문제점을 파악하기 위해서이다.

③ 프로그램의 형평성, 효과성, 효율성을 검토하기 위해서이다.

④ 프로그램의 성취와 관리에 관련된 속성들인 사회복지서비스의 전체적인 포괄성, 상호간의 일치성, 사회복지서비스의 지속성, 지리적·공간적 접근성 등을 검토하기 위해서이다.

⑤ 프로그램이 사회적 요구나 도덕적, 윤리적, 사회적 규범에 어느 정도 부응하는

가를 알아보기 위해서이다.

⑥ 객관성을 가진 평가연구를 통하여 인접한 전문 학문분야로부터 인정받기 위해서이다.

2) 평가의 종류

평가는 여러 가지 기준에 따라 다양하게 분류할 수 있으며, 평가자의 소속에 따라, 평가시기에 따라 구분할 수 있다.

(1) 평가자의 소속에 따른 분류

① 자체평가 : 자체평가란 사회복지서비스조직의 구성원이나 프로그램을 담당하고 있는 자신이 실시하는 평가를 말한다.

② 내부평가 : 내부평가란 프로그램을 실시하고 있는 담당자는 아니지만 조직의 구성원이 평가하는 것을 말한다.

③ 외부평가 : 제3자의 위치에 있는 외부 전문가에 의하여 실시되는 평가방법이다(장동일, 2006: 244).

(2) 평가시기에 따른 분류

① 형성평가(formative evaluation)

형성평가는 프로그램을 개발하기 위한 목적에서 실시하는 것으로, 프로그램을 개발하는 과정이나 진행과정 중에도 수행할 수 있다. 이 평가는 프로그램의 개선과 관련된 정보들을 수집하고 평가하는 활동들을 주로 한다. 이러한 평가를 흔히 과정평가(process evaluation)라고도 하는데, 프로그램의 결과나 목적 성취에 초점을 두는 목표지향적 평가들과는 구분된다. 프로그램의 개발이나 진행과정에서 모니터링(monitoring)과 피드백(feedback)에 소용되는 정보들을 산출하는 목적이므로, 이에 대한 평가 정보들은 비교적 유연한 틀을 적용해서 도출된다는 특징이 있다. 대개는 조직 내부로부터의 정보를 중요시하나, 외부의 개입을 동원하기도 한다. 체계적이고 공식적인 평가를 강조하는 입장에서는 형성 평가와 같은 과정지향적인 평가들은 엄밀히 따지면 프로그램 평가에 포함되지 않는다고도 본다(김영종, 2001 : 428-429).

② **총괄평가(summative evaluation)**

프로그램이 종결된 후에 실시하는 것으로, 프로그램의 결과에 해당하는 성과(outcome)의 발생 여부와, 그 성과에 수반된 비용의 문제들에 주로 관심이 있다. 즉 프로그램이나 기관의 목적과 목표들이 얼마나 효과적/효율적으로 달성되었는지를 알고자 하는 것이다. 과정지향적인 형성평가와는 달리 총괄평가는 목표지향적이다. 일반적으로 '평가'라고 하면 이러한 목표지향적인 평가를 뜻하는 것이며, 여기에는 효과성 평가와 효율성 평가가 대표적으로 포함된다. 이러한 평가 목적의 자료들을 도출하는 데는 엄격한 틀이 필요한데, 대개는 조직 외부로부터의 시각과 전문적인 평가방법들이 개입되는 경향이 있다. 프로그램의 사회적 책임성 요구와 관련된 평가들은 총괄평가의 성격을 많이 띤다. 프로그램 개선이나 수정에 관한 엄격한 정보들은 총괄평가를 통해서만 가능한 것들이 있다.

(3) 평가내용의 기준

프로그램 평가 내용에 대한 여러 가지 기준을 정리해 보면, 노력, 효과성, 예상치 못한 결과, 효율성의 네 가지로 요약할 수 있다(T. Tripodi, 1983 : 33).

① **노력**

노력은 계획된 목표의 달성을 위하여 필요한 프로그램 활동의 양과 종류를 말하는데 투입시간, 금전적 및 물질적 자원의 배분 및 사용, 클라이언트의 참여, 프로그램의 담당자의 제반 활동 등이 포함된다.

② **효과성**

효과성은 프로그램의 목표가 실제로 달성된 정도를 말하는 것인데, 즉 프로그램을 시작하였을 때 기대되었던 것에 비해서 프로그램 실시 후 실제로 나타난 바가 어느 정도였는가를 판단하는 것이다.

③ **예상치 못한 결과**

예상치 못한 결과는 처음에는 예상하지 못했지만 실제의 프로그램 활동의 결과로 나타난 긍정적 또는 부정적 변화를 의미한다.

④ **효율성**

효율성은 투입(노력)과 산출의 비율로서 투입을 프로그램의 비용으로 보고 산출을 효과로 보면 효율성=산출/투입=효과/비용이 된다. 이러한 의미에서 효율성은 비용효과성(cost-effectiveness)이라고 할 수 있고 경제학적인 비용-편익분석(cost-benefit) 또는 비용효과 분석방법으로 측정된다.

3) 평가의 과정

(1) 평가목표 설정

평가를 실시하는 이유 또는 목적을 구체적으로 정확하게 기록하고, 평가를 실시하는 목적에 비추어 평가하고자 하는 내용과 그 하위요소 또는 항목도 결정한다. 평가될 프로그램을 확인하는 것이다. 프로그램 평가를 통해 사정되어야 할 목적과 목표들, 프로그램이 다루고 있는 사회문제들, 이와 관련된 프로그램 활동들이 무엇인지를 찾아내는 것이다. 이 단계는 한 마디로 평가의 표적(target)을 확인하는 것이다. 평가내용과 그 하위요소를 명시할 때에 평가내용의 범위를 밝히고 동시에 범위 선정의 적절성과 타당성을 밝혀두는 것이 바람직하다(남일재 외, 2004: 294).

(2) 평가기준의 선택

평가가 성공적으로 이루어지려면 평가기준이 체계적으로 설정되어야 한다. 평가기준으로는 효과성, 효율성, 적절성, 적합성, 대응성 등이 있다.

(3) 평가모형의 설정

평가목표에 대한 파악이 마쳐지면 평가모형을 설정해야 한다. 평가모형을 설정하는 데 있어서 분명히 해야 할 사항은 어떤 평가방법을 사용할 것인지에 대해서도 결정해야 한다. 평가모형의 틀이 정해지면 평가작업이 어느 쪽으로 진행될 것인지에 대한 내용을 가시화시킬 수 있다.

(4) 평가설계의 선택

어떻게 평가 자료를 수집하며, 어떻게 분석하며, 어떻게 그 분석의 의미를 파악할 것인지에 대한 내용을 구체적으로 정해야 한다. 이 단계가 바로 평가설계의 단계이다.

(5) 측정방법 및 표준화

평가설계가 끝나면 수집될 자료를 어떻게 측정할 것인가, 즉 어떻게 수치화시킬 것인가에 대해 결정해야 한다. 표준화는 측정방법을 통일시키는 것을 의미한다.

(6) 자료수집

자료는 면접, 설문지, 관찰 등에 의하여 수집되고 경우에 따라서는 각종 자료나 통계자료를 이용하기도 한다.

(7) 자료분석 및 결과제시

수집된 자료를 가지고 평가의 목적에 맞추어 통계적인 처리를 하거나 도표를 활용하여 정리・요약하여 결과를 분석하기도 한다.

참고문헌

강용규 외, 『사회복지행정론』, 공동체, 2007.
김영숙, 『사회복지 프로그램 개발과 평가』, 교육과학사, 2003.
김영종, 『사회복지행정론』, 학지사, 2001.
남일재 외, 『사회복지행정론』, 현학사, 2004.
박차상, 『한국사회복지행정론』, 대학출판사, 1999.
박태영, 『사회복지시설론』, 양서원, 2000.
______, 『사회복지시설운영론』, 현학사, 2003.
서찬교, 『사회복지시설운영론』, 홍익재, 2005.
원요한, 『사회복지시설론』, 현학사, 2004.
장동일, 『사회복지행정론』, 학문사, 2006.
장인협 · 이정호(1999), 『사회복지행정론』, 서울대학교출판부.
지은구, 『사회복지프로그램 개발과 평가』, 학지사, 2005.
허만형, 『사회복지행정론』, 법문사, 2005.
NASW, *Encyclopedia of Social Work(19th Edition)*, Washington, D.C, NASW Press, 1995.
Tripodi, T., *Evaluative Research for Social Workers.* Englewood Cliffs, NJ: Prentice-hall, 1983.

제15장 지방자치와 사회복지행정

1. 지방자치와 사회복지

1) 지방자치와 자치행정

지방자치는 "지역의 문제를 지역 주민이 스스로 결정하고 처리하는 것"을 의미한다. 이는 기존의 중앙이 총괄하고 기획하는 집권적 체제에서 지방이 기획하고 집행하는 분권적 체제로의 이전을 의미한다. 따라서 지방자치는 해당지역을 해당지역의 자치단체장에 의하여 관리하고 운영하도록 권한을 부여받은 상태이다.

지방자치에 근거한 지방행정은 크게 세 가지의 특성을 지니고 있다(안용식 외, 2007: 22).

우선, 지방행정은 종합행정이다. 행정의 대상이 되는 지역이 해당 생활권에 기초하고 지역주민을 기반으로 운영되는 것이기 때문에 행정의 성격에 따라 기능과 영역을 구별하여 전문성에 기초하여 관리되는 것이 아니라 포괄적인 상황을 고려한 종합적 개념이 형성된 특성을 지니고 있다.

둘째, 자치행정이다. 자치행정이란 지역주민의 의사에 기초하여 행정을 운영하며 중앙정부(국가)로부터 행·재정적 독립성을 인정받은 법인격 조직체 특성을 지니고 자율적으로 행정을 추구하는 것이다. 따라서 국가기관의 의사에 의해 영향을 받는 관치행정과는 구별되는 개념이다.

셋째, 지방행정은 지역행정이다. 이는 행정이 영향력을 미치는 범위와 연계된 개념으로서 전국을 단위로 통일화되고 일관성을 지니며 일반화된 행정을 실시하는 것이 국가행정이라면, 반대로 지방행정은 특정 지역단위를 중심으로 개별적이고 다원적인 성격을 지니고 운영되는 행정이라고 하겠다.

따라서 자치행정은 지역주민들이 법인격을 지닌 자치단체를 통해서 지역문제를 스스로 결정하고 처리하는 자율적 행정을 실시하는 것이라고 정의할 수 있다.

2) 지방행정과 사회복지

사회복지를 포함한 개념으로서의 지방행정은 지역의 복지문제를 지역주민의 의사에 따라 기획하고 집행하는 것을 의미한다. 즉 해당 지역의 주민들이 지역주민의 복지향상을 위하여 지역단위의 사회복지전달체계를 구성하여 주민 스스로 운영하는 것을 뜻하는 것이다(성규탁, 1993; 451).

지방자치법 9조에는 지방자치단체의 사무범위를 제시하고 있다. 1항에는 지방자치단체는 그 관할구역의 자치사무와 법령에 의하여 지방자치단체에 속하는 사무를 할 수 있다고 규정하였으며, 2항에서는 주민의 복리증진 사무를 예시하고 있다. 세부적으로 살펴보면, 주민의 복지에 관한 사업, 사회복지시설의 설치 · 운영 및 관리, 생활곤궁자의 보호와 지원, 노인 · 아동 · 심신장애자 · 청소년 및 부녀의 보호와 증진, 보건 진료기관의 설치 · 운영 등 예시적으로 수행해야 할 시책이나 사업들을 제시하고 있다.

야경국가에서 복지국가로 이전될수록 국가가 제공하는 서비스에 대한 국민의 욕구는 다양화되고 개별화되는 방향으로 이전되고 있다. 균일하고 평등하며 일반화된 서비스를 제공하던 중앙집권적 시각에서의 서비스 방식은 점차 퇴조하면서, 이제는 해당 자치단체가 지역주민들을 대상으로 개별적이고 세심한 개인별 서비스를 제공하는 방향으로 변화하게 된 것이다. 일정한 조건하에서 해당지역이 지닌 고유성을 살리면서 지역 특성에 부합하는 복지프로그램을 만들고 운영하며 정책을 강화하는 방식으로 점차 이전되고 있어 지역성과 개별화가 사회복지의 핵심이 된 것이다. 이는 공급자 중심의 복지행정서비스가 수요자 중심의 복지행정서비스로 관점과 비중이 이전되는 것을 의미한다.

3) 사회복지행정과 지역

사회복지행정은 사회복지정책을 사회복지서비스로 전환하여 이를 클라이언트에게 전달하기 위해 효율성과 효과성의 기초 위에서 이루어지는 일련의 관리활동이다. 따라서 지방자치 관점에서 사회복지행정이란 지역주민들에게 해당 정책을 구체적으로 서비스로 변환하여 효율적이며 효과적으로 제공하기 위해 고려하는 것이 초점이다.

지방자치적 관점에서의 사회복지행정은 지역사회복지(community welfare)를 중시한다. 이때 지역이란 의미는 공동체와 동일한 의미로 사용하는데, 주로 공간적 개념과 생활이나 이익과 관련한 기능적 의미, 그리고 사회적 인프라와 개인적 특성을 포함한 개인적 활동의 영역을 포함하고 있다(오정수 외, 2007; 33-37).

그렇다면 지역은 사회복지행정에서는 어떤 의미를 지니고 있는가? 사회복지행정의 차원에서 지역은 끊임없이 구성원 상호간에 관심과 관계의 연계망을 건설하는 장(場)이 되며, 아울러 소외 받고 있는 계층의 사람들이나 차별 받고 있는 사람들을 포함해서 모든 지역주민들이 공통으로 가지고 있는 문제들을 해결하는 마당이 되는 것이다. 사회복지를 실천하는 사회복지 환경의 중요한 요소일 뿐만 아니라 조직화된 행동을 실현하기 위한 연계망이라고 볼 수 있다.

지역은 복지행정의 실천 영역에 다음과 같은 의미를 제공한다(Lohmann and Lohmann, 2002 : 지은구, 2005; 177-178). 첫째, 사회복지조직으로부터 서비스를 제공받는 것에 관심이 있고 기관에 지리적으로 근접해서 살고 있는 클라이언트 인구집단을 제공한다. 둘째, 사회복지기관이 클라이언트집단에 서비스를 제공할 수 있도록 후원인 집단을 제공한다. 셋째, 클라이언트집단이나 후원집단과 함께 일하는 매개집단으로서의 사회복지조직 또는 연계조직을 제공한다. 지역은 복지서비스를 제공하기 위해 필요한 주체들, 즉 클라이언트, 후원 집단, 사회복지조직 등 관련 이

해당사자들을 하나의 집단으로 엮는 마당을 제공하게 된다. 즉 클라이언트와 후원집단, 사회복지기관이 함께 지역에 구성되어 있음으로써 사회복지행정을 통한 효과적이고 효율적이며 적절하고 공평한 사회복지서비스 생산과 서비스의 전달이 지역이 있기 때문에 가능한 것이다.

2. 사회복지행정과 주민참여

지방자치 개념을 수용한 사회복지행정의 효율적 운영이란 주민의 의사가 충분히 행정에 반영되었을 때 그 가치가 인정된다. 이는 사회복지정책을 프로그램화하여 클라이언트에게 서비스로 제공하는 과정에서 업무별로 진행되는 단계에서 주민들의 의사나 욕구가 어느 정도 수용되고 배려되었는가의 여부가 중요하다(성규탁, 1993: 453).

지역의 사정과 문제를 잘 파악하고 있는 주민들의 의견을 토대로 지방의회와 지방자치단체가 지역복지문제를 해결하기 위해 정책을 수립하고 현실성 높은 정책집행을 시행한다면 지역 특성에 맞는 정책 효과를 얻을 수 있다.

1) 주민참여의 의의

기존에는 주민을 객체적 관점에서 이해하였으나, 지방자치가 활성화되면서 지방행정체계 외부에 존재하는 소비자나 고객, 그리고 평가자로서의 지위를 지닌 주권자적 개념이 보다 강화되고 있다. 이는 기존의 지방자치에서 주민을 관료제적 방식의 객체로 이해하던 방식에서 이제는 보다 효과적인 결과를 얻기 위한 파트너십의 관계로 주민들을 이해하고 있는 것이다. 따라서 주민참여는 보다 효율적인 행정성과를 얻고자 하는 민주적 행정활동의 하나로서 이해되고 있으며, "해당 지역주민이 공적 권한이 부여된 사람들의 행위에 영향력을 미칠 의도로 정책 결정이나 집행과정에 참여하는 것"으로 정의한다.

주민참여의 개념을 보다 구체화해 보자(안용식 외, 2007: 135-136).

첫째, 주민을 주체적으로 이해하는 측면이다. 일반적으로 주민참여는 주민이 주체가 되어 해당 자치단체에 영향을 미쳐 주민이 기대하는 수준이나 목표를 달성하는데 의미를 두고 있지만, 최근에는 해당 행정기관이 주민의 지지를 확보하여 효과적인 행정을 수행하기 위한 적극적인 수단으로 이해하고 있다.

둘째, 주민을 참여의 객체로 이해하는 측면이다. 지역주민은 정책의 형성이나 결정과정에 참여하는 수단이나 채널이 확보되어 있더라도 실질적으로 참여하기 위해서는 많은 노력을 요구받는다. 따라서 일반적으로 참여 활동이 수월하게 진행되는 정책집행과정에서 주민참여가 주로 이루어진다. 그러나 중요한 것은 주민 참여를 통한 영향력이 행정기관의 의도에 영향을 미쳐야 한다는 목적을 감안한다면 정책과정에 전반적인 개입이 있어야 하는 것으로 고려되고 있다. 최근 시민 공동생산, 주민평가제, 주민감사청구제 등과 같은 제도 도입은 주민참여를 정책결정만이 아니라 정책 과정 전반에 걸쳐 확산시키기 위한 적극적인 의지로 이해하고 있어 참여의 범위가 넓어지고 있다.

셋째, 주민참여는 목적적 가치인가 또는 수단적 가치인가에 대한 논쟁이다. 민주정치를 실현하고 주민의견을 존중하는 시각에서는 주민참여는 목적적 가치를 지닌 것으로 해석되지만, 반대로 주민참여를 통해 행정기관과 주민이 참여라는 수단을 통해 상호간에 이해와 협력을 구하는 의사소통의 수단으로 이해한다면 이는 수단적 가치가 된다. 따라서 어느 관점에서 이를 이해할 것인가의 여부에 따라 주민참여의 영향력 정도가 결정된다. 기존에는 관료제적 특성에 의해서 행정이 운영되었기 때문에 주민의 정치적 기반이나 영향력 또는 비중이 낮아 목적적 가치가 낮게 평가되었으나, 최근에는 지방자치가 활성화되고 주민들의 의견을 존중하는 방향으로 이전되면서 목적적 가치에 대한 비중이 높아지고 있다. 이는 정책과정의 전 단계에 걸쳐 주민의 의사가 많이 반영되고 영향력을 발휘하는 것이 정책의 정당성을 확보하는데 도움이 되고 있음을 인지하기 때문이다.

결과적으로 주민참여는 공적권한을 지니고 있지는 않지만 주권자로서의 주민이 자신에게 영향을 미치는 공공기관이나 정책과정에 참여하여 영향력을 행사함으로써 민주적인 가치를 실현시키는 과정이라고 정리할 수 있다.

2) 주민참여의 필요성

사회복지행정이 지닌 특성을 고려해 볼 때 주민참여는 다음의 측면에서 긍정적인 필요성을 강조하고 있다.

첫째, 정책의 경제적 관점으로의 편향을 방지할 수 있다. 사회복지의 경우, 효과성과 효율성이 강조되고 있는 것이 최근의 흐름이기는 하지만, 사회복지정책을 조직활동을 통해 서비스화하는 과정에서 한정된 자원의 효율적 배분과 운영이라는 현실적 제약 때문에 종종 경제적 편향을 보일 가능성이 높다. 기본적으로 사회복지는 개별성이 강조되고 휴먼서비스 성격이 강하기 때문에 경제적 관점에서만 평가될 대상이 아니다. 따라서 항상 경제적 논리를 무시하거나 부정할 수는 없지만, 사람을 대상으로 하고 감성적 논리도 중요하게 다루어야 하는 상반적 입장을 고려하도록 주지시키기 위해서는 당사자면서도 주권적 위치를 지닌 주민참여가 필요하다.

둘째, 사회적 형평성을 확보할 수 있다. 지방자치의 폐단 중 하나는 지역 의견수렴이 객관적이지 못할 가능성을 지니고 있다. 즉 지역 내 소수 계층의 의도에 따라 쉽게 의견이나 방향이 조작될 가능성을 지니고 있다. 따라서 종종 정책과정에서 소수의 지역주민의 욕구에 지방행정이 대응할 가능성이 있기 때문에 주민참여를 통해 상대적으로 약자이거나 힘없는 다수의 의견이 정책에 반영되도록 하는데 기여할 수 있다.

셋째, 정책결정의 책임성을 제고할 수 있다. 주민참여가 없다면 행정기관의 일방적 결정에 의해 정책이 집행될 가능성이 높다. 특히 행정이 지닌 관리적 요소들을 중시하여 효율성을 강조하는 편향적 의사결정이 이루어지면 주민들은 자신에게 부여된 영향력을 수동적으로 사용하는 결과를 얻게 되는 것이다. 따라서 주민참여를 통해 행정기관에는 다양한 가치가 존재하고 있음을 강조하는 기회가 되어야 하고, 반대로 주민들은 자신에게 부여된 권리와 역할을 충실하게 활용함으로써 정책결정의 책임성을 확보하는 계기가 될 것이다.

넷째, 주민참여는 주민의 협조를 이끌어내는 계기가 된다. 사회복지행정은 개인적 가치를 지향하는 특성을 지니고 있다. 서비스를 제공하는 입장이나 또는 이를 받는 입장 모두 상호간에 신뢰를 바탕으로 참여가 있어야 가능하다. 따라서 정책을 집행하는 과정에서 보다 많은 협조와 지지를 얻기 위해서는 반드시 정책과정에 이해당사자들의 참여가 있어야 한다. 주민참여를 통해 이해당사자인 주민들이 참여하여 지속적이고 자발적으로 관련 활동에 참여한다면 정책의 긍정적 결과를 기대할 수 있다.

3) 주민참여 유형

주민참여 유형은 기준에 따라 몇 가지 범주로 나누어 볼 수 있지만, 행정이나 정책에 주민이 참여하여 실질적으로 영향력을 행사할 수 있는가의 기준에 따라 유형을 구별할 수 있다. 대표적인 학자는 아른슈타인(S. Arstein)으로서 주민참여 유형을 비참여적 성격이 강한 조작으로부터 실질적 참여성격이 강한 시민통제에 이르기까지 총 8단계로 구분하고 있다(Arstein, 1969 : 안용식 외, 2007; 139).

우선, 비참여단계에 속하는 치료나 조직은 주민들을 정책에 참여시켜 정책의 정당성을 확보하거나 또는 정책을 지지하는 근거로 활용하거나 또는 조작화의 대상으로 활용하기 위한 차원으로 이해하고 있다.

둘째, 주민을 형식적 참여단계의 시각으로 이해하는 경우이다. 정보제공, 자문, 회유가 이에 해당되는 주민참여 유형인데, 이 경우에는 주민을 비참여단계보다는 중요한 주체로서 인식하고 있지만 정책의 파트너로 인정하지 않고 있는 입장이다.

셋째, 주민을 실질적 파트너로 인정하고 주민참여를 정책운영과정에서 필수적 요소로 이해하고 있는 것이다. 공동협력, 권한위임, 시민통제 등이 이에 해당되는 경우이며 주민에게 행정운영의 일정 부분을 위임하여 공동생산체제로서 행정을 집행하거나 운영하는 방식이다.

주민과 행정기관이 비참여단계에서 실질적 참여로 이전될수록 지방자치 성격이 강한 주민참여로 이해된다. 이는 행정이 제공하는 서비스의 대부분을 행정이 주도하는 기존 관(官)주도 중심에서 행정기관과 주민이 서비스를 공동 생산하여 민관협력체제로 이전함으로써 효율성과 효과성을 동시에 확보하려는 의도를 지닌 것이다. 이를 정리하면 〈표 15-1〉과 같이 정리할 수 있다.

〈표 15-1〉 아른슈타인의 주민참여 8단계

참여단계	참여내용	참여형태
시민통제(citizen control)	정책입안, 관리, 협상 권한소유	실질적 참여
권한위임(delegated power)	일정한 정책결정권 이양	
공동협력(partnership)	협상을 통한 정책 결정	
회유(placation)	계획단계에만 참여, 결정은 행정기관	형식적 참여
자문(consulting)	주민의 의견과 아이디어 수렴	
정보제공(information)	일방적 정보제공	
치료(therapy)	임상적 치료의 대상	비참여
조작(manipulation)	정책지지 유도를 위한 참여	

출처 : 안용식 외(2007), 『지방행정론』, 139쪽 재인용

4) 주민참여와 사회복지행정

사회복지행정은 사회복지정책을 서비스로 전환시키는 과정의 협력적 활동이며 운영체계이다. 그렇다면 주민은 행정기관이 정책을 서비스로 전환하는 과정에서 주민들의 의사가 반영되고 실질적 영향력을 미치면서 주민중심의 복지서비스가 제공되도록 행정기관을 견제하거나 정보를 제고하거나 특정주제를 이슈화하거나 하는 등의 활동을 제고해야 할 것이다. 복지서비스를 기획하고, 실행하며, 평가하는 일련의 과정과 주민참여의 개입 유형과 정도를 검토하자.

(1) 복지서비스의 기획

개인문제는 사회문제가 되고 공론화나 이슈화 과정을 거치면서 정부 문제화된다. 정부문제로 인지되면서 공공부문이 해결해야 하는 영역으로 진입되고 정책으로 산출된다. 정책이 하나의 프로그램으로 운영되어 클라이언트에게 제공되기 위해서는 정책을 복지서비스로 변환시키는 기획과정이 필요하다.

우선 목표를 설정해야 한다. 해당정책을 통해 기대하고 있는 이상적 모습을 명확히 해야 하는데 주로 사회복지행정의 경우에는 사회복지행정 전체의 목표를 의미한다. 이때 목표는 정책형성을 통해 이슈화되고 이슈화된 부분에서 문제화된 부분을

해결하며 조직이 원하는 기대하는 수준으로 확정한 상태를 의미한다. 따라서 목표 설정은 정책형성과 정책결정의 과정을 거치면서 확정되는데 이때 여론을 충분히 수용하거나 또는 주민들의 의사나 주장을 받아들이거나 하는 등의 과정을 거치게 된다. 따라서 합리적 절차와 합목적성, 정당성, 효율성 등을 확보하는 것이 중요하다.

정책형성과 결정을 통해 정책이 구체화되면 기획을 통해 서비스로 전환되는 과정을 진행하게 된다. 기획이란 해야 할 일과 하는 방법 및 시기, 해야 할 일의 필요성, 일을 책임질 사람을 구체적으로 정하는 것으로서 의사결정을 통해 여러 가지 대안들 중 최적의 안을 결정하는 과정이다. 즉 정책을 효율적으로 진행하기 위해서 무엇을 어떻게 어떤 방법으로 진행할 것인가를 고려하는 과정이다. 따라서 사회복지행정의 기획이란 기대하는 성과를 얻기 위한 아이디어 또는 아이디어를 활용한 창조적 활동(creative action)이 필요하다. 이때 주민참여가 필요하다. 즉 지역문제를 가장 잘 이해하고 있으며 문제해결을 위한 대안과 아이디어를 지닌 주민들의 참여를 유도하거나 제도적 참여를 통해 이들의 요구를 받아들이는 활동을 하게 되면 보다 효과적인 서비스를 구성할 수 있는 것이다.

한편, Skidmore는 사회복지행정에서 기획이 필요한 이유를 다음과 같이 제시하고 있다(강용규 외, 2005: 21). 첫째, 사회복지인력과 자원은 한정적이므로, 기획을 통하여 효율성을 증진시킬 수 있다. 둘째, 사회복지행정이 클라이언트에게 제공되는 서비스를 통하여 그의 문제나 욕구를 해결하는데 효과가 있어야 하는데, 기획을 통하여 효과성을 높일 수 있다. 셋째, 사회복지행정은 목표로 하는 서비스를 효과적이고 효율적으로 제공해야 할 책임을 져야 하고, 이를 위해서는 서비스 기획이 필요하다. 넷째, 기획과정을 통하여 조직 구성원들의 기여와 의견수용이 수반되고, 구성원들은 자신들의 참여로 계획이 이루어진데 대하여 인정과 성취감을 획득할 수 있어 사회복지행정조직의 사기를 높일 수 있다.

(2) 복지서비스의 실행

구체적인 기획과 대안이 확정되면 이를 실천하기 위한 수단인 행정조직이 만들어지고, 자원의 동원과 배분이 이루어진다. 클라이언트 중심의 사회복지행정조직을 구성함으로써 제한된 자원을 보다 효율적으로 분배하여 바람직한 결과를 가져올 수 있다(강용규 외, 2005: 20-22). 이때 중요한 것은 실행과정의 주도세력이 누구인가 하는 것이다. 즉 실행과정이 상부 중심, 관(官)주도 중심으로 진행되는가, 아니면 하부 중심, 민간주도 중심으로 진행되는가의 여부에 따라 실행과정의 효율성이 정해지기 때문이다. 이는 실행과정이 서비스가 전달되는 핵심과정임을 고려한다면 이 과정에서 이해당사자의 협조가 있을수록 실행의 효율성이 높아지는 것이다.

그렇다면 이해당사자인 행정기관, 사회복지사, 클라이언트들이 보다 협조를 잘 하기 위해서는 무엇을 고려해야 하는가? 첫째, 실현가능성을 높일 수 있도록 불확실성이 존재하는 요소들을 제거해야 한다. 실행과정은 필연적으로 중간 참여자들이 포함된다. 이때 참여자들의 이해관계는 실행의 안정성을 해치는 한계요인이 된다. 특히 관주도이며 주민의 의사에 배치되면 실행의 효율성이 떨어지며 실현가능성은 낮아진다. 따라서 참여자가 많아지는 만큼 의사소통을 유지해야 하며 정책목표와 기준에 대한 명확한 이해와 진의가 전달되도록 협조체제를 구축하는 것이 필요하다. 둘째, 올바른 정책수단을 확보해야 한다. 즉 프로그램이나 실행에 필요한 자원이나 방법들을 확보해야 한다. 정책목표가 잘 구성되어 있다 하더라도 궁극적으로 이를 실현하고 달성하는 것은 수단이기 때문에 실행과정에서 목표에 부합하는 수단을 어떻게 준비할 것인가는 중요한 요소가 된다. 셋째, 실행을 주도하고 서비스를 전달하는 참여자들의 성향과 특성이 관리되어야 한다. 사회복지서비스는 타 서비스와 다르게 휴먼중심, 가치중심으로 특성화되어 있기 때문에 참여자들이 이와 관련된 의지나 열정이 동반되지 못한다면 목표의 실현가능성은 낮아질 가능성이 높다. 넷째, 실행과정의 외부환경관리이다. 정책에 영향을 주는 요소로는 직무 환경요소와 일반 환경요소가 있는데, 특히 일반 환경요소에 해당하는 정치, 경제, 사회, 문화 등의 요소들을 잘 이해하고 관리하는 것이 요구된다. 외부환경에 해당하는 일반 환경의 변화흐름을 올바로 이해하지 못하면 많은 자원이 투입된 상태에서 기대만큼의 효과를 얻을 수 있는 분위기 조성이 불가능하기 때문이다. 이외에도 참여자들의 동기부여가 필요하다. 특히 주민참여를 확보하기 위해서는 복지서비스가 주민과 클라이언트가 원하는 방향으로 진행되고 운영되는 것임을 인지하도록 관리하는 것이 중요하다. 공동협력이나 권한위임 등을 유도하거나 운영하여 자발적이고 능동적으로 참여하는 것이 곧 실행의 성공이기 때문이다.

실행과정은 지역별로 차이가 날 수 있다. 정책이 추구하는 방향과 실행을 통해 실현하고자 하는 것이 무엇인지를 분명히 하며, 지역사회의 여러 환경적 조건을 감안해서 실행을 위한 분명한 목표와 기준, 그리고 효율적인 수단을 확보한다면 성공적 실행을 확보할 수 있을 것이다.

(3) 복지서비스의 평가

목표와 실행을 통해 나타난 결과를 분석하고 해석해서 해당 정책의 가치적 판단을 진행하는 과정이 평가이다. 계획과 목표가 수립되었다 할지라도 의도와는 다른 결과를 수반하는 경우가 많이 있기 때문에 목표설정과 그 결과를 비교·평가하여 충분한 성과(outcome)가 산출될 수 있도록 분석·검토하는 것이다.

평가가 필요한 배경은 무엇보다도 환경의 변화에 있다. 개인문제나 사회문제가 정부문제로 이전되고, 정책화되는 과정에서 고려했던 요소들이 환경변화 때문에 가치가 변화하여 관련 요소들을 재해석을 해야 하거나 가치가 변화되는 등의 가변적 요소가 발생되기 때문이다. 특히 시대변화는 주민들의 의식이나 욕구수준 또는 가치 등의 변화를 동반하기 때문에 정책이 추구하는 가치가 기대만큼의 사회상을 반영하지 못하면 효율성이 낮아지는 것이다. 이로 인하여 제공되는 서비스에 대하여 만족도나 문제해결의 대응성이 낮아지고 비효율적으로 운영되었다는 평가를 받게 된다.

복지서비스의 평가기준은 복지행정이 추구하는 이념과 같이한다. 즉 효과성, 효율성, 형평성, 공평성, 대응성, 적절성, 적정성 등이 있는데, 이는 통일화된 것이 아니라 지역사회나 시대적 특성에 따라 기준의 가중치에 차이가 나기도 한다.

3. 사회복지 강화를 위한 지방행정의 효율화 방안

1) 지방행정의 현실과 문제점

주민입장에서는 복지정책이 재정지출의 우선순위에서 최우선으로 고려되고 그 결과 지역주민이 원하는 최고 수준의 복지생활을 기대한다. 그러나 기대와는 다르게 현실적으로 지방자치단체의 역량으로는 복지정책을 독자적으로 추진하는데 많은 한계를 지니고 있다.

(1) 독자적인 행정추진의 한계

지방자치단체가 수행하는 업무의 대부분은 지방자치 시행에 따라 독자적으로 부여받은 자치사무와 중앙정부로부터 위임받는 위임사무이다. 자치사무는 지방자치단체가 지역문제를 해결하기 위해 중앙정부로의 간섭 없이 독자적으로 수행하는 업무라면, 위임사무는 중앙정부가 수행할 업무를 대신 수행하거나 위탁받아서 운영하는 성격의 업무이다. 따라서 위임사무는 대부분 중앙정부의 영향력을 받고 있다고 할 수 있다.

복지업무 중 일정부분은 지방자치단체의 독자적인 의지에 의해 처리될 부분도 있지만, 상당부분은 중앙정부가 추진하는 정책을 집행하거나 또는 위임받아서 역할을 하는 부분이 많이 있다. 최근 지방자치의 활성화를 기하는 차원에서 위임사무 업무의 상당부분이 지방자치단체의 고유사무로 이전되고 있기는 하지만, 아직까지도 중앙정부가 수행하거나 또는 위임을 통해 통제하는 업무가 상당부분 존재하고 있는 것이 현실이다.

지방자치단체가 지역주민의 의지나 요구를 반영해서 지방자치의 진정한 가치를 수행하려 노력할 의지를 지니고 있다고 하더라도 실제 예산과 권한을 지니고 있는 중앙정부의 의지가 동반되지 않는다면 소기의 목적달성이 불가능한 것이 현실이다. 이는 지방자치단체가 독자적인 정책을 수행하는 것은 한계가 있다는 의미이다. 아울러 지방자치법의 상당부분이 포괄적 예시주의를 표방하고 있어 법률이나 명령에 의해서 지방자치단체의 역할이나 업무영역이 중앙정부의 통제 하에 놓여 있는 상황임을 인식한다면 지역사회 특성을 반영한 복지행정을 추진하는데 한계가 있다.

(2) 낮은 재정자립도와 불균형적인 재정

우선 낮은 재정자립의 문제이다. 지방자치단체의 재정수입은 자체수입과 의존수입으로 나뉜다. 이때 자체수입은 지방세와 세외수입을 통해 확보되며, 의존수입은 중앙정부가 지원하는 지방교부세나 국고보조금 및 조정교부금 등으로 운영된다. 재정자립도 산정은 기준에 따라 논란의 여지가 많지만, 일반적으로는 전체수입 중 자체수입이 차지하는 비중을 의미한다.

재정자립은 지방행정의 독자적 정책운영과 방향을 같이한다. 현재 지방자치가 활성화되지 못하는 근본 원인 중 하나는 재정문제이다. 즉 예산이 배정되지 못하거나 부족하게 배정되어서 정책을 올바르게 집행하지 못하는 경우가 많기 때문이다. 따라서 지방자치단체들은 재정자립도를 높이기 위해서 지방세를 통한 비중을 높이거나 또는 세외수입을 늘리려고 노력하고 있다. 이중에서도 지방세를 높이는 부분이 가장 안정적인 부분이지만, 이는 조세법률주의와 국세 중심의 조세정책 때문에 지방자치단체 입장에서는 운영의 한계를 지닌다.

둘째는 지역간 불균형적인 재정문제이다. 낮은 재정자립도는 지역간 재정 불균형을 유도하여 실제 지역간, 도시와 농어촌간의 심각한 재정불균형 상황을 초래하고 있다. 2004년도에 서울특별시의 경우에는 재정자립도가 94% 정도를 유지하였으나, 전남 신안군은 7.1% 정도로 나타나 심각한 불균형을 보였으며, 2006년도에도 그 차이는 좁아지지 않고 있다. 따라서 이들 지역간 재정 불균형은 지역불균형을 유발하는 원인이 되며, 주민들의 정주의식을 약화시키고 도시로 이전하는 현상을 유도하게 되어 결과적으로 지방이나 농·어촌의 경우에는 복지행정을 수행할 기반을 잃게 되는 결과를 가져오고 있다.

(3) 형식적인 주민참여와 자치수준

지방자치가 도입되어 운영되면서 제도적으로는 주민참여의 필요성을 인정하고 각종 위원회나 공청회 등을 통해 의견을 수렴하거나 정책결정에 영향을 미치도록 운영하고 있지만, 주민들이 실질적으로 영향력을 행사하는데 한계가 있다. 특히 지방이나 하부 지역단위로 갈수록 해당지역의 소수 특정집단에 의해 여론이 통제되거나 의도적으로 특정집단에 유리하도록 관리되고 있어 형식적인 자치수준은 높지만, 실제로는 낮은 수준을 유지하고 있는 것이 현실이다.

주민자치센터 운영사례를 통해 주민참여의 현상을 살펴보자(문영규, 2006). 주민자치센터 설치 및 운영조례에는 주민자치위원들이 주민자치센터 운영을 위한 심의와 자문역할을 한다고 규정되어 있어, 지역주민을 대표하여 주민의 의견을 제시하고 주민자치센터 운영에 적극적으로 참여하는 것이 바람직하다. 주민자치위원이 어떻게 구성되고 이들이 얼마나 열성적으로 지역문제에 관심을 갖는가의 여부는 곧 주민자치센터의 활성화와 직결된다. 그러나 대부분의 주민자치센터들은 지역 내 각계각층의 다양한 인사들을 균형 있게 위촉하여야 함에도 불구하고 일반적으로 편중된 위원 분포로 이루어지는 경우가 대부분이다. 지역 유지들이 위원으로 추천하거나, 안정적이고 능률적인 주민자치센터 운영을 위한다는 취지에서 행정기관의 선호도에 따라 위원을 선정하는 등의 자의적인 판단이 개입되는 경우도 있어, 해당분야의 전문가나 NGO 성격을 지닌 단체들, 또는 프로그램 운영을 책임질 수 있는 전문가 집단들이 추천되는 예가 적으며, 특히 주민서클이나 비공식 모임의 단체들이 주민자치위원직을 수행하는 경우가 적어 주민들의 의견수렴에 한계를 지니기도 한다.

(4) 예산의 비효율적 배분

2013년을 기준으로 살펴보면 사회복지분야에 대한 재정지출은 상당부분 증액되고 개선된 것이 사실이다. 이는 중앙정부가 재정지출의 상당부분 사회복지예산 비중을 높이는 의도적인 모습을 보여주었기 때문이다. 그러나 아직까지도 사회복지분야 예산배정과 지출에 있어 선심성 예산 배분과 충분한 연구와 사전 조사 없이 무분별하게 배정하고 있어, 무상보육의 경우 지방자치단체의 예산이 고갈되는 문제까지 발생하기도 하였다. 실제적인 예산집행 내역을 보면 서비스 대상자에 대한 각종 수당이나 급여보다는 관리운영비로 적잖은 비용을 사용하고 있어 실질적으로 서비스를 제공하는 전문 인력에 대한 인건비와 실제 집행되는 사업비에 많은 예산을 할당해야 될 것으로 보인다. '청년일자리 창출' 사업이나 '노인 일자리 창출' 사업, '장애인 고용' 사업 등을 사회복지와 경제개발비용을 통합하여 운영한다면 예산의 비효율적 배분을 줄일 수 있다.

2) 대응방안

(1) 효율적 배분을 위한 기준 논의

효율적 자원배분(resource allocation)의 의미는 "주어진 제약 하에서 사회구성원의 효용(만족감)이 극대화시키는 배분방법을 찾는 과정"이다. 이때 가장 바람직한 방법은 구성원의 합의를 통해 사회적 효용을 극대화하는 것이지만, 이는 이상적인 모습이고 차선책으로 제도적 장치를 만들고 "불만의 공평배분"을 찾는 것이 현실적이다(배득종, 2005; 148).

현실적으로 자원 배분을 위한 기준은 명확하지 않지만, 배분을 위한 논의의 상황들을 검토해 보자. 지방자치단체를 포함한 공공부문에서의 이론적 배경은 크게 세 가지로 정리된다(백완기, 2006).

① 소비자 선호의 접근방법

대표적 이론가는 Musgrave이다. 공공부문에서 어떤 재화나 용역을 얼마만큼 생산할 것인가에 대한 결정은 납세자(소비자)의 선호도에 따라야 한다는 것이다. 이는 자원배분을 위한 결정은 정책을 담당하는 행정기관이 하는 것이 아니라 소비자가 원하는 방향과 강도에 따라 결정되어야 한다는 취지이다. 이때 소비자 선호라는 의미는 무조건 소비자가 원하는 방향으로 모든 것을 하자는 취지가 아니라 법적 기준이나 구속력을 지니거나 또는 정책의 일관성을 유지해야 하는 것들은 존중을 하되 상대적인 배분비율 등의 방법을 통해 소비자의 의도를 반영해야 한다는 의미이다. 이 이론은 세금을 납부하는 소비자인 국민의 의견을 수용한다는 취지에서는 가장 민주적이고 개방적이며 이상적이지만 공공재가 지닌 외부경제성, 소비자 선호의 타당성 여부, 예산의 정책적 기능 고려 등을 이유로 적용에는 한계가 존재하고 있다.

② 정치적 접근방법

Widavsky가 대표적 학자이다. 정치적 접근방식의 기본 논리는 예산배정이나 자원배분이란 아래에서 위로 올라가는 상향적 과정을 바람직한 것으로 이해하고 있으며 여러 이해당사자들이 전략과 협상을 통해 합의를 이루어가는 과정에서 결정되는 것으로 인식하고 있다. 이해당사자들이 지닌 자신의 가치나 이익을 달성하기 위하여 상대적인 가치를 지닌 집단과 협상과 타협을 통해 정치적 합리성(political rationality)을 달성하여 배분 기준과 원칙을 정하는 것이다. 그러나 이 논리는 자원 낭비를 유도할 가능성이 높고, 고위층의 의사가 미약하게 반영되며, 조직화가 되지 않는 집단의 이익이 반영되는데 한계가 있으며, 사회정책적 기능을 지닌 정책의 경우에는 상대적으로 자원배분에 한계가 나타나는 등의 부작용을 지니고 있다.

③ 경제적 접근방법

투입된 비용과 노력한 결과의 한계적 비교를 통해서 효용의 극대화를 가져올 수 있도록 자원배분에 대한 기회(alternative opportunities)요소들을 분석해서 자원배분을 시도하자는 입장이다. 이 경우에는 바람직한 결과를 성취하는데 가장 싼 방법이 무엇인가를 분석하는데 초점을 두고 있다. 경제적 접근방법은 자원이 한계성을 지니고 있음을 전제로 지출의 효과가 비용의 가치를 극복해야 한다는 의지를 지니고 있으며 전체적인 시각(holistic view)을 강조하여 공동목표를 성취하는데 초점을 두고 있고 특히 미래적 관점을 중시하는 특성을 지니고 있다. 그러나 공공지출 부문에서 한계효용이론을 적용하는데 한계가 있고, 공공부문의 역할을 경제논리로 적용하는 데는 무리가 있으며, 대안을 검토하는 과정에서 혼란이나 대립 등의 부작용이 나타날 가능성을 지니고 있다.

④ 이론의 통합적 이해

상술한 이론들이 각 이론만으로는 한계가 존재한다. 그래서 Burkhard나 Allen Schick와 같은 학자들은 이들 접근법의 통합적 관점을 옹호하는 주장을 제시하였다. 예를 들어 소비자 선호의 경우 국민이 원하는 방향으로 자원배분이 이루어져야 한다는 명제가 준수되는 데는 이견이 없고, 정치적 접근의 경우 가치적 대립은 결국 협상과 타협을 통해 해결해야 하는 수단적 대안을 제시하는 입장이 되는 것이며, 경제적 접근은 수치를 통한 객관적 기준 제시와 합리적 결정을 유도하는데 도움을 주는 것이다.

기존 연구에서는 정치적 접근과 경제적 접근에 대한 논의를 통해 이를 정리한 경우도 있다. 즉 지방자치가 자치단체의 사회복지정책에 어떤 영향을 미칠 것인가에 관하여 외국에서 이루어진 연구들은 지방자치가 자치단체의 사회복지정책에 긍정적인 영향을 미칠 것이라는 견해와 반대로 부정적인 영향을 미칠 것이라는 견해로 대별될 수 있다. 전자는 지방자치단체의 정책이 정치적 요인에 의해 좌우된다는 정치적 관점으로, 그리고 후자는 지방자치단체의 정책이 경제적 합리성의 지배를 받는다는 경제적 관점으로 대변된다고 본다(이승종 · 김흥식, 1992). 특히 한국의 지방행정에서는 경제적 접근보다는 정치적 접근에 의해 복지재정지출이 이루어지고 있다(김태일, 1998).

(2) 복지재원의 확보

사회복지정책의 수립과 실행에 있어 가장 현실적인 문제는 어떻게 하면 안정적으로 재원을 확보할 것인가 하는 것이다. 즉 지방자치단체에서 복지관련 예산을 증액하거나 우선적으로 배정하기 위해서는 무엇보다 재원확보가 우선이다. 그 이유는 향후 노령인구의 급속한 증가, 가족형태의 변화, 그리고 이러한 인구학적 변화에 수반되는 다양한 사회적 욕구에 대응하는 사회정책이 수행되기 위해서는 안정적인 재원확보가 무엇보다 선행되어야 하기 때문이다. 즉 수입 면에서 독자적인 과세능력을 지니며, 세출 면에서는 자주적인 권한배분을 할 수 있는 역량을 지녀야 지방자치단체가 원하는 지역적인 사회복지행정과 정책을 실행할 수 있다. 그러나 실제 지방자치단체가 처한 상황을 살펴보면 독자적인 능력을 지니고 있지 못한 것이 현실이며, 특히 복지서비스를 제공하는데 필요한 재원확보는 지방자치단체의 재정상태를 고려해 본다면 심각한 수준이라고 볼 수 있다.

해결책은 지방자치단체가 자체수입을 강화하는 방향으로 재정확보를 시도하는 것이다. 현재 중앙정부가 지방자치단체에 국고보조금이나 기타 지원금을 통해 사회복지예산을 재정적으로 지원하고 있으나 이는 매칭 펀드(matching fund)성격이 강하기 때문에 재정자립도가 취약한 지방자치단체의 경우에는 오히려 중앙정부의 재정적 통제를 받을 확률이 높다. 따라서 공공부문의 재정을 강화하는 방법은 의존수입의 비중을 낮추면서 반대로 자체수입의 비중을 높이는 것이 가장 이상적인 방법이다. 즉 지방세와 세외수입을 증대하는 것이다. 자체수입의 비중이 높을수록 지역복지문제를 스스로의 능력과 판단에 따라 해결할 수 있는 독자적인 역량을 지닐 수 있기 때문이다. 따라서 자치수입을 늘리는 방향을 검토하는 것이 필수적이다.

최근 지방자치의 효율적 운영이 강화되고 특히 기업적 사고가 행정에 도입되면서 독자적인 재정역량 강화를 위한 목적으로 세외수입의 확보를 위한 각종 정책들이 제시되고 있다. 그 이유는 지방자치단체의 주요 수입 중 하나인 지방세를 통한 재정확보의 경우 농·어촌지역의 경우에는 주민의 수나 지역의 경제적 역량이 떨어지기 때문에 기대만큼의 수입창출이 이루어지지 못하기 때문이며, 또 다른 이유는 지방세 수입과 관련하여 조세법률주의의 영향을 받고 있고, 중앙정부나 상위행정기관의 개입이 진행되어 통제가 동반되기 때문에 독자적인 복지프로그램을 운영하기 위한 목적에는 크게 도움이 되지 못한다.

따라서 이를 해결할 대안 중 하나가 세외수입의 확대이다. 즉 지방자치단체의 독자적인 사업을 통해 성과를 창출하여 지역에 필요한 복지사업을 수행하는데 필요한 재원을 마련하자는 취지이다. 세외수입은 조세법률주의에 적용받지 않고 중앙정부나 상위기관의 통제가 상대적으로 적기 때문에 정책집행에 필요한 재원을 제공할 가능성이 높기 때문이다. 특히 지역에서 재원을 독자적으로 확보해서 지역주민의 복리증진을 위해 사용하겠다는 의도는 지방자치에 부합하는 논리이기 때문에 타당성을 지니고 있다.

이에 따라 각 지방자치단체는 세외수입을 위한 프로그램 운영을 통해 사용료, 수수료, 사업장 수입, 징수 교부금, 재산임대 수입 등 경상적 사업수입을 통해 재정확충을 기하고 있다. 그러나 아직까지는 지방행정의 특성에 비추어 기업경영방식의 운영구조나 패러다임이 익숙하지 않은 까닭에 기대만큼의 성과를 내고 있지는 못하지만, 활성화가 될 경우 재정확충에 기여하며 독자적인 재정자립에 기여할 것으로 예상된다.

결과적으로 내실 있는 재정확보 역량에 관심을 갖는 목적은 지방자치단체의 세출예산 중 복지 분야의 재정지출 확대를 기대하기 때문이다. 복지예산 배정과 지출 확대를 위해서는 안정적인 재정창출과 운영이 필요하다. 복지수준 향상을 기대하는 입장에서는 재정자립도가 높을수록 복지예산의 지출이 증가될 것으로 기대하지만, 공공부문의 재정지출의 성향이 정치적 속성을 지니고 있고 가변적인 성향이 강하기 때문에 반드시 복지부문에 우선순위를 두고 집행하는 것은 아니다. 특히 지방자치단체 입장에서는 복지중심의 정책을 집행하려는 의지가 있더라도 재원 배분에 대하여 이해관계자들의 가치적 갈등이 존재하는 상황을 고려해야 할 것이다. 예를 들어 지역의 성장과 발전을 위해 예산지출의 우선순위를 산업경제나 지역경제 활성화 등과 같은 성장에 비중을 둘 것인가, 아니면 복지에 중심을 두어 배분을 중시할 것인가에 따라 예산지출에 변화가 나타날 수 있다. 그러나 안정적인 재원 확보가 전제되지 않고서는 복지예산 확보와 증가를 보장받을 수 없기 때문에 재정확보는 필수적으로 요구된다.

(3) 자원배분과 합리적 운영

복지서비스의 효율적 배분과 운영을 위해서는 서비스 주체가 반드시 행정기관이어야 하며 공공주도로 이루어져야 하는가에 대한 논의가 있다(배득종, 2005; 148-151). 실제 아직까지도 복지서비스 인프라가 취약하고 복지수준이 낮은 입장에서는 정부와 민간부분의 파트너십이 필요하다. 최근 들어 사회복지 공급주체의 다원화는 일반적인 현상이며, 제도적 측면을 담당하는 국가부문과 잔여적 측면을 담당하는 민간부문간의 유기적인 파트너십이 형성되어 가고 있기 때문에 민간의 비영리 영역을 활성화하기 위한 정책적 방안들이 마련되거나 또는 개선된다면 대체적 효과가 있을 것이다.

지방자치법 127조 3항에서는 해당지역의 사회복지를 위해 사용할 목적으로 각종 부담금을 징수하여 재원을 마련하도록 규정하고 있는데, 민간과의 공동생산이나 또는 민간이 운영하는 복지사업을 통해 복지서비스를 생산, 공급한다면 재원확보의 어려움을 타개할 수 있으며 합리적 운영이 가능하다.

최근 들어 민간의 이용료 징수 서비스(fee-for-service)가 증가하고 있다. 민간부문에서 사회복지 서비스의 공급이 활성화되는 것은 국가부문이 갖는 내재적인 비효율성을 극복하고, 제도적으로 감당할 수 없는 다양한 잔여적 복지 욕구에 대하여 민간부문이 동원되는 경향이 증가하기 때문이다. 예를 들어, 여성취업의 증가에 따라 보육서비스에 대한 욕구가 증가하고 있으며, 노인인구 증가에 따라서 이들에 대한 보호서비스의 필요성도 함께 증가하고 있다. 또한 이전에는 사회문제로 간주되지 않았던 문제들이 점차 사회적인 관심의 대상이 되면서 복지서비스 공급에 대한 민간부분의 개입 필요성이 증가하고 있는 것도 사실이다.

민간부문의 이용료를 통한 복지서비스 효과를 살펴보면 다음과 같다. 우선 시장경제원리를 적용하기 때문에 경쟁을 통해 주민들이 보다 질 좋은 복지서비스를 받을 수 있다. 둘째, 이용자가 비용을 부담한다는 것은 자신이 원하는 서비스를 선택하기 때문에 질적으로 가치 있는 서비스를 받을 수 있는 조건이 조성된다. 셋째, 이용료를 지불하고 서비스를 이용하기 때문에 심리적으로 부담감을 덜 갖게 되고 서비스에 대한 가격을 지불함으로써 스스로 자기 존중감(self-respect)을 갖게 되고 나아가 사회적 책임감(social responsibility)을 갖게 된다. 그러나 이용료 방식에 의존하는 경우, 능력 있는 사람들만이 혜택을 보게 되어 사회적 형평성과 공평성을 위배할 확률이 높으며, 클라이언트가 선택의 폭을 자유롭게 정하도록 경쟁을 유발해야 한다는 조건이 해결되어야 한다(강욱모 외, 2006; 174-197).

사회복지 재정을 확충하기 위해 민간부문의 역할을 인정하고 수용하는 방식은 사회복지서비스 공급을 민영화(privatize)하거나 상업화(commercialize)하고자 하는 시도는 정치적 의도와 관계를 지니고 있다. 이는 사회문제에 대한 국가의 개입을 억제하고 민간의 자발성과 효율성에 기초하여 사회복지서비스를 제공하는 것이 결과적으로 효과적이라는 주장이다. 그러나 이러한 논의는 여전히 사회문제에 대한 국가의 기본적인 책임이 어느 정도 이행되고 있는가를 판단한 후에 전개되어야 한다. Gilbert and Terrell의 주장처럼 "어떠한 국가부문도 전적으로 공적(not entirely public)이지 않으며", 또한 어떠한 민간부문도 "전적으로 사적(not entirely private)이지 않다"라는 의미를 고려해 보아야 한다.

참고문헌

강용규 외, 『사회복지행정론』, 공동체, 2005.

강욱모 외, 『21세기 사회복지정책』, 청목출판사, 2006.

강윤호, "지방자치와 기초자치단체의 사회복지정책 정향: 시·군·자치구간 비교분석," 「한국행정학보」, 34(1), 2000.

강은숙, "주민자치센터의 현황분석과 향후과제: 군포시 사례를 중심으로," 「한국 사회와 행정 연구」, 12(4), 2002.

김태일, "지방자치의 실시가 기초자치단체의 사회복지지출에 미친 영향: 서울시 자치구를 중심으로," 「한국정책학회보」, 7(1), 1998.

문영규, "주민자치센터 활성화 방안에 관한 연구," 『경복논총』, 10, 2006.

배득종, 『신재무행정』, 박영사, 2005.

백완기, 『행정학』, 박영사, 2006.

송근원 · 김태성, 『사회복지정책론』, 나남, 1996.

신복기 외, 『사회복지행정론』, 양서원, 2002.

안용식 · 강동식 · 원구환, 『지방행정론』, 대영문화사, 2007.

오정수 · 류진석, 『지역사회복지론』, 학지사, 2007.

이승종 · 김흥식, "지방자치와 지방정부의 정책정향: 복지 서비스 기능을 중심으로," 『한국행정학보』, 26(2), 1992.

이태수, "한국의 사회복지재정에 대한 재음미," 한국사회보장학회 춘계학술대회 자료집, 2001.

지은구, 『사회복지행정론』, 청목출판사, 2005.

Hasenfeld, 성규탁 역, 『사회복지행정조직론』, 법문사, 1985.

Cunninghan, James V., *Citizen Participation in Public Affairs, Public Administration Review*, 32, 1972.

Gilbert, N. and P Terrell, *Dimensions of Social Welfare Policy*, Englewood Cliffs, NJ : Prentice-Hall, 1998.

찾아보기

[저자 소개]

• 강용규
삼육보건대학교 사회복지과 교수

• 문영규
경복대학교 사회복지과 교수

• 정주석
신성대학교 사회복지과 교수

• 한재원
상지영서대학교 사회복지과 교수

사회복지행정론

2016년 8월 20일 중판인쇄
2016년 8월 25일 중판발행

저 자 강용규 · 문영규 · 정주석 · 한재원
발행인 유 성 열
발행처 청목출판사
서울특별시 영등포구 신길로 40길 20
전화 (02) 849-6157(代) · 2820 / 833-6090~1
FAX (02) 849-0817
등록 제318-1994-000090호

파본은 바꾸어 드립니다. 값 18,000원

http : //www.chongmok.co.kr

ISBN 978-89-5565-253-6